SATOSHI KON

Tokyo Godfathers

STORYBOARD BOOK

復刊ドットコム

イラスト解説:今 敏(画集「十年の土産」より)

■カバーイラスト:メインビジュアル 2003
[チラシ・ポスター、通常版DVDのジャケットイラストとして使用／今 敏の構成を元にキャラ部分を作画監督・小西賢一氏、背景のビル群と東京タワーを美術監督・池 信孝氏、キャラ彩色を橋本 賢氏が担当]

東京タワーの高層ビルで形作られたクリスマスツリー、という節操の無いアイディアは節操が失われてゆく街に似つかわしくて、悪くないと思っている。

美術監督・池氏の緻密にして重厚な背景に、作画監督・小西氏の描く柔和な絵という取り合わせは、本篇をよく表している。

特に池氏の描くビルや東京タワーに注目いただけると嬉しい。「密度好きな」監督の非人間的とも思える要求に見事に応えてくれている。

■口絵1／総扉:ティーザービジュアル 2003
[ティーザーチラシ、DVDボックスのジャケットとして使用／背景に見える東京タワーのみ美術監督・池 信孝氏による]

「ティーザー」という言葉に馴染みのない方もおられるであろうから、辞書から引用しておく。

【ティーザー teaser:1|口|難問／2 いじめる人、悩ます人;男をじらす女／3|米|ティーザー《商品を隠したり小出しにしたりして興味をあおる広告など》][新英和(第7版)・和英(第5版)中辞典 株式会社研究社]

ここでは「3」の意味である。

映画の本広告で使用するものをメイン・ビジュアルといい、いわばティーザー・ビジュアルはその予告といったポジションである。

このイラストは『東京ゴッドファーザーズ』本篇制作終盤のただでさえ忙しい時期に制作した。先の辞書の意味で言えば、私にとってこのティーザーは「1」であった。

フランスでは「アルチンボイド風の絵」と評された。まぁ、そういえなくもない。

エアコンの室外機が「目」になっていて、キーボードなどが「歯」に相当し、東京都指定の白いゴミ袋が「ヒゲ」のつもりである。つまりサンタクロースである。

全然そう見えなかったのは失敗ではなく、こう思っていたからである。

「顔に見えればそれでいいや」

■口絵2／企画書用イラスト 2001(2008リファイン)
アニメーションの企画時には「イメージボード」というものが描かれることが多いようだが、私は嫌いな方だ。

「イメージボード」は、その名の通りから作るアニメーションの名場面にあたるシーンを絵にしたものであるが、一度絵にしてしまったものをまた本篇で描くなんてバカバカしく思える。それに先に絵を描いてしまうと、その絵にこだわりが生まれてしまい、その絵のイメージを使うにせよ使わないにせよ、振り回されてしまう気もする。

ストーリーに沿って絵を考えてそれを絵コンテの形にして行く、というのが理想である。

その場になってみないと自分でも何を考えるか分からない、という新鮮さとスリルが毎日の繰り返しに変化を与えてくれると思っている。

とはいえ、企画段階では私でさえその映画がどういうものになるかが分かっていないのだから、余人にはなおさらのことである。まるでイメージが湧かないものに予算を出してくれるような奇特な人は世の中にはいないので、その時点で考えられるイメージを形にすることもある。だが、あくまでこれから作る映画全体のイメージであって、シーンの一部を絵にするようなことはしたくない。

これはそんな一枚。

改めて見直して、こう思う。

「よくこんな地味なものに予算を出してくれた人がいたものだな(笑)」

『東京ゴッドファーザーズ』のストーリー同様、この企画自体がたいへん運のいいものだったように思う。

■口絵3／アメリカ版DVDジャケットイラスト 2003
[アメリカ版DVDの他に、国内版DVDボックス内特典版ディスクのジャ

ケットとしても使用／キャラクターの清書は作画監督・小西賢一氏、キャラ彩色は橋本 賢氏、背景は美術監督・池 信孝氏の手による]

随分ひねりのない絵柄だが、アメリカ側の意向が「キャラクターを愚直なくらいに見せる」というものだったせいもあるし、多分『妄想代理人』の制作が忙しかったのではなかろうか。

イメージは企画書用イラスト(口絵2)を流用して、「東京の街並みが見える」というオーダーに合わせたような気がする。

■口絵4／企画書用イラスト 2001
[背景の東京タワー部分のみ美術監督・池 信孝氏の手による]

『東京ゴッドファーザーズ』企画書のためのイラスト。通称「コタツビジュアル」

細かく描いて目を惹こうという思い付きは悪くないと思うのだが、実作業ではうんざりしてくる。本篇で予定されているゴミ袋の処理も合わせて試行錯誤している。

この絵のテーマとしては「ゴミ=捨てられたもの」の中に家族の団欒がある、ということになろうか。これは無論本篇のテーマと重なる。廃棄物の中に再生の可能性を見ようということ。

P-modelの「音楽産業廃棄物」の影響もあろうし、当時愛読していた河合隼雄先生がよく指摘されていた「西洋近代合理主義が切り捨ててきたもの」、それを回復しようという試みでもある。

■口絵5／プライベートイラスト 2003
[背景は本篇素材／年賀状に使用]

『東京ゴッドファーザーズ』というタイトルを聞いた多くの人が、「名付け親」ではなくマフィアの方を連想するようである。

『東京ゴッドファーザーズ』のタイトルの由来は、フランシス・F・コッポラ監督の名作『ゴッドファーザー』ではなく、ジョン・フォードの名作『3人の名付け親(3 Godfathers)』である。

年賀状は毎年泥縄式に作っている。早くても年末、遅いときは年明けにすらなる。

近年、自宅で絵を描くこともパソコンで絵の作業をすることもないので、いざ年賀状の絵を描こうとすると、素材が自宅にないので苦労する。この年賀画像は、当時公開していた『ロード・トゥ・パーディション』に触発されて思いついた絵柄だったと思われる。線画にするまでは早かったのだが、いかんせん、合成するための素材が自宅にはない。年賀状のために仕事場に出かける気にもならない。

そこで、自宅にある素材をスキャンして合成を試みた。

スキャンしたのは、ティッシュやボール紙、自分の衣服であるズボンやトレーナーの布地など。これをテクスチャとして、人物の衣服部分に重ねてある。

■口絵6:上／DVDボックス用イラスト 2004
[キャラクターの清書は作画監督・小西賢一氏、背景は美術監督・池 信孝氏の手による]

このイラストはDVDボックス内箱3面をぐるりと囲むようになっている。

コンセプトは「バーチャルな一家の夕餉」。

血の繋がりもない彼らが食卓を囲む様はツギハギだらけだが、懐かしい夕餉の光景を思い出させてくれる。

本篇制作後に描かれたものだけに、キャラクターも背景も実になれている。特に『東京ゴッドファーザーズ』の美術を支えたデジタルハーモニーの手法が手堅い。実線プラス筆による描写(実際はPC作業だが)は狭い空間を表すのに重宝した手法で、その後の『パプリカ』でも随所に使用された。

■口絵6:下／アニメ雑誌用版権イラスト 2003
[「ニュータイプ」同年12月号のための描き下ろし／キャラクターの清書は作画監督・小西賢一氏、キャラ彩色は橋本 賢氏、背景は本篇素材]

『東京ゴッドファーザーズ』の宣伝期間は、ちょうど『妄想代理人』制作期間と重なっている。貧乏暇なし。

このイラストは、構成のラフを描いたような気がするが、キャラクター部分はほとんど作監の小西さんにお願いしたような気がする。私はこうした「動的」なイラストはあまり得意ではない。

CUT	PICTURE		ACTION DIALOGUE	TIME
			GALLERY（解題：今 敏）	2
	CONTENTS		プロフィール：今 敏	9
			『東京ゴッドファーザーズ』の絵コンテに宿る「神」とは何者か？（氷川竜介）	10
	『東京ゴッドファーザーズ』絵コンテ			
	A パート　23		Aパート解説 冒頭で語られるスタイル（藤津亮太）	156
	『東京ゴッドファーザーズ』絵コンテ			
	B パート　163		Bパート解説 ビル顔の効果と背景の指示（藤津亮太）	340
	『東京ゴッドファーザーズ』絵コンテ			
	C パート　347		Cパート解説 TGFらしさ──演技の方法と偶然の描写 （藤津亮太）	574
	APPENXID　585		アニメーションの世界（氷川竜介） [INTERVIEW & COMMENTARY] 小西賢一（594）　井上俊之（610） 安藤雅司（620） 池 信孝／糸川敬子／市倉 敬（630） 今 敏（642）	586
	評論：元旦の空に天使が舞う（藤津亮太）　586		東京ゴッドファーザーズ用語辞典	658

SATOSHI KON

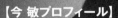

【今 敏プロフィール】

1963年、北海道生まれ。武蔵野美術大学 造形学部 視覚伝達デザイン学科在学中の85年、ヤングマガジン主催のちばてつや賞を受賞し、漫画家デビュー。『海帰線』(90年刊)、大友克洋監督の映画を漫画化した『ワールド・アパートメント・ホラー』(91年刊)などで絶賛される。

90年、大友原作の映画『老人Z』の美術設定を手がけ、アニメーション映画初参加。以後、おおすみ正秋監督の『走れメロス』(91年)でレイアウト、押井守監督の『機動警察パトレイバー2 the Movie』(93年)で美術設定・レイアウト、オムニバス映画『MEMORIES』(95年)では森本晃司監督篇『彼女の想いで』の脚本・美術設定・レイアウトを担当。93年にはオリジナル・ビデオ『ジョジョの奇妙な冒険』のエピソード『DIOの世界・花京院　結界の死闘』で脚本・演出・絵コンテを手がけた。

劇場映画初監督作は『パーフェクトブルー』(98年:兼・キャラクターデザイン)。同作は国内はもとより海外でも高い評価を獲得し、カナダのファンタジア映画祭アジア映画部門作品賞、ポルトガルのファンタスポルト映画祭ファンタジア・セクション賞アニメーション部門作品賞、ニューヨークのBムーヴィー映画祭アニメーション部門作品賞を受賞した他、ベルリン映画祭など数々の国際映画祭に正式出品された。

続いて自ら原案・脚本を手がけた『千年女優』(02年)を監督。同作はファンタジア映画祭でアニメーション映画部門作品賞とファンタジア・グラウンド・ブレイカー賞の二冠を獲得した他、スペインのシッチェス・カタルニヤ映画祭オリエント・エクスプレス賞を受賞。国内でも毎日映画コンクールの大藤賞を始め、文化庁メディア芸術祭・アニメーション部門大賞など、数々の賞に輝く。

第三作『東京ゴッドファーザーズ』(03年:兼・原作、脚本、キャラクターデザイン)も毎日映画コンクール・アニメーション映画賞など内外の多数の映画賞を受賞。04年にはTVシリーズの異色作『妄想代理人』の原作・総監督を務め、話題を巻き起こした。

遺作となった第四作『パプリカ』(06年)も第14回Chlotrudis Awardsベストデザイン賞、第25回ポルト国際映画祭Critics' Award受賞、第35回モントリオール・ニューシネマフェスティバルPublic's Choice Award受賞、第8回ニューポート・ビーチ・フィルム・フェスティバルFeature Film Award受賞、東京アニメアワード2007 優秀作品賞劇場映画部門・個人部門音楽賞(平沢進)など多くの賞を受賞した。

(氷川竜介)

Commentary of TOKYO GODFATHERS

『東京ゴッドファーザーズ』の絵コンテに宿る「神」とは何者か？

『東京ゴッドファーザーズ』解説

文：氷川竜介
text by Ryusuke Hikawa

アニメはマンガの映像的翻訳か？

　世間一般では、アニメーション映画とはマンガを映像に置き換えたものだと思われているに違いない。かつて「マンガ映画」と呼ばれたことが、何よりの証拠だ。だから「絵コンテ」をマンガのように読めると期待されたり、はなはだしい場合は「原作」が読めると誤解されているかもしれない。

　本稿では、そういった錯覚や誤解から離れるためにも、そもそも絵コンテとは何なのか、映画やマンガとはどういう関係にあるのか、バックグラウンドごと掘り下げてみたい。そうすることで、『東京ゴッドファーザーズ』の絵コンテにどういう特質があり、他作品と峻別されるべきポイントはどこなのか、今 敏が他とは違った特質を持っている監督だとしたら、なぜなのかを探ってみたい。

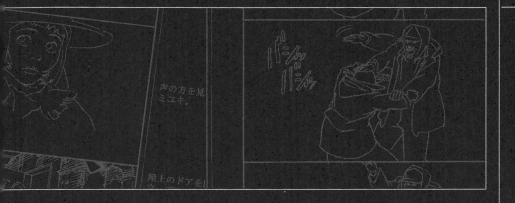

解説 『東京ゴッドファーザーズ』の絵コンテに宿る「神」とは何者か？

アニメ監督のさまざまなパターン

　アニメ業界では人気を博した連載マンガを「原作」として映像化するパターンは多い。そのため、マンガのコマを絵コンテがわりにすれば、アニメのフィルムができる——そういう誤解もあるような気がする。

　もちろんすべてのアニメが原作つきだというわけではない。この『東京ゴッドファーザーズ』のように、完全オリジナルのアニメ作品も少なからず存在する。その場合、マンガ家に相当する「作家」とは誰なのか？　ここで「監督」と即答してしまってはまずい。これは「映画は誰のもの」という大テーマにつながりかねないので深入りしないよう留意するが、大きくは二種類のアニメ監督がいると思われる。

　ひとつは、製作者（プロデューサー）の企画に応じたオーダーを受けて、その通りに作品をつくる監督。ディズニー映画や原作ものアニメの大多数は、こちらに属する。

解説 『東京ゴッドファーザーズ』の絵コンテに宿る「神」とは何者か？

　もうひとつは、企画、原作など作品の根幹に関わるものの大半を自らクリエイトし、作品内容に責任を持つ監督である。こちらの方が、より「作家」に近い。さらに精度をあげて言えば、この作家タイプの監督にも二種類ある。キャラクターなど実際の絵づくりのすべてをクリエイトするタイプと、絵的な部分に専従者を立てるタイプである。

　こう絞り込んで来ると、ひとくくりに「アニメ監督」と言っても、厳密な意味でマンガ家に近い「作家」は、稀少ということがわかってくる。そのアニメ監督の代表例としては、宮崎駿、安彦良和、大友克洋という名前がすぐ浮かぶ。

　そして今 敏も、その文脈に名を連ねる監督である。いずれもマンガ家経験ありという共通点は、偶然ではないだろう。

日本のマンガが持つ映画的特性

　ここで日本のマンガが持つ特殊事情をおさらいしておこう。
　よく知られているように、日本のマンガが現在のようなコマ割りのスタイルを獲得するに至ったのは、手塚治虫が戦後まもなく発表した『新宝島』に起源を持つ。それ以前のマンガは、コマのサイズは均等、描き割りのような背景の前で、平板なキャラクターが芸を披露するというスタイルだった。

　ところが手塚はそこに映画が持っていた映像的な要素、技法を投入してスタイルを変革し、世間をあっと言わせた。アップやロングといった画面サイズの変化、パノラマ的な大俯瞰を入れるなど画角やアングルの変化による構図が生み出す躍動感、ひとつのアクションを何コマにも分ける時間表現と感情への作用などというテクニックの導入である。

　中でもっとも劇的だったのは、コマとコマの「間」に「何か」が存在することを示したことだった。真っ正面に迫って来た車が、次のコマでは遠ざかっていく……そこに情感がこもるとすれば、これは映画でいう「編集」の効果である。編集によっ

てAというフィルムが別のBというフィルムにつながれたとき、完成するのは「A+B」でありながら、そこにまったく違う意味が生まれることがある。それは俳句にもたとえられる詩歌的な余韻を持った感情だ。

ちなみに『東京ゴッドファーザーズ』も、それを多用した映画である。たとえばこんなシークエンスを見てみよう。ギンちゃんがハナちゃんの治療費に、重傷を負ってまで守り抜いた虎の子の一万円札を出す（C-647）。つらそうなギンとハナのカットに続いて、折れ曲がってまるで泣いた顔のようになったお札の福沢諭吉がアップになる（C-648）。だが、この別離は、諭吉が使われるはずの対象だったギンの娘との再会をもたらす。あまりのことに固まった一同に、同じ諭吉が今度は笑顔になったかのような折れ具合で再びインサートされる（C-655）。

これをバラバラのカットに分解してしまえば、特に最後のお札の演技などは一枚絵ではほとんど意味をなさない。しかし、編集されて収まるところに収まることで、固まるほどの驚きが「喜び」に転換するだけの間や、観客の「良かったね」という思いを受け止めさせるものに、意味が変化する。

映画の編集とは、こういった言外の意や、ストレートに見せたら陳腐化するような感情を洗練された形で伝え得るほどの「表現力」を備えている。一枚の絵に生命を宿らせるだけの神秘をたたえているわけである。

マンガにおける編集とコンテ

この例と同様な効果は、マンガにおいても存在する。コマとコマ、あるいはページとページの間にある断裂は、フィルムとフィルムの間にある編集点と類似の役割を果たす。あるときは意味性を補強し、あるときはどちらの絵にもない感情的要素を断裂の生み出した「不在」が醸し出し、双方の絵に力を与える。

解説　『東京ゴッドファーザーズ』の絵コンテに宿る「神」とは何者か？

解説『東京ゴッドファーザーズ』の絵コンテに宿る「神」とは何者か？

　こうした意味性のある編集が、時間の流れとともに繰り返されることで、一種の韻律が生み出されていく。だから、映画の「味」は編集にあり、マンガの妙味もまた「コマ割り」と改称された編集にあって、両者は姻戚関係にある。どの程度自覚的かは作家によって異なるが、手塚マンガの後進は、この映画的コマ割に感動の根拠を求めているはずだ。

　さて、映画の世界でこのような映像の流れ、編集をどうデザイン（設計）するか——撮影前に検討するためには脚本だけでは不足なので、実際のカット割りを書いた「コンテ」と呼ばれるものが用意される。これは"continuity"を略した用語で、本来は連続性を意味する。

　マンガの世界でも、実際にペンを入れる前にはページ単位にコマ割をラフに描いた設計図的なものが用意され、「コンテ」「ネーム」などという名前で呼ばれる。

　実はフランス製の画材でクレヨンの一種に「コンテ」というものがあり、映像のコンテはこれとよく混同される。画材のコンテは素早くラフに描いたクロッキーなどに用いられ、アニメや映画の絵コンテもまたラフに描かれることが多いため、サラサラとラフに描くからコンテと呼ぶという誤解を招きやすい。しかし、マンガで「コンテ」と呼ぶ場合はコマ割の時間的韻律を主眼に置いた設計図的な検証を重視すべきだし、「ネーム」とは吹き出しの写植に打たれる文字のことなので、この場合はダイアローグ展開の方に比重を置いた、映画ならシナリオ検討的なものとなるはずである。

　実態としては、ここまで厳格な区別は意識されることなく、もっとアバウトに混用されているようだ。それはそれで現場的に不都合がなければ良い話ではある。

マンガ家時代の今 敏が実現していた映画的構成

　こういう事例を照応させると浮き彫りになっていくように、日本で独自に進化したマンガ文化とは、少なくとも映画界が斜陽になる時期——劇画の台頭の時代ぐらいまでは絵コンテ的に発達したと言うことができるのではないか。ただし、マンガを読んでマンガにあこがれ、映画のことにまったく興味ないままマンガ家になる人間が主流になった時点で、独自の進化を始めてもいる。だから、マンガを絵コンテがわりに映像が撮れるかというと、現在ではそれは至難というほどの隔たりができている。

　しかし、非常に映画的体臭を放つマンガの命脈も、当然続いている。マンガ家としての今 敏も、その系譜の中に位置づけられる作家ではないか。もちろんマンガにはマンガとして最大限活かすべき特質があるため、今 敏のマンガ作品も絵コンテ風とは呼べるものではないのだが、映画的文法をかなり意識したとおぼしきコマ割りが多いことも事実だ。

　たとえば長編『海帰線』における、主人公の洋とヒロインの夏美が夜の海岸縁を散歩するシークエンスでは、こんな風にコマ割りが進行する。

❶かがんだ夏美の向こうからタクシーが近づいてくる。
❷話しかける洋。
❸ヘッドライトが逆光で夏美の顔を浮かび上がらせる。
❹タクシーは警笛とともに遠ざかっていく。
❺「何？」と自分の顔を見つめる洋に夏美が聞く。
❻「いや……別に……」とごまかす洋。

　❶や❹は客観的なロングショットとなっているが、❸は明らかに洋の主観である。それゆえに、一瞬だけ夏美の顔は大ゴマになり、そこには逆光のライティング効果もあいまって「きれいだ」という洋の感情がこめられた魅惑的で美しい絵が

解説『東京ゴッドファーザーズ』の絵コンテに宿る「神」とは何者か？

描かれている。タクシーの効果音がドップラー効果のように近づき遠ざかる演技をしているのが芸の細かい部分で、かけがえのないその感情が一瞬の泡沫だったという、言葉にしづらい感触を強調している。

　加えて構図の流れも映画的である。近づくタクシーは海岸側からとらえているが、遠ざかっていく方も同じ海岸側からとらえており、いわゆるイマジナリ・ラインの原則（対面している2つの被写体に形成される仮想の線を越えて撮影したカットをつないではいけない）に忠実である。

　⑤⑥は、その華やいだ瞬間が終わった後なので、バストサイズの変哲のない会話の切り返しの構図となっていて、洋の感情の高ぶりが去って、場がニュートラルになったことを、滑る会話とともに醸し出している。

　こういったコマの流れがかきたてるのは、迫ってきては去る光のモーションが、時とともに消えゆくある種の切なさを含んだ感情（エモーション）に昇華したものであって、これは明らかに「映画的」と呼ぶことができる。他にも例はいくらでも挙げられるだろうが、もし「マンガ家時代から今 敏は紙の上で映画を撮っていた」と言う仮説が成り立つならば、その証拠とはこういう現れ方をしているのである。

　参考までに、車のヘッドライトと遠近の効果音が一瞬の感情をかきたてる……という演出は、『東京ゴッドファーザーズ』にも存在する。ハナちゃんが捨て子を祭り上げるオープニング直前のカット（C-74）がそれであり、車の効果音のドップラー効果も加えられている。これは今 敏が好んで使う得意技なのかもしれない。

実写とアニメのコンテの差

　このように、今 敏はマンガ作品ですでに映画としてのコンティニュイティを強く意識した疑似映像作品を描いていた。

解説 『東京ゴッドファーザーズ』の絵コンテに宿る「神」とは何者か?

映画監督になるべくしてなる素養は提示済みであった。映像作品の絵コンテを描くことになったときにも、それほど大きな支障を感じなかったのではないか。

では、実際に映像作品を手がけるときの今 敏の絵コンテの特徴と、現時点での到達点でもある『東京ゴッドファーザーズ』の特異性はどの辺に現れているのだろうか。それをあぶり出すために、絵コンテの一般的な役割から確認していこう。

まず、コンテは連続性を設計するものなので、カット割りを記したものである。映像の最小単位であるカットとカットの接続が書いてあればいい(本来は最小単位はショットだが、アニメの現場では最小単位をカットと呼ぶ)。

実写の場合はコンテと言っても、多くの場合は絵コンテは用意されない。監督によって作法は違うが、実写の印刷されたシナリオでは上半分が余白になっていて、これは文字でカット割を書くためのものである。絵コンテと区別のために「字コンテ」と呼ばれることもある。

解説 『東京ゴッドファーザーズ』の絵コンテに宿る「神」とは何者か？

　シナリオの巧拙を論議する場合、「シナリオはお話を書くものだ」と言い切る意見が少なからず幅をきかせている。もちろんストーリーもシナリオ評価上で重要な要素だが、もっと大事なことがある。フィルムとは最終的には映像で物語をつむぐもの。監督、演出家が、最終映像の設計図たるコンテを想起しやすいような触媒として、場面転換やト書きがストーリーに沿って映像的に適切で、ドラマの訴求ポイントが明瞭なものが、本来は優れたシナリオのはずである。

　さて、ここでアニメではなぜ絵コンテなのか、実写とは何が違うのかという根元的な疑問がある。それは今 敏の絵コンテの特徴ともつながってくる話だ。

　実写とアニメ、最大の差は「アニメは根拠なく自動的に映像を生成することができない」という点にある。つまり実写では現場さえしっかりしていれば、カメラマンが監督の指示でカメラを向けるだけで、そこに構図と空間が自動的に生成される。役者がいれば、彼または彼女が演技を生成する。だから監督は純粋なコンテに没頭できる。

　ところが、アニメーションではそういうことはあり得ない。草一本、犬一匹、空き缶ひとつにいたるまで、偶然そこに写りこむというものはないので、偶然性を演出することにおいてさえ「根拠」となるものが必要になる。

　アニメーションの最終画面は「絵」なので、そういった根拠となるものは絵で指示することになる。そして、監督が意図を伝えるのは（自分で描くかどうかは別にしても）絵コンテを共通言語としてというのが、一般的な進め方である。

絵コンテの作り込みに王道なし

　次に問題となるのが、「絵コンテでは、どこまで作りこむことが求められるか」ということである。これについては、はっきりとした基準があるわけではない。

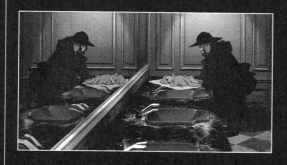

解説 『東京ゴッドファーザーズ』の絵コンテに宿る「神」とは何者か？

極端な例としては絵コンテなしで長編アニメが制作されていた時代がある。部分的にない作品の例だと、さらにその数は増える。また、実写畑の演出家の描く丸チョン（記号化された人間のこと）のコンテを作画監督が清書してから配布する例もある。コンテ段階ではコンテに求められる映像の流れだけを作り込み検証すべきという理由で、絵コンテにおける絵はうまく描いてはいけないと明言する演出家もいる。

このように「王道」がないのが絵コンテで、極端な話、演出意図が正確に伝わって、作画以後のプロダクション作業が間違いや迷いなく円滑に進み、効率化に支障がなければ、どういう形であっても良い。いずれは時間の問題で、絵の描けない演出家のために、３Ｄソフトでコンテを生成するツールのようなものも登場するだろうし、簡易ムービーで指示する時代来るかもしれないが、それにしても完成フィルムの結果さえ良ければ監督としては合格なのである。

今 敏監督の『東京ゴッドファーザーズ』の絵コンテを目にすると、誰でもその緻密さにまず驚くだろう。だが、ここまで展開したことを念頭におけば、緻密な絵コンテが即良いコンテではないし、それを監督自身が目指したわけでもないと、了解していただけるだろう。

だから、次なる問題は「どのような意識が、この緻密さを求めたか」である。その動機の子細は、本書に掲載する監督インタビューを読んでいただくことにして、ここではレイアウト・設定に重きを置こうとした意識が、先の「根拠」につながる話として最重要であることに絞って話を進めたい。

美術設定とレイアウトが根拠を与える

「アニメは根拠なく自動的に映像を生成することができない」……ということは、逆に映像をつくるには根拠が必要だということだ。

19

では、その根拠とはどのポジションの誰が、具体的に何をすれば得られるものなのか。実は「監督の個性」とは、その考え方と具体的な解決方法に即して語られるべきことなのではないだろうか。その「根拠」こそが、結局は監督なり作品なりの放つ体臭、持ち味のようなものとして、観客を感動させる中核に結びつくはずだから。

　今 敏の場合、なぜレイアウトや美術設定が作品をつくる上での強い土台となり得るのか。それを集約した絵コンテを、なぜ『東京ゴッドファーザーズ』では描くことになったのか。

　そもそもアニメに関わることになった最初の作品、長編アニメ映画『老人Z』(北久保弘之監督)では、今 敏は美術設定を担当している。美術設定とは、実写で言えば大道具に相当するものである。美術監督が兼務する場合も多いが、ＳＦやファンタジーなど仮想性、複雑性の強い作品の場合、専従者を立てて舞台の背景となる場所、部屋などの基本的な形や構造などを線画で描きこむ。それをもとに美術監督が色彩を決めて美術ボードと呼ばれる背景のマスターを起こす。

　アニメーターは絵コンテと美術設定をもとに、各場面のレイアウトを描く。これは最終的な背景のもとになる原図を兼ねてもいるが、他にもさまざまな意味性の深い仕事が集中している。実写でたとえれば、構図を決めるカメラマン、画面中の陰影を決める照明、実際の背景の飾り付け、そして役者のラフな芝居も往々にしてレイアウト段階で決められることが多い。

　このうち「芝居」を除くと、最終的な画面づくりの大半はレイアウトで決まってしまう。さらに、美術設定とレイアウトを押さえるということは、映像の中にある「世界」を支配的にコントロールできるということだ。

　ことに美術設定については、そもそも「設定」というのは複数の人間が分業するときに前提となる共通仕様のことなので、設定制作能力の高い人間がレイアウト作業を直接担当で

きる場合には不要となる。それぞれのレイアウトが矛盾しないように、各場面を設計していき、そこで必要なものはその場その場で設定してしまえば良いのだから。

今 敏監督作品に非常に特徴的な事象として、アニメーション作品にしては極端に設定が少ないということが挙げられる。それは、どんなシークエンスでもカットでも、監督自らが空間丸ごと設定可能であり、どんなにアングルが変わってもほぼ全方位的に対応可能だということが理由だろう。そして、それこそが今 敏監督によるアニメ映像の「根拠」になって、特質に結びついているに違いない。

世界をつくり上げる神の視線

最後に『東京ゴッドファーザーズ』の作品内容に、以上の話をつなげて終わりにしよう。

今 敏監督の前二作品と今回の一番大きな差は、この「根拠」がアニミズムと直結したことにあるのではないか。

根拠を与えるということは、とりもなおさず生命を吹き込むということだ。アニメーションの根本にあるものとも大いなる共通性がある。そして、それができる存在……監督は、少なくとも作品の中では「神」なのである。

作中では、三人のホームレスが生命を獲得したての赤ちゃんに「名前」という根拠を与えることで「ゴッドファーザーズ」となり、一種の神性を獲得する。ところがその神性はとんでもない迷惑と混乱と、同時に幸運と秩序を持ってくる。「名前という根拠」は、そういったものへのチケットなのだ。

一方、アニメーションの制作上においても、ドラマを見守る東京という「都市」は、今 敏監督の高いレイアウト・設定能力によって「ディテール」という根拠を与えられて「神性」を獲得した。もちろんそれはドラマと同様にさまざまなものを、さらなる上位の「神」でもあるスタッフにもたらすわけだ。

結果として都市は都市なりに、ものは言わないまでも、温かい視線と、「われわれはこういう世界に生きてる」という実感を、観客に与えていった。それが神としての役割で、スタッフの思いの結晶だった。大多数の観客は気づくことはないだろうが、しかしもともと「神」とは、自ら働きかけて気づこうとしなければ気づかない、不可視のものではないだろうか？

　だから、この物語は単に「良いお話」だから感動できるのではなく、そんな神のいる世界まるごとが入っているから面白いのである。そういう姿勢と視線とメッセージに満ちているからこそ、よくできた物語が腑に落ちるレベルに到達して、深い感動に結びついたのである。

　そのメッセージとは「こんな世界であっても、それは自分たちのもの。時に優しく、バカバカしく騒がしく、楽しくもなれる」という、この時代を前向きに生き延びるために必要な知恵を含んだものなのだろう。その知恵こそが、神性の正体なのかもしれない。

　こういった多岐多層にわたる思いとそれを実現する方法論を集約するため、制作上の「根拠」として描かれたのが、この絵コンテである。

　そういう目をもって、ぜひ読みこんで欲しい。

　そうすれば、そこに宿った「神」が発見できて、作品をまた新たな気持ちで再見することができるに違いない。

Tokyo Godfathers
STORYBOARD BOOK
A PART

OUT。
粉ミルクがうっすらと
流れている。
ミユキが開けた窓から
ハナちゃんと
ギンちゃんが
顔を出している。

降りしきる雪の中、
駆け去って行く
ミユキの後ろ姿。

遠景は雪に溶ける
感じで白く霞みます。

"銀世界に
愛のシュプール、
一番乗り！"と
たわけたコピーが
書かれた
スキーツアーの
派手な広告。
日に焼けた
スキーヤーの
むかつく笑顔。
手前、電線ボケ。
雪、降ってます。

スキーヤーの笑顔に
見下ろされたように
線路沿いを
トボトボと歩く3人。
FOLLOW（←）。
パースのつく横の
支柱は3Dに
しようかと思いますが
効果の割に手間が
大変なら代替案を
考えます。

ミユキなめて歩く一行。

※BG、BOOKだけ
T.B.して縦のFOLLOWに
します。
足元の雪はフラットな
感じで、足跡も要らないと
思います。
※このシーンはキャラにも
雪を積もらせます。
面倒くさいですが
頑張りましょう。

ハナ
「ミユキ〜

ギン
「何だよ〜

ギン
「大枚は
電車賃が

ハナ
「アタシ
お金じ〜

清子が大
泣き声を

ハナ
「ごめん
ミルクが
なくな〜

ミユキ
「どうせ
せいだ〜

23

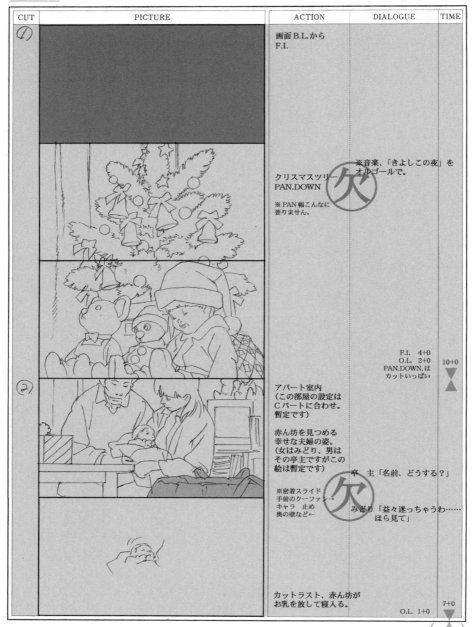

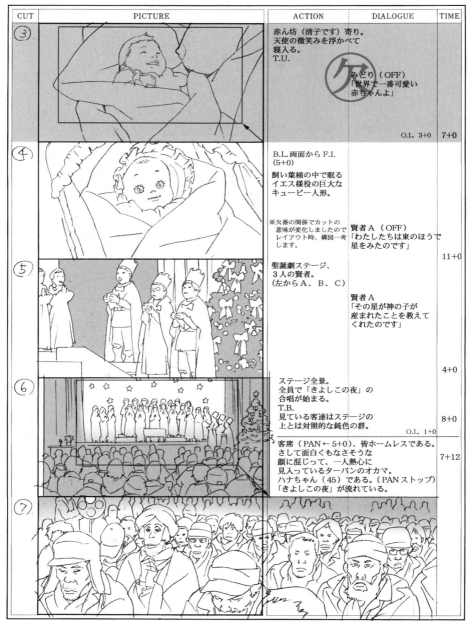

No. 003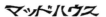

No. 004

CUT	PICTURE	ACTION	DIALOGUE	TIME
⑨		↓ 画面左手を見る。		9+0
⑩		壁に貼られた プログラム表。 "聖誕劇"の後に "牧師様のお話" その後"配食" となっている。	ギン（OFF） 「……はぁぁぁ（溜息）」 ※「きよしこの夜」 はここまで。	3+0
⑪		大勢のホームレスを前に 話をする牧師。 （話の途中からです。） カット頭でちょっと 息を吸って背筋を 伸ばす感じで、 セリフスタート。	牧師「……イエス様が 飼い葉桶に寝かせられた ことは、つまり"場所がない" 人間に救いをもたらすため だったのです！」 （テンション高めです）	9+0
⑫		まじめに聞いている ハナちゃんと その後ろ、面白くなさ そうに聞いている ギンちゃん。	牧師（OFF） 「人間、居場所がないことほど 辛いことはありません！	
⑬		"うんうん"という 感じで頷くハナちゃん。	↓ しかし世の中には 自分のいる場所を 持てない人が たくさんいます！」 ギン 「（独り言のように） よぉく知ってら」	9+0

(31+0)

No.005

CUT	PICTURE	ACTION	DIALOGUE	TIME
⑬		スポットライトを浴び、熱弁を振るう牧師。(牧師の服、いい加減です。資料参照)机の上にはポインセチアの鉢植え。	牧師「(テンションが上がってくる)大変な孤独感の中で、	
			"あなたにいてほしい" ↓	
		※ちょっと扇情的な感じが欲しいです。	そう誰かに言ってもらいたい！」(こぼす)	4+12
⑭		C.12同ポ。	ギン「け、おれぁいいや」ハナ「(ギンちゃんを振り返り)黙りなさいよ、ちょっと」	3+12
⑮		牧師、寄り	牧師「イエス様は、孤立した者に"生きる場所"をつくりだすため、お生まれになったのです！」	5+12

(13+12)

No. 006

CUT	PICTURE	ACTION	DIALOGUE	TIME

⑯

うっすらと雪化粧した公園。
(聖誕劇を行っていた会場に隣接している。
炊き出しの奥に見える建物がそれということです)
ホームレスたちが炊き出しに長い列を作っている。
その先に炊き出しのコーナーが有り、
鍋から湯気が立っている。
その左手は医療コーナーらしく、赤十字の幟が見える。
すでに炊き出しをもらった者が
一斗缶の焚き火を囲んだりしている。
PAN+T.U.→

FIX. 2+0
PAN. 6+0

※炊き出しを
もらって右へ
OUTして行く
人有り。

ギン（OFF）
「もろびとこぞりて飯の
列だ」

ハナ（OFF）
「もろびとこぞりて、
迎え祭れ、よ……

……学が無いわね、
ギンちゃん」

ギン
「タマの無ェオカマよりは
常識があるぜ」

8+0

⑰

炊き出しの列に
並んでいる
ハナちゃん、
ギンちゃん。
(基本的には二列縦隊
で並んでいます)

配食のおばさんと
列の間に、スープの
鍋から立つ湯気。

※ C.22で兼用するので、
右側少し大きめに作成します。

手前にいた男達が
左へOUT。

ハナ
「アタシのはね、
神さまのほんの
ミステイク！

でもアタシのココロは
誰よりも女！」

ギョッとなる配給係。

10+0

No. 007

CUT	PICTURE	ACTION	DIALOGUE	TIME
18		ハナちゃんを見返す配給係のおばさん。 ※ボランティア関係の人は、揃いのウィンドブレーカーを着ていることにします。なるべく鮮やかな色でホームレスの鈍色と対比になるように。	ギン（OFF） 「女は子供を産むもんだぜ」	
		※鍋から湯気あり。 ハナちゃんIN気味で一歩奥へ。		2+0
19		C.17兼用。 委細お構いなくオカマぶりを発揮するハナちゃん。	ハナ 「あら！マリア様がバージンでご懐妊するくらいだもの、	
		言いつつ、お腹をポンッと叩く。	オカマにだって奇跡が起こるかもしれないわよ」	6+12
20		身を乗り出すハナちゃん。 ※鍋から湯気あり。	ハナ 「……あ、大盛りにしてちょうだい。何せ二人分の栄養が必要なのよ、 ↓	

( )

No. 008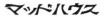

CUT	PICTURE	ACTION	DIALOGUE	TIME
20			↓ 「ア・タ・シ……」	6+12
21		怪訝な顔で ハナちゃんを しげしげと見返す ボランティアの おばさん。		2+0
22		夕暮れ時の通り、 俯瞰。		4+0
23		通りを行き交う 人や車。		3+0
24		信号待ちのT字路、 真俯瞰。 ※ミユキの見た目です。		3+12

( )

No. 009

CUT	PICTURE	ACTION	DIALOGUE	TIME
㉕		ビルの屋上。 ミユキの口元、 唾が落ちそうになって 溜まっている。		
		プッと吐く。		2+0
㉖		C.27の寄り。 雫が当たって、		
		ふり仰ぐ人。		3+0
㉗		雑居ビルあおり。 「涙の天使」と 書かれた新譜CDの 大きな看板広告。 ※絵柄は一考します。		4+0

(10+0)

No. 010

CUT	PICTURE	ACTION	DIALOGUE	TIME
28		雑居ビルの屋上、エアコンの室外機などがひしめいている。看板の陰に隠れているミユキ。		
		何やら床に書き付ける。		5+0
29		ミユキの足元。並んでいる撃墜マークならぬ"涙マーク"。描き終えたくらいからスタート。		
		右手OUT。	ミユキ（OFF）「ざまぁ見ろ」	2+12
30		鼻を大きくすすり上げるミユキ。	ミユキ「ズスゥゥッ！！」	

(7+12)

No. 011

CUT	PICTURE	ACTION	DIALOGUE	TIME
30			S.E."ガチャッ" （ドアが開く音） ハ ナ（OFF） 「ミユキちゃん」	
		声の方を見やる ミユキ。		5+0
31		屋上のドアを開けて 立っている ハナちゃんと ギンちゃん。	ハ ナ 「さぁさぁ、お食事よ」	3+0
32		シチューを啜るミユキ、		
		さらにパンにかぶりつき、 ↓ ↓		

(8+0)

No. 012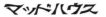

CUT	PICTURE	ACTION	DIALOGUE	TIME
㉜		↓ ↓ ムシャムシャと ほおばる。 遠景に高層ビル群。 うっすらとたなびく煙。 ※どこかのビルの 屋上から吐き出さ れている水蒸気だと 思って下さい。	ハ ナ（OFF) 「ちょっとミユキちゃん、	5+0
㉝		屋上、引き。 鉄骨に半分腰掛けて タバコを吹かす ギンちゃん、 並んで座っている ハナちゃんとミユキ。	股は閉じなさいよ、 一応女なんだから」 ミユキ 「一応じゃねえよ」 ハナ 「もう、すぐこぼすし もったいない！」	
㉞		ハナちゃん、 地面に落ちたパンを 拾い上げ、 （A.C.で） 起きあがり、 ミユキを諭す。 ↓	ハナ 「ただパンを食べるん じゃないの。 パンを作った人、 運ぶ人、多くの人の 愛をいただくのよ」	7+0

( )

No. 013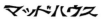

CUT	PICTURE	ACTION	DIALOGUE	TIME
㉞		パンのかけらを パクリと口に入れ、		
		ムッシャムッシャ 食べるハナちゃん。	ミユキ 「宗教にかぶれると これだからイヤなんだ。 アキコそっくり」	
			ハ　ナ 「……誰よ？アキコって」	14+0
㉟		C.32同ポ ムッツリと答える ミユキ。	ミユキ 「……アタシを産んだ人」	
			ハ　ナ（OFF） 「まぁ！	
㊱		C.34同ポ 大仰に驚く ハナちゃん。	実の母親を 呼び捨てに して！」	4+0
↓		↓		(　　)

No. 014

CUT	PICTURE	ACTION	DIALOGUE	TIME
㊱		ハナちゃん、ミユキの暴言にカチン！	ミユキ 「(ポソッと) うっせーな、くそジジイ」	
㊲		身を大きく乗り出してミユキの手を、 大きくつねる。	ハ ナ 「くそはいいけど、 ジジイは許さ ないわよッ」（こぼす）	6+12
㊳		C.33同ポ。	ミユキ 「イッ テ エ エ よ！ この…… ↓	0+18

(　　　)

No.015

CUT	PICTURE	ACTION	DIALOGUE	TIME
① ㊳		やおら動き出すギンちゃん。	↓ 「くそ…… バ…バア」 (〜 4+12) ギン 「ったく、 ピーピー うるせぇ雛鳥 だな、エ？ テメエでエサも とれねぇくせによ」 ミユキ 「社会におんぶに だっこのオッサンが 言えたセリフか！」	
㊴		鉄骨をくぐる。 (A.C.) 大人げも無く、 しかも勝ち誇ったように 言い返すギンちゃん。		13+0
			ギン 「ヘ！その俺たちに おんぶに抱っこの お前はゴミ以下だ」	4+12

No. 016

CUT	PICTURE	ACTION	DIALOGUE	TIME
㊵		C.32同ポ。 負けずに しゃあしゃあと 言い返すミユキ。	ギン（OFF） 「へーへへへ！」 ミユキ 「そういうの目糞鼻糞を 笑うって言うんだ」	3+12
㊶		C.39同ポ。 ムカッと来る ギンちゃん。 言いつつ 腕を振り上げて ミユキに迫る。	（〜1+06） ギン 「口のへらねぇ ガキだな、 このッ！」	3+12
㊷		（ギンちゃん、A.C.で） 二人の間に ハナちゃんがすっくと 立ちはだかっている。	（〜0+18） ハナ 「もう！ クリスマスくらい 仲良くしてちょう だいッ！ ↓	

( )

No.017

CUT	PICTURE	ACTION	DIALOGUE	TIME
42		ハナちゃんに捕まれたまま何とか相手に一撃をくわえようとしている2人。 ミユキもかなり"やる気"になっており、軽快なフットワークで隙を窺い、短い足で蹴りを繰り出したりする。	（セリフの間1+0） ↓ 「……あ、そうだ！ミユキちゃんにプレゼントがあるのよ！」	8+0
43		マンションの裏手のゴミ置き場。引っ越しの際に出たであろう、家財道具が一式揃ったくらいの粗大ゴミと、大掃除で出たと思われる生ゴミ、資源ゴミなどなど、ありとあらゆるゴミが積んである。正に平成日本を象徴している排泄物。「いくら何でもそんなに……」というくらいの量が欲しいです。 ※ゴミ置き場とゴミの配置で、何となく"大量のゴミを食らう顔"のイメージです。 ゴミの山からひょいと出てくるハナちゃん。 ハナちゃんのセリフを受けてゴミの中から顔を出すミユキ。 ハナちゃんはさらに獲物を求めてゴミの山に消える。 ※このカット"モグラたたき"みたいなイメージです。 ↓	（～3+0） ハナ（OFF） 「無いわねぇ…… （ON） "世界こども文学全集"全20巻」 ミユキ 「そ……そんなもん要るか！」 （～10+0）	

( )

CUT	PICTURE	ACTION	DIALOGUE	TIME
↓ ㊸		↓ ↓ ミユキのセリフを 受けて、今度は ギンちゃんが 顔を出す。	ギン 「ハナが折角探し たんだぞ、 クリスマスプレゼントも 無しじゃ家出娘が 可哀想だってよ」	
		セリフ後、 またゴミの山に潜る ギンちゃん。		
		ミユキ、 一段下りる感じで、 次カットへ。 （A.C.）	※T.U.　10+0 FIX.　8+0	18+0
㊹		ミユキの寄り。 前カットの アクションを次いで 一段下りる。 ※ミユキ、 “こども文学全集” と聞いて “子供”扱いされた ことに腹を立てて います。	ミユキ 「アタシは好きで 家出してんの」	
↓		↓ ↓		

CUT	PICTURE	ACTION	DIALOGUE	TIME
㊹	世界子供文学全集、"ドストエフスキー"	ミユキ、気がつくと、右手をついていた場所に、ちょうど"世界こども文学全集"が積んであり、一番上に"ドストエフスキー"が置いてある。ゴミを漁って移動しているハナちゃんがちょっと顔を出し、左へOUT。	ギン（OFF）「半年も路上で暮らしゃあ立派なホームレスだ」	
		本当は図星だが突っ張るミユキ。	ミユキ「その気になれば帰れるうちがあるもん」	9+0
㊺		ゴミ袋を開けて中身を漁っているギンちゃん。 作業しつつ、自嘲的ながら穿ったセリフ。 ミユキの方は見ません。	（～0+18）ギン「そう言っててその気になった奴なんかいねぇのさ」	
				4+0
㊻		C.44同ポ。 ミユキ、ギンちゃんの温度の低い態度に返す言葉が無くなり、"ドストエフスキー"を掴んで…… ↓	ミユキ「そりあぁ」 ↓	

No. 020

CUT	PICTURE	ACTION	DIALOGUE	TIME
㊻		↓ ↓ 思い切り投げつける。	↓ 「おっさんだろ！」	
				1+12
㊼		ギンちゃん、 何か言おうとした 感じで顔を上げた ところに…… ←IN		
		……見事に ヒットする "ドストエフスキー"。 ピタンッとはりつく。 驚くハナちゃん。	S.E. **バシッ！！** ハナ 「まぁ何てことするの！？ ドストエフスキーに！！」	
		ズルズルと落ちる本。 (A.C.)		4+12

( )

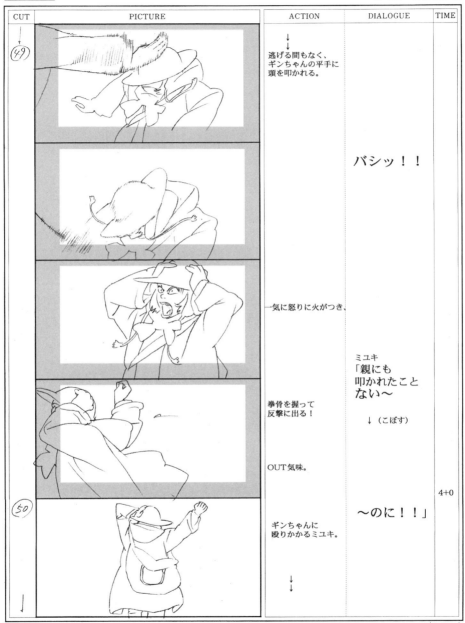

No. 023

CUT	PICTURE	ACTION	DIALOGUE	TIME
50		↓ さっと身をかわす ギンちゃん、		
		しかしミユキの 二段攻撃が ギンちゃんの顔に ヒット！！		
		そのミユキの 右手を捕まえ、	ギン 「だから 替わりに 叩いてやって んだ！！」	
		ギンちゃんが平手で ミユキの頭を連打！		
		さらにもう一発 叩こうとしたところへ、 ミユキの必死の反撃。 ギンちゃんの左手に 噛みつこうとする！ （A.C.）		4+12

(　　　)

No. 024　　　　　　　　　　　　　　　　　　　　マッドハウス

CUT	PICTURE	ACTION	DIALOGUE	TIME
51		ギンちゃんの左手に噛みつくミユキ。 痛さのあまりギンちゃんがミユキをぶん投げる。 ラスト、ミユキ大きく手前へ。 （A.C.）	ギン 「ギャアアアアアアアアアアアアアアアッ！」 ミユキ 「ウワッ！！」	
52		ゴミ袋の山に叩きつけられるミユキ。 ↓	ボスッ！！	1+12

（　　）

No. 025

CUT	PICTURE	ACTION	DIALOGUE	TIME
㉕		↓ さらに叩きに行く ギンちゃんに、	ギン 「このぉ！！」	
		ミユキの 必死の反撃。 両足で急所を 連続キック！！	ミユキ 「マジに！（ドスッ！） なるなよ！（ドスッ！）	
		痛みに悶絶して よろけるギンちゃん。	ギン 「ウムム……ッ」 大人のくせに！！」	
		体ごとぶつかるミユキ。 （A.C.）		4+12

No. 026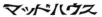

CUT	PICTURE	ACTION	DIALOGUE	TIME
53		ゴミの山に 倒れ込む二人。	ギン 「ウワッ！！」	0+18
54		2人の喧嘩に うんざりしている ハナちゃん。 持っていたゴミ袋から ちょっと顔を上げて セリフ。	ハナ 「怪我しないでよ」	2+12
55		C.53同ポ。 絡まっている二人。	ギン 「ガキが大人を なめるなよ」 ミユキ 「ガキじゃねぇよ！！」	
		揉みあっている内に、 ギンちゃんの右手が ミユキの胸を掴む。 真っ赤になるミユキ。 ↓	ギン 「こんな薄っぺらい オッパイして何言や がる！」	

( )

No. 027

CUT	PICTURE	ACTION	DIALOGUE	TIME
55		↓ さらに怒りに火が ついて殴りかかろうと するところまで。	ミユキ 「この〜 (OFF) ドスケベ！ セクハラオヤジ！！」	7+0
56		C.54同ポ。 さすがに見かねて 大声を出す ハナちゃん。	ハナ 「いい加減に しなさい！！」 赤ん坊（OFF) 「オギャアオギャア オギャアオギャア……」	
		泣き声に気がつく。		4+0
57		C.53同ポ。 争っていた手を止め、 声の方を見やる二人。 ミユキはギンちゃんの 首を絞めていた感じです。	ギン 「………（はたと） おぎゃあ？」	3+0

(   )

No.028

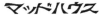

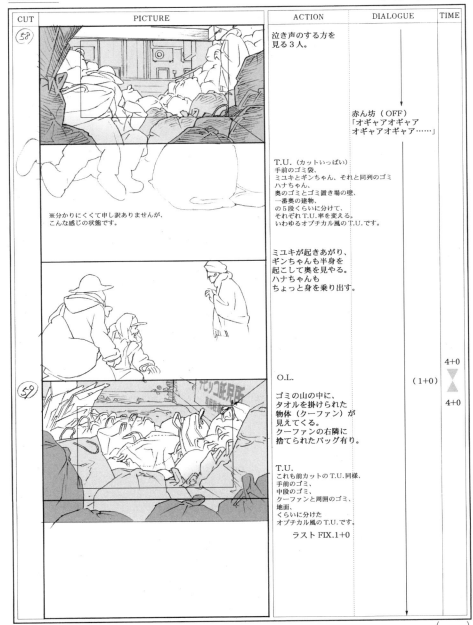

CUT	PICTURE	ACTION	DIALOGUE	TIME
58		泣き声のする方を見る3人。 T.U.（カットいっぱい） 手前のゴミ袋、 ミユキとギンちゃん、それと同列のゴミ ハナちゃん、 奥のゴミとゴミ置き場の壁、 一番奥の建物、 の5段くらいに分けて、 それぞれT.U.率を変える。 いわゆるオプチカル風のT.U.です。 ミユキが起きあがり、 ギンちゃんも半身を 起こして奥を見やる。 ハナちゃんも ちょっと身を乗り出す。 O.L.	赤ん坊（OFF） 「オギャアオギャア オギャアオギャア……」 （1+0）	4+0 4+0
59		ゴミの山の中に、 タオルを掛けられた 物体（クーファン）が 見えてくる。 クーファンの右隣に 捨てられたバッグ有り。 T.U. これも前カットのT.U.同様、 手前のゴミ、 中段のゴミ、 クーファンと周囲のゴミ、 地面、 くらいに分けた オプチカル風のT.U.です。 ラストFIX.1+0		

( )

No. 029

CUT	PICTURE	ACTION	DIALOGUE	TIME
60		クーファンなめて、顔を見合わす3人。		
			↓	
			赤ん坊（OFF） 「オギャアオギャア オギャアオギャア……」	
		ハナちゃんが ゴミを跨ぎ、ギンちゃん、 ミユキが後に続く。		
		ハナちゃんが タオルをサッとはぐる。 （はぐりかけるところまで）	↓	6+0

(　　　)

No. 030

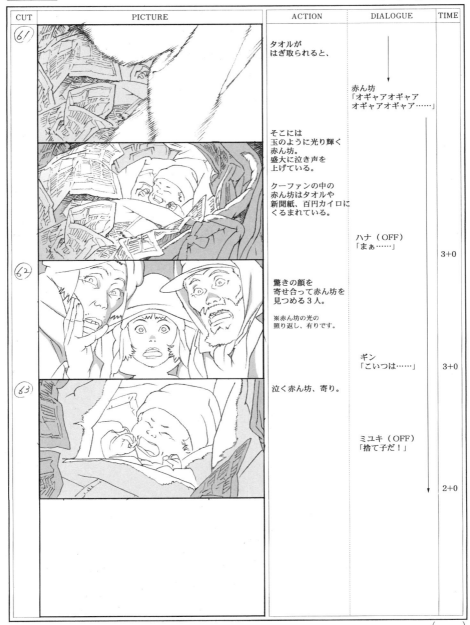

CUT	PICTURE	ACTION	DIALOGUE	TIME
61		タオルが はぎ取られると、 そこには 玉のように光り輝く 赤ん坊。 盛大に泣き声を 上げている。 クーファンの中の 赤ん坊はタオルや 新聞紙、百円カイロに くるまれている。	赤ん坊 「オギャアオギャア オギャアオギャア……」 ハナ（OFF） 「まぁ……」	3+0
62		驚きの顔を 寄せ合って赤ん坊を 見つめる3人。 ※赤ん坊の光の 照り返し、有りです。	ギン 「こいつは……」	3+0
63		泣く赤ん坊、寄り。	ミユキ（OFF） 「捨て子だ！」	2+0

No.031

CUT	PICTURE	ACTION	DIALOGUE	TIME
64		ゴミ置き場、引き。 (赤ん坊を見つけてから 少し時間経過有り) 左からミユキ、ギンちゃん、 ハナちゃんと赤ん坊。 ※ゴミ置き場脇の道路を トラックが一台、IN〜OUT。 遠ざかる音が次カットに こぼれるくらいのタイミングで。 ハナちゃんが赤ん坊をあやし、 ギンちゃんとミユキが赤ん坊と 一緒に置かれていた荷物を調べている。 ハナちゃんの奥に見える通りは 表通りという感じで明るい街の光が見える。		5+0
65		ギンちゃんの持つメモ、寄り。 "悪いが後は宜しく頼む" (暫定です。シナリオ待ち)		
		メモをはぐると、 下には無記入の出生届。		
		2枚の紙を下ろすと、 その奥にバッグとクーファン。 その中に置かれた 新聞の見出しが見える。 紙をアウトさせつつ 手前から奥へピン送り。		
		【赤ちゃんの受難相次ぐ!】と題され、 【捨て子】【幼児虐待】【新生児誘拐】の文字。 バッグの中には哺乳瓶や粉ミルク、 替えの紙オムツ、衣類数枚など。	ギン(OFF) 「やれやれ……」	7+0

( )

No. 032 マッドハウス

CUT	PICTURE	ACTION	DIALOGUE	TIME
66		クーファンなめて ギンちゃん、 その奥に赤ん坊を あやすハナちゃん。 歪んだ世の中を憂える ギンちゃんと対照的に、 ハナちゃんは赤ん坊に 心を奪われ、 はしゃいですら見える。	ギン 「世も末だな」 ハナ 「あらあら女の子 じゃないの！ 名前は何ていうの かしら？」	
		ギンちゃん、 2枚の紙を片手に 持ち替えて、放る。	ギン 「名無しの権兵衛だよ」	
			ハナ 「女の子よ！ 失礼でちゅねぇ」	
		ギンちゃん、 重そうに立ち上がり かけるところまで。		
		(A.C.)		10+0

(　　　)

CUT	PICTURE	ACTION	DIALOGUE	TIME
67		立ち上がる ギンちゃん。 ミユキは しゃがんだまま クーファンを 眺めている。	ギン 「……俺ぁこんな生活を 始めたのが……三十…… いくつかの時だった」	
		ギンちゃんの 唐突なセリフを 訝しんで 顔を上げるミユキ。	ミユキ 「はぁ？」	8+0
68		無表情に 見下ろしている ギンちゃん。	ギン 「生まれたときから 家の無ぇ赤ん坊に 比べれば……まだ ましだと思ったのよ」	6+12
69		膝を抱え無表情に 見上げているミユキ。		~1+12

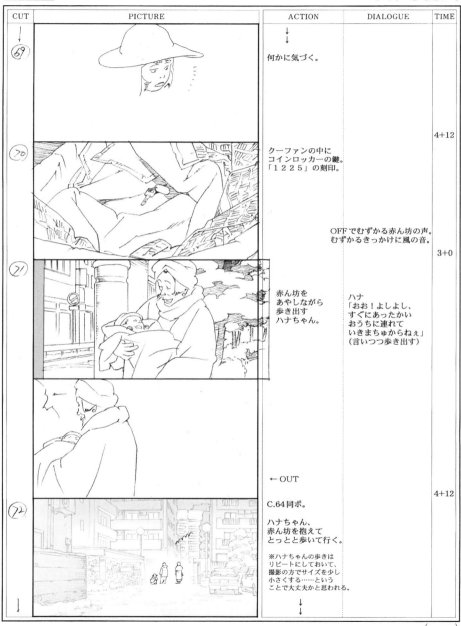

No. 035

CUT	PICTURE	ACTION	DIALOGUE	TIME
㉒		↓ 不審に思ったギンちゃんが声をかける。 ミユキ、立ち上がる。	ギン 「……警察はあっちだぞおい……？」	5+0
㉓		ハナちゃん、立ち止まり、振り返ってきっぱりと言い放つ。 奥に見えるのは明るい表通り。行き交う人々とIN〜OUTする車（いずれもシルエット気味）。	ハナ 「この子は神様が下さったクリスマスプレゼント！私たちの子供よ！」	6+12
㉔		唖然とする二人。 2人の背後に"驚いた顔"。 ※エアコンの室外機が目、口は窓。 画面外から近づく車のライトに照らし出される2人。 ※ライトが強くなると同時に背景をやや暗く沈める。	ギン・ミユキ 「……エ？」 ※オープニングの音楽スタート。 画面外左手から自動車の走行音が近づく。 〜1+12 〜3+12	

(　　　)

No. 036

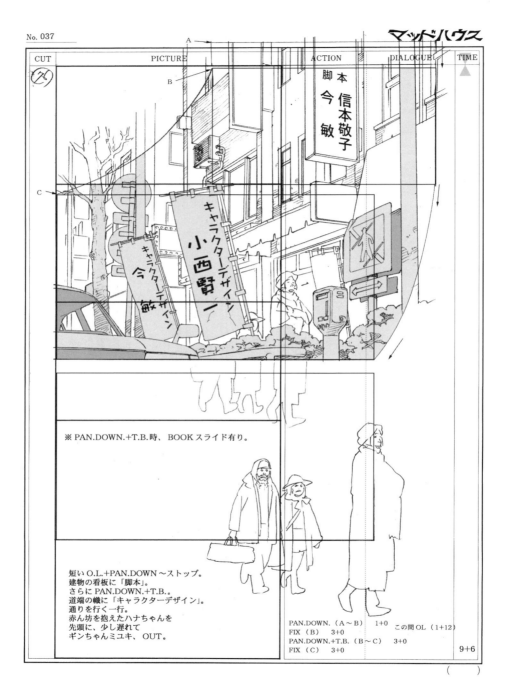

No. 038

CUT	PICTURE	ACTION	DIALOGUE	TIME
⑰		通り横位置、歩く一行。リピート、スライドです。店正面、看板に「作画監督」。		
		※カット頭、タクシーがOUT←。スタートはこの位置で。		
		ハナちゃん、右へOUTしたくらいでラッピングバスが左からINして止まる。車体側面に「美術監督・色彩設計」。		8+0

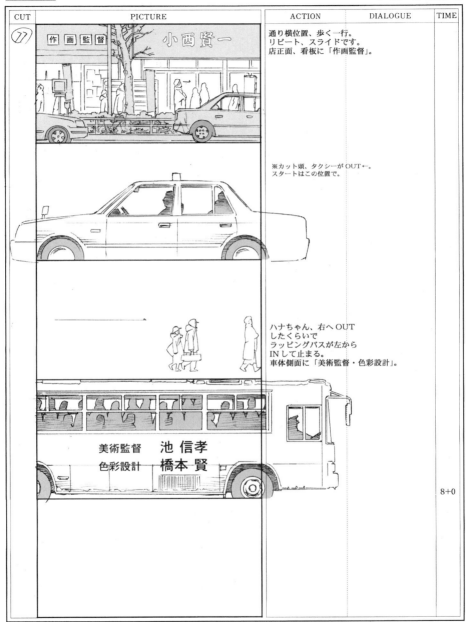

( )

No. 039 マッドハウス

CUT	PICTURE	ACTION	DIALOGUE	TIME

28

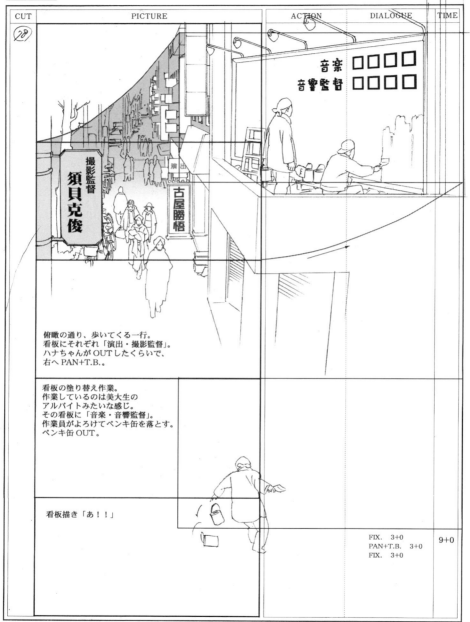

俯瞰の通り、歩いてくる一行。
看板にそれぞれ「演出・撮影監督」。
ハナちゃんが OUT したくらいで、
右へ PAN+T.B.。

看板の塗り替え作業。
作業しているのは美大生の
アルバイトみたいな感じ。
その看板に「音楽・音響監督」。
作業員がよろけてペンキ缶を落とす。
ペンキ缶 OUT。

看板描き「あ！！」

FIX.　3+0
PAN+T.B.　3+0
FIX.　3+0

9+0

(　　)

No. 040

CUT	PICTURE	ACTION	DIALOGUE	TIME
79		看板下の歩道、俯瞰。 地面にペンキの花が咲く。 ハナちゃんは何事もなく 歩いて行く（OUT）。		
		ギンちゃんとミユキが 落下してきたペンキ缶に 慌てて飛び退く。		
			ギン「うわ！」 ミユキ「げ！！」 看板描き（OFF） 「すいません！！」	
		ミユキとギンちゃん、 ちょっと上を見るが、		
		すぐにハナちゃんを 小走りに追いかける。	ギン 「待てよ、おい！ （走り出して） 連れて帰って どうすんだよ！？」	6+0

(　　　)

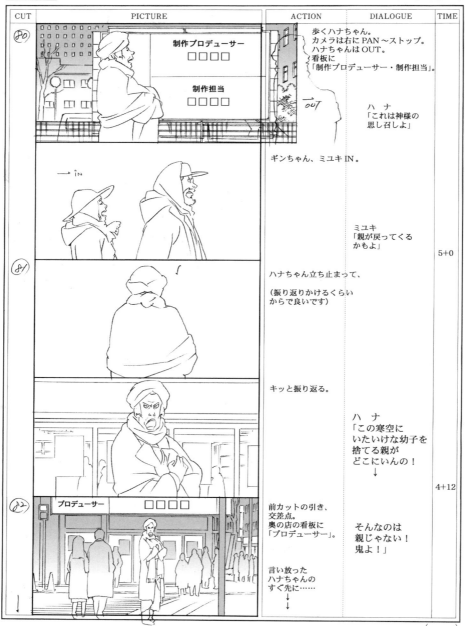

No. 042

CUT	PICTURE	ACTION	DIALOGUE	TIME
㉒		↓ 転倒したオートバイ (ピザか何かのケータリング) がIN。		
		通行人を巻き込んでOUT。	通行人・男「わぁっ！」 通行人・女「きゃあ！」	
		そんなことに おかまいもせず、 振り返って 歩き出すハナちゃん。		5+0
㉓		← FOLLOW ハナちゃんに 抱かれた清子の寝顔。	ハ　ナ 「清子はね、 アタシたちに 見付けて ほしかったのよ」	4+0

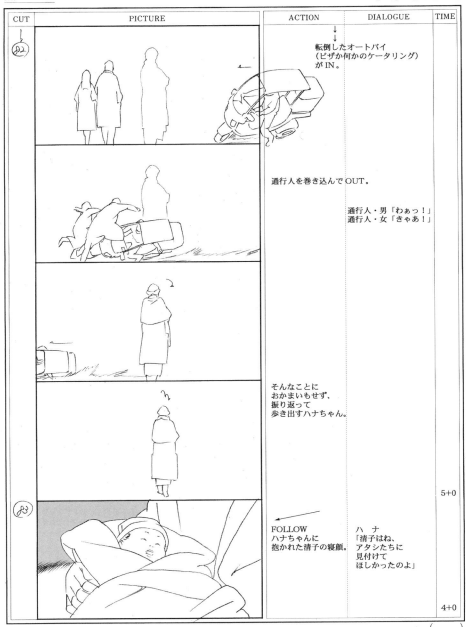

(　　)

No. 043　　　　　　　　　　　　　　　　　　　　　マッドハウス

CUT	PICTURE	ACTION	DIALOGUE	TIME

CUT 84

IN

横断歩道を渡ったあたり、

INして、ギョッとなって
立ち止まるギンちゃん。

ミユキは
ちょっと遅れてINして、
同様に立ち止まる。

ハナちゃんは、
とっととOUT。

ギン
「キヨコ？……
キヨコ！？

なんで
キヨコだよ！？」

4+0

CUT 85

歩くハナちゃんの
後ろ姿、FOLLOW。

縦移動です。
両側に立っている
樹木などを数段に
分けて、T.U.率を
変える方法で
何とかなるんじゃ
ないかと思います。
結構な望遠ですし。

ハナ
「命名したの。
清しこの夜の、
き・よ・こ」

一番奥には高層ビル。
これは少し引き↑。

5+0

(　　　)

No. 044 マッドハウス

CUT	PICTURE	ACTION	DIALOGUE	TIME
86		C.84同ポ。 ギンちゃんとミユキ。 2人の奥、 車IN〜OUT。 ※スライドで行けると 思います。 というかスライドで 済むようなレイアウトに してください。	ミユキ「ダッサ」 ギン 「(ミユキの方見て) キヨコは、 いい名前だろーが」 ミユキ 「何で力むのよ？ 昔の女？」 ギン 「バカヤロー！ ……って、 ↓ そういう問題じゃ ねぇよ！名前付けて どうすんだよ！？ 犬や猫の子じゃ ねぇんだぞ！」 ハナ「だからうちに連れてくの」 ギン「段ボールの家にか！？」 ミユキ「狭くなるじゃん！」	8+0
87		カメラ、カットいっぱいPAN。	新宿中央公園へと続く道(若干坂道になってます)、横位置ロング 看板に「制作・マッドハウス」(コンテ面よりもう少し位置左で)。 樹木の間に見えるダンボールハウス群。 ハナちゃんを追いかけるギンちゃんとミユキ(←カット頭IN)。 カットラスト、ギンちゃんとミユキが追いついたあたりで、 ハナちゃん立ち止まり、振り返りかけるところまで。 A.C.で次カットへ。 ※ハナちゃんスタート位置 ※手前何台か車IN〜OUT (スライドです)。	10+0

( )

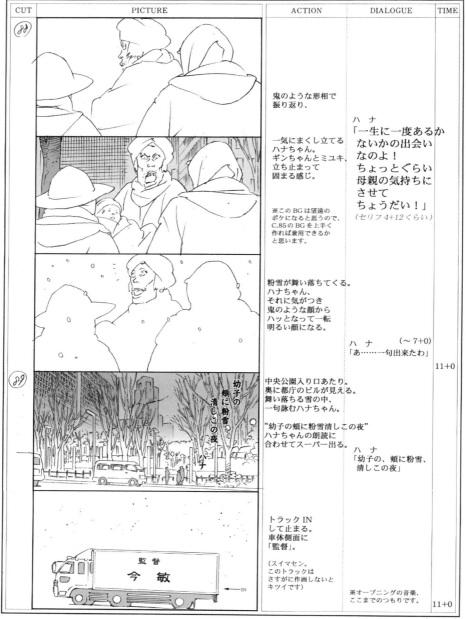

No. 046

CUT	PICTURE	ACTION	DIALOGUE	TIME
90	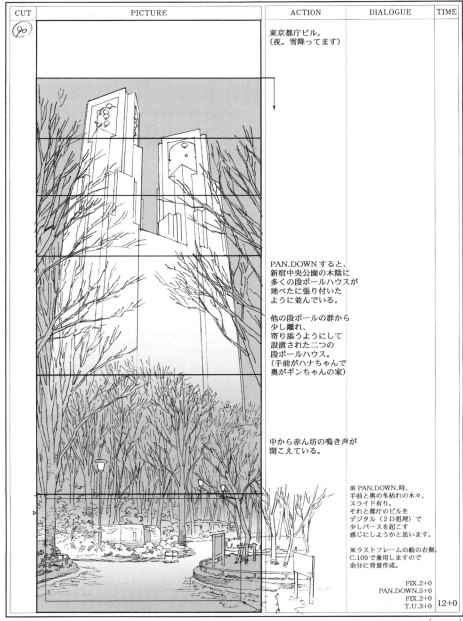	東京都庁ビル。 (夜。雪降ってます) PAN.DOWNすると、 新宿中央公園の木陰に 多くの段ボールハウスが 地べたに張り付いた ように並んでいる。 他の段ボールの群から 少し離れ、 寄り添うようにして 設置された二つの 段ボールハウス。 (手前がハナちゃんで 奥がギンちゃんの家) 中から赤ん坊の鳴き声が 聞こえている。 ※PAN.DOWN.時、 手前と奥の冬枯れの木々、 スライド有り。 それと都庁のビルを デジタル(2D処理)で 少しパースを起こす 感じにしようかと思います。 ※ラストフレームの絵の右側、 C.109で兼用しますので 余分に背景作成。	FIX.2+0 PAN.DOWN.5+0 FIX.2+0 T.U.3+0	12+0

(   )

CUT	PICTURE	ACTION	DIALOGUE	TIME

91

ACTION:
ハナちゃんの
段ボールハウス内。
恐ろしい顔で
あやすハナちゃんの
アップ。

"バァー"の時に Q.T.B.

DIALOGUE:
清子（OFF）
「ホギャアア！
ホギャアア！……」
※以下、ONでも
OFFでもずっと
泣き続けてます。

ハナ
「ベロベロベロ、

（〜1+0）

バァーッ！！」

TIME: 2+0

92

ACTION:
あやした甲斐もなく
力いっぱい泣き声を
上げる清子。

DIALOGUE:
清子
「ホギャアア！！」

TIME: 1+12

93

ACTION:
清子を中心にして
取り囲んだ形の3人。
ギンちゃんは"やれやれ"、
ミユキは面白くなさそうに、
ハナちゃんは"オロオロ"
といった感じ。
ミユキは折り畳んだ
布団に寝そべってます。

※このレイアウトは
後々何度も兼用する
ことになるので、
背景に余裕を持たせて
レイアウトしてください。
またこのカットの
実際のレイアウトを
"ハナちゃんの
段ボールハウスの設定"
ということにする
つもりです。

ギンちゃんが
"しょうがねぇな"
という風に溜息を
一つつき、
身を乗り出して
上手に清子を抱き上げ、

DIALOGUE:
ハナ
「何かしら、
何が気に食わ
ないの？」

ミユキ
「っうぜーな」

ギン
「(溜息)……」

ハナ
「ちょっとっ」

No. 047　マッドハウス

No. 048

CUT	PICTURE	ACTION	DIALOGUE	TIME
93		↓ 体を起こしたくらいで 次カットへ。 A.C.		8+12
94		清子を抱いて あやすギンちゃん。 （一応経験者なので 様になっている感じ） 幼児言葉である。 ※このカットも後々 兼用が多いです。	ギン 「よしよし。 こいつはママじゃ なくて、 ただのオカマの 浮浪者でちゅからね」	5+0
95		ハナちゃんとミユキ。 一端の親を気取って 文句を言うハナちゃん。 ※このカットも後々 兼用が多いです。	ハナ 「清子の前で 変な言葉は 使わないで ちょうだい！」	
		だるそうに体の 向きを変えて 突っ込みを入れる ミユキ。	ミユキ 「こんなとこで 赤ん坊の泣き声 してる方が変じゃん」	7+0

(   )

No. 049　マッドハウス

CUT	PICTURE	ACTION	DIALOGUE	TIME
96		C.93同ポ。 ギンちゃんの言葉に、思わず身を乗り出して清子に話しかけるハナちゃん。やはり幼児言葉である。 ギンちゃんが顔を上げたところで次カットへ。	ギン 「すぐにお巡りさんのところにちゅれていきまちゅからね」 ハナ 「(身を乗り出しながら)清子はどこにも行かないんでちゅよねぇ！」	6+0
97		ギンちゃん、ハナちゃんに向かって大声を上げるが、幼児言葉のままである。 ギンちゃんに抱かれた清子を中心に、顔をつきあわす形になる3人。 (清子はこの位置を動かさず、泣きのリピート) ※カメラちょっと傾いてます。 布団から下りてきたミユキが下からIN。いざり寄って来る感じです) 2人に釣られてミユキも幼児言葉。	ギン 「バカヤロー！！ちゃんと警察にちゅれてくんだよ！」 ミユキ 「大声出ちゅなよオッサン！泣きやまないじゃん！！」 ハナ 「どうちて泣きやまないんでちゅか？」	

（　　）

No. 050

CUT	PICTURE	ACTION	DIALOGUE	TIME
㉛			↓ ↓ 「おなか空いたんでちゅか？ よしよしよしよし」	
		ミユキ、 一旦下にOUTして、 さらに近づいてIN。	ミユキ 「病気かもちれないじゃぁん」 （～12+0）	
		ミユキの一言で 言葉に詰まり、 ハナちゃんの笑顔が みるみる泣き顔に 変わり始める。 笑顔と泣き顔の 中間の妙な顔。		
		その様子に気がつく ギンちゃんとミユキ。		
		ハナちゃん、 ついに堪えられなく なったあたりで 一気に右へOUT。		17+0

(　　　　)

No.051

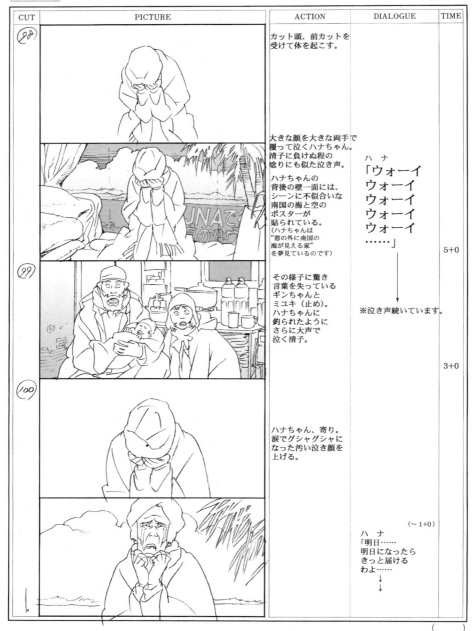

CUT	PICTURE	ACTION	DIALOGUE	TIME
98		カット頭、前カットを受けて体を起こす。大きな顔を大きな両手で覆って泣くハナちゃん。清子に負けぬ程の唸りにも似た泣き声。ハナちゃんの背後の壁一面には、シーンに不似合いな南国の海と空のポスターが貼られている。(ハナちゃんは"窓の外に南国の海が見える家"を夢見ているのです)	ハナ「ウォーイ ウォーイ ウォーイ ウォーイ ウォーイ ……」	5+0
99		その様子に驚き言葉を失っているギンちゃんとミユキ（止め）。ハナちゃんに釣られたようにさらに大声で泣く清子。	※泣き声続いています。	3+0
100		ハナちゃん、寄り。涙でグシャグシャになった汚い泣き顔を上げる。	(～1+0) ハナ「明日……明日になったらきっと届けるわよ……」	

(　　　)

No. 052　　　　　　　　　　　　　　　　　　　　マッドハウス

CUT	PICTURE	ACTION	DIALOGUE	TIME
100			↓ ↓ （鼻すする） だって今届けたら、	
		訴えているうちに、 一旦収まりかけて いた感情がさらに 盛り上がってくる。 クリスマスという 言葉が頭の中に 出てきただけで、 （セリフでは "毎とち毎とち" あたり） 自分の寂しかった クリスマスの思い出が 一気に甦ってきて、 堪えようとしても 止めどもなく感情が 溢れてくる…… という感じです。 大変ですが 何とかよろしく お願いします。	毎とち毎とち楽ちい はずのクリスマシュが、 この子の人生 最悪の日に なっちゃうん でちゅものぉ！！」 ※この後の嗚咽 次カット OFF で続く。	13+0
101		C.99 同ポ。 情にほだされたか ハナちゃんの 泣き顔に恐れを なしたか、 しんみりとなる ギンちゃんとミユキ。		
		ギンちゃん、 泣きやまない清子に 視線を落とす。	ギン 「（ボソッと） おむちゅ…… （咳払いして） オムツかもしれねぇな」	6+0

（　　　）

No. 053　　　　　　　　　　　　　　　　　　マッドハウス

CUT	PICTURE	ACTION	DIALOGUE	TIME
(102)		オムツを取り替えて もらう清子、寄り。		
		ギンちゃんが 左手で清子の足を 持ち上げ、		
		右手で替えの オムツを下に敷く。		2+12
(103)		C.93兼用。 手慣れた様子で おむつを取り替える ギンちゃん。 その様子を 見守っている ハナちゃんと だるそうに見ている ミユキ。（右足を ブラブラとさせてます） ※このギンちゃんの 右脇あたりに 紙オムツの袋を 置いといて下さい。 清子と一緒に 捨てられていた荷物に 入っていた替えの オムツです。		
				3+12

（　　　）

No.054

CUT	PICTURE	ACTION	DIALOGUE	TIME
104		清潔なおむつに替えられて泣きやむ清子。		2+12
105		C.94兼用。思わず微笑むギンちゃん。		
106		照れた感じでちょっと下を向く。帽子のつばで目を隠すようにして下さい。 C.95兼用。思わず喜ぶハナちゃん。	ギン 「ハナ、 お湯を沸かしな。 ↓ (OFF) ミルクの用意だ」	3+12
		身を起こして不平を漏らすミユキ。 C.95のフレームがこのあたり ↓	ミユキ 「ちょっと…… オッサン何寝返ってンだよ!」	

( )

No. 055

CUT	PICTURE	ACTION	DIALOGUE	TIME
106		↓ ハナちゃん、 ミユキの方を向いて 次カットへ。		4+12
107		満面の笑顔の ハナちゃん。	ハ　ナ 「ミユキちゃん、 お水買ってきて！ 私の天使に 水道水なんか 飲ませられ ないわ！！」	4+18
108		ミユキ、寄り。	ミユキ 「なんで あたしが！？」	2+12
109		C.90兼用。 段ボールハウス、外。 ハナちゃんの 段ボールハウスの 陰からINして、 不平を言いながら 小走りに駆けてゆく ミユキ。 ポーズ、寒そうに。 ※段を下りたあたりで 上手いこと走りを リピートにしてください。	ミユキ 「何が、働かざる者 食うべからずよ。 ホームレスのくせに」	6+0
110		C.93兼用。 清子を見つめている ギンちゃんと ハナちゃんの後ろ姿。 ↓	（〜1+18） ギ　ン 「今日一日だぞ。 明日になったら 必ず警察に 届けるんだからな」	

（　　　）

No. 056　　　　　　　　　　　　　　　　　　　　マッドハウス

CUT	PICTURE	ACTION	DIALOGUE	TIME
110		ハナちゃん、 一旦ギンちゃんを見て、 顔を戻してセリフ。	ハ　ナ 「……ギンちゃん、 天涯孤独なんかじゃ なかったのね？」	12+0
111		C.94兼用。 （20Fくらい寄り） 固まっているギンちゃん。 つとめて無表情に。 カセットコンロの火、 着いてます。		2+12
112		カット頭、 画面いっぱいから トラックの荷台が OUT（→）。 闇雲に明るい コンビニエンスストア。 店内、光に飛んで しまった感じの 明るいシルエットで、 レジのおばさんと ミユキが見える。	※このトラックの 走行音は前カットの ラストから F.I.する感じです。 ※この部分 DSCN1404参照	4+0

（　　　　）

No.057

CUT	PICTURE	ACTION	DIALOGUE	TIME
113		コンビニ店内、レジ。 (参考"背景カタログ・9") 太って人の良さそうな おばさんの驚いた顔。 手には2本の ミネラルウォーターの ペットボトル。 このおばさんは 美濃（in"千年女優"） の娘です（笑）	店　員 「買うのかい？ ……水を」	3+0
114		可愛くない顔で 皮肉を垂れるミユキ。 背後にはこれでもか というほど大量の商品。	ミユキ 「……クリスマスの 奇跡だね」	3+0
115		ミユキの両手が コンビニの袋を開く。		
		中には弁当や おにぎりが 詰まっている。 (賞味期限切れの 食料ということです)	ミユキ（OFF） 「おお、大漁大漁！」	3+0
116		暗い路地のゴミ置き場。 ミユキ、大量に 出されたゴミの山で 食料を漁っている。 路地の奥に明るい通り （コンビニの面していた） が見え、通行人（他カット から流用）が横切る。 ↓		

（　　　）

No.058

CUT	PICTURE	ACTION	DIALOGUE	TIME
116		↓ 弁当などが入った袋を 自分のバッグに 詰め込みながら、 小走りに来て、 ※奥から手前に来るとき、 キャラの明るさ変化 (暗→明) あり。 ※バッグの口は 閉じなくて良いです。 C.128の 都合も ありますので。 通りに出るあたりで 歩いてきた人影にぶつかる。	ミユキ「ワッ!!」 サブ「ウワッ!」	5+0

(   )

No. 059

CUT	PICTURE	ACTION	DIALOGUE	TIME
117		バサッと散らばる古本。主に、「世界こども文学全集」である。		
				0+18
118		路地を出た通り、※DSCN2127、2151など参照 引き。 転んでいるミユキと古紙回収のホームレス二人組、サブとロク。 (画面、左がサブ、右がロク) 見るからに質が悪い感じ。	サブ 「何しやがんだ！このガキ！」	
		ミユキ、威勢良く振り仰いで言い返す。	ミユキ 「そっちこそ前見て歩け！！」	
		と、ミユキ何かに気がつく。		
				5+0

(　　　)

No.060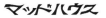

CUT	PICTURE	ACTION	DIALOGUE	TIME
119		散らばった本の中に育児書。見るからに幸せそうな夫婦と赤ちゃんの表紙。		2+12
120		ハナちゃんの段ボールハウス内。カセットコンロの上の鍋の中、煮沸されている哺乳瓶。鍋は使い込まれてエラク汚くなっている。※鍋からの湯気あり。	ギン（OFF） 「結婚してたこともあったさ」	3+12
121		C.93兼用。ギンちゃんの身の上を聞こうとして、	ハナ 「……子供…いたの？」	
		突然思いとどまるハナちゃん。大仰に両手で耳を押さえて顔を背ける。	………あ、 ヤメテヤメテ、 聞かない 聞きたくないわ、 身の上話なんか」	7+0
122		C.94兼用。すでに思い出に浸っているギンちゃん。	ギン 「……子供のことを忘れたことは一度もねぇ……」	
		↓	↓	↓

(　　　)

No. 061

CUT	PICTURE	ACTION	DIALOGUE	TIME
122		↓ 顔を上げ、 遠い目をする。 ※かなり格好付けて くれた方がいいです。 ※C.94の兼用ですが、 コンロに火、鍋の蓋は 開いていて湯気も ありです。	↓ 「自分の命より 大事だと思った モノは、 他にねぇさ……」	9+0
123		ギンちゃんの背中と ハナちゃん。 ハナちゃん、 耳を塞いでいた はずの大きな両手が、 ダンボのように なっている。	ハ ナ 「息子さん だったの？」	
		下を向いてセリフ。	ギ ン 「いや……」	5+0
124		通りの歩道、 しゃがみ込んで 育児書に 見入っている ミユキ。		3+0
		育児書誌面。 PAN（←）。 グラビアには赤ん坊と父母の姿。 "いつだってママは 赤ちゃんが心配" "働くパパの元気の素は 可愛い赤ちゃん" といったキャプション。	FIX.1+12 PAN.0+18 FIX.2+18 ミユキ（OFF）「ウソばっか」 サ ブ（OFF）「おい、	
125				

No.062

CUT	PICTURE	ACTION	DIALOGUE	TIME
126		C.118同ポ。散らばった本を集めていたサブがミユキに毒づく。顔を上げるミユキ。 サブ、ミユキの顔を見たまま体を起こす。	↓ 「早くよこせ！」 サ　ブ 「お前、 　ギンさんの 　隣にいる娘か！？」 ミユキ 「悪いかよ」	6+12
127		サブとロク、寄り。 後ろに見えているのは不動産の物件案内。 ※以前、ミユキに悪戯しようとしたホームレスが、ギンちゃんに半殺しにされたというような事件があり、サブとロクはその噂を耳にしていて、ミユキはそんなことがあったことすら知らない、という設定です。	サ　ブ 「だったら、 　とっとと 　行ってくれ」 ロ　ク 「お前に 　ちょっかい 　出すと後が 　恐ぇからよ」	4+12
128		C.124同ポ。しゃがみ込んだまま不思議そうな顔で見返しているミユキ。	(~1+12) ミユキ 「……何で？」 ロ　ク（OFF） 「おめぇ、 　ギンさんの 　箱入り娘だって 　じゃネェか」	
↓		↓		(　　)

No.063

CUT	PICTURE	ACTION	DIALOGUE	TIME
128		↓ 怪訝な顔になって （"ははぁ…… あのオッサン陰で 何かしやがったな" くらいに思っている 感じです）、		
		おもむろに育児書を バッグに突っ込んで、 （バッグの口は開いた ままで良いです）	ミユキ 「ふ〜ん……	
		立ち上がりかける ところで次カットへ。	……ま、	
129		A.C. C.118同ポ。 ミユキ、立ち上がり、 ↓	ダンボールの箱 だけどね」	9+0

( )

No. 064

CUT	PICTURE	ACTION	DIALOGUE	TIME
⑫⑨		↓ ↓ カバンの中を 探りながら 歩き出し、		
		小走りになって ロクの紙袋の上に 何か置いたあたりで 次カットへ。	ミユキ 「この本、 もらってくよ」	4+0
⑬⓪		画面いっぱい くらいから、 ミユキの体がOUT→。		
		ロクの古本が 詰まった紙袋に、 育児書のお代として おにぎりが二つ 置かれている。		
		※スイマセン。 フレームこっちです。		2+12

( )

No. 065

CUT	PICTURE	ACTION	DIALOGUE	TIME
131		歩道橋。 その奥には賑やかな通り。 (※奥に見える店、 賑わうファミリー レストランにします) ミユキが育児書を 見ながら歩いている。 ※ちょっとサイズを 大きくしつつ スライド。 ※カバンを前に かけてます。	ハ ナ（OFF） 「いくつになるの？ 娘さん？」 ギン（OFF） 「今年21か……」	6+0
132		公園内、 クジラの遊戯具。 ミユキ IN ←。 本を見ながら 歩いて行く。 ※ミユキ OUT気味まで。 ※遊戯具参照 DSCN0281、0282 ※スライドで 大丈夫だと思います。	ギン（OFF） 「考えてみりゃ、 ミユキより もう5つ6つも 大きいんだな」	4+12
133		C.123同ポ。 段ボールハウス内、 ギンちゃんと ハナちゃん。 ギンちゃん、 ガックリと肩を 落としてセリフ。 ↓	ハ ナ 「そんなに大きな……」 ギン 「……生きてたらの話よ」	

( )

No.066

CUT	PICTURE	ACTION	DIALOGUE	TIME
133		↓ ↓ 息をのむハナちゃん。	ハ ナ 「…………」	
134		顔を伏せている ギンちゃん、寄り。 (※目は見せないで ください) ※C.94の同ポ、兼用で 使い回しているポジションの 寄りですので、レイアウト時 このサイズまで寄れそうなら 兼用にしますが、多分ここまで 寄るのはちょっときついかと 思います。その場合は新規に 描き起こしにします。	ギ ン 「今でいう 出来ちゃった 結婚てやつで、 俺が二十歳 (はたち)の時だ。	6+0
		優しい目で顔を 上げる。	そりゃあ 嬉しかった…… ↓	
135		C.104兼用。 清子、寄り。	(OFF) ……目の中に 入れても 痛くねぇってのは ウソじゃねぇと 思ったよ…… ↓	7+0
136		C.100兼用。 聞いている ハナちゃん。 ↓	(OFF) ところが娘は……	4+12

(　)

No. 067

CUT	PICTURE	ACTION	DIALOGUE	TIME
①(136)		↓ "難病"と聞いて表情が曇る。	ギン（OFF） 「……難病を抱えていてな……治療費が何とも高いときやがる……」	6+0
②(137)		C.134同ポ。 遠い目で 過ぎ去りし日を 思い出す ギンちゃん。	ギン 「……当時の俺はな、ちょっとは鳴らした競輪選手だったんだぜ	
		O.Lして、 自転車上で 勝利の ガッツポーズを する若き日の ギンちゃん。 最初の絵が2+0 O.Lが3+0 T.Bが4+18 (先のO.Lのお尻と0+12、後のO.Lと0+6かぶる)	(※歓声のS.E.もF.I.) ……それで何とか 治療費を作ろうと 思って……」 （O.L 0+6）	9+0
③(108)		C.123同ポ。 驚くハナちゃん。	ハナ 「八百長！？」 ギン 「魔が差したんだ……	4+0
④(139)		段ボールハウスの 外で立ち聞きしている ミユキ。	ギン（OFF） 「知り合いの チンピラに 持ちかけられてよ。 ところが……」	4+0

(　　)

No. 068

CUT	PICTURE	ACTION	DIALOGUE	TIME
140		ギンちゃんアップ。 (※C.134の さらに寄りです)	ギ　ン 「八百長はバレるは、 選手資格も剥奪。 娘はあっけなく 逝っちまった……」	6+0
141		ミユキの 手の中の育児書。 その裏表紙。	ギ　ン（OFF） 「それからってもの 働く気力は無くなる、	3+0
142		C.139同ポ。 育児書を 見ているミユキ。	↓ おまけに女房は まるで娘の後を 追うみたいにな……」 ハ　ナ（OFF） 「そんなっ」	5+0
143		C.140同ポ。 自嘲する ギンちゃんアップ。 カット頭で 片頬で笑う芝居あり。	ギ　ン 「こんな男の 出来上がりって わけさ」	4+0
144		C.123同ポ。 しんみりと なっている ハナちゃん。 OFFでミユキの足音 （わざとらしく 足踏みが近づく感じ） がしてドアが開く。	ハ　ナ 「聞きたく なかったわ…… そんな悲しい歴史」 　　　　　（〜3+12） S.E. バンッ！	

(　　)

No. 069　マッドハウス

CUT	PICTURE	ACTION	DIALOGUE	TIME
144		顔を上げる ハナちゃん、ギンちゃんも ちょっと目を やる感じ。画面外から 雪が舞い込む。	S.E. **バタンッ！**	5+0
145		ドアを後ろ手に 閉めた格好で 悪態をつくミユキ。（※どういう顔を していいのかよく 分からなくて とりあえず 不満げな表情で ごまかしている 感じです）頬が赤くなっている。 舞い込んだ雪あります。	ミユキ 「あ～、 ったく 寒かった！！」	2+12
146		一滴二滴と腕に 垂らしてミルクの 温度を確認する ギンちゃん。 ※こんな感じです。		3+0
147		C.93兼用。 ギンちゃんが 哺乳瓶を ハナちゃんに手渡す。 ハナちゃんが右手で 押さえているのは 育児書。		

(　　)

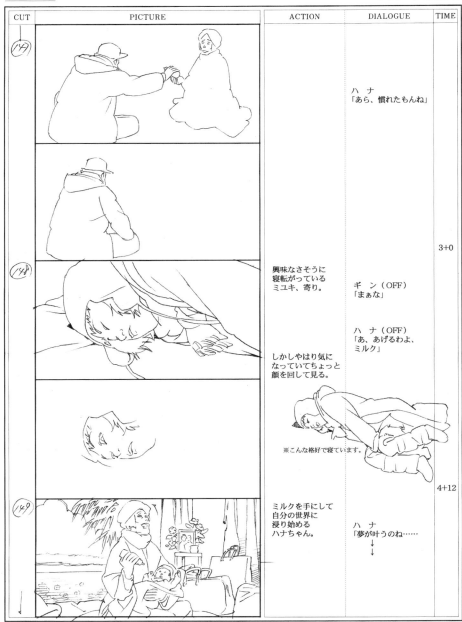

No. 071　　　　　　　　　　　　　　　　　　マッドハウス

CUT	PICTURE	ACTION	DIALOGUE	TIME
		清子を愛しげに見る。	↓ アタシ、可愛い女の子のママになりたかったの。それが夢だった。	
		うっとりと空想に耽る。	あったかい家庭と可愛い娘……	
		でもちょっとリアルな想像もしてみたりする。	旦那はね、どんなヤドロクだろうとさ、子供がいてくれたら	
		自分の夢の世界に感動しちゃって、うっすら涙ぐんだりする。	きっと貧乏したってやっていけ（るって）」	
⑮		C.93兼用。怒鳴るギンちゃん。	（※ハナちゃんのセリフを遮って） ギン 「早くやれよ！かわいそうに」	15+0

(　　　)

No.072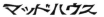

CUT	PICTURE	ACTION	DIALOGUE	TIME
150		↓ ハナちゃん、ちょっとハナをすすってから、	ハ　ナ 「ズスッ……」	
		そっと清子にミルクを与える。		
151		無心にミルクを飲む清子。		5+12
			ハ　ナ（OFF） 「……可愛いわねぇ。世界で一番可愛い子よ、きっと」	5+12
152		C.90兼用。 T.B.	（O.L.3+0）	
			（O.L.3+0）	4+12

(

No. 073

CUT	PICTURE	ACTION	DIALOGUE	TIME
153		高層ビル街にしんしんと雪が降る。※ほんの少しスライド有り。4段くらい。		
			(F.O.5+0)	9+0
154		ギンちゃんの段ボールハウス・内(明け方)。ハナちゃんのハウスと対照的に酒瓶やゴミなどが散乱している室内F.I.+PAN.UP.。すやすやと眠っているギンちゃん。画面外（左手）でドアが開き、外光が入って明るくなる（カット内OL）。※ギンちゃんは、ビール瓶のケースを並べた上に段ボールや毛布を敷いて、寝袋に入ってさらに毛布を掛けて寝ています。とにかく寒いんです。ビールケースDSCN0491参照。	S.E.ギィッ……	
	PAN.UP.7+0 (頭2+0F.I.)FIX.2+0			

( )

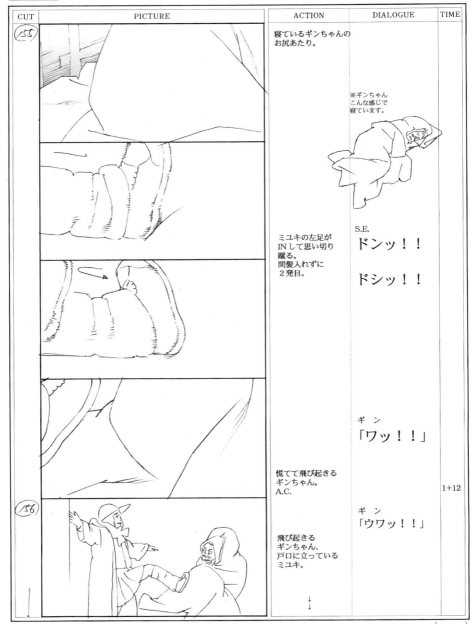

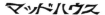

CUT	PICTURE	ACTION	DIALOGUE	TIME

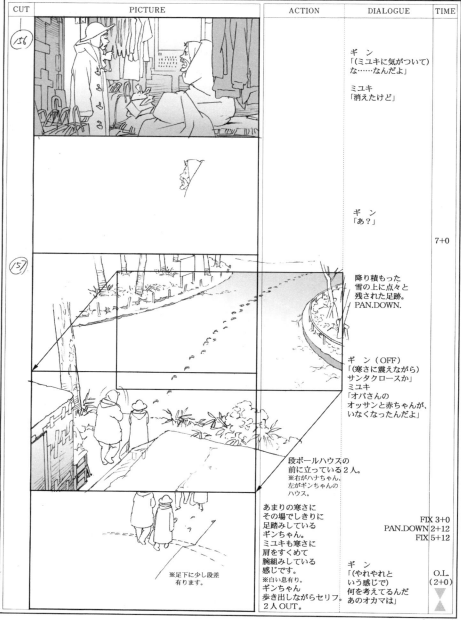

156

ギン
「(ミユキに気がついて)
な……なんだよ」

ミユキ
「消えたけど」

ギン
「あ？」

7+0

157

降り積もった
雪の上に点々と
残された足跡。
PAN.DOWN.

ギン（OFF）
「(寒さに震えながら)
サンタクロースか」
ミユキ
「オバさんの
オッサンと赤ちゃんが、
いなくなったんだよ」

段ボールハウスの
前に立っている2人。
※右がハナちゃん、
左がギンちゃんの
ハウス。

あまりの寒さに
その場でしきりに
足踏みしている
ギンちゃん。
ミユキも寒さに
肩をすくめて
腕組みしている
感じです。
※白い息有り。
ギンちゃん
歩き出しながらセリフ。
2人 OUT。

※足下に少し段差
有ります。

FIX 3+0
PAN.DOWN 2+12
FIX 5+12

ギン
「やれやれと
いう感じで)
何を考えてるんだ
あのオカマは」

O.L
(2+0)

No. 076

CUT	PICTURE	ACTION	DIALOGUE	TIME
158		新宿中央公園、水の広場。ハナちゃんの足跡をたどってトボトボと歩く2人。※スライドです。 ※ DSCN0269、1451参照。	(O.L.2+0) ギン 「しかしでかい足だな」 ミユキ 「足は整形できないからね」	6+0
159		O.L. ギンちゃんが焚き火をしているホームレスに何事か尋ね、その一人がハナちゃんの立ち去ったらしい方角を指さす。奥に雪を被った段ボールハウス群が見える。 ※ DSCN1459参照。 指さされた方向に歩いて行く2人。	(O.L.2+0)	5+0
160		O.L. 建物の陰から小走りに出て来る2人。 ※右手に見えるのが赤ん坊を拾った場所です。 ※奥に大通りがある感じです。トラックなど2〜3台、自動車 IN〜OUT。 ※2人のすぐ奥に見える、壊されかけた家、DSCN1004参照。 ミユキが気が付いて指を指す。	(O.L.2+0)	4+12

(   )

No. 077

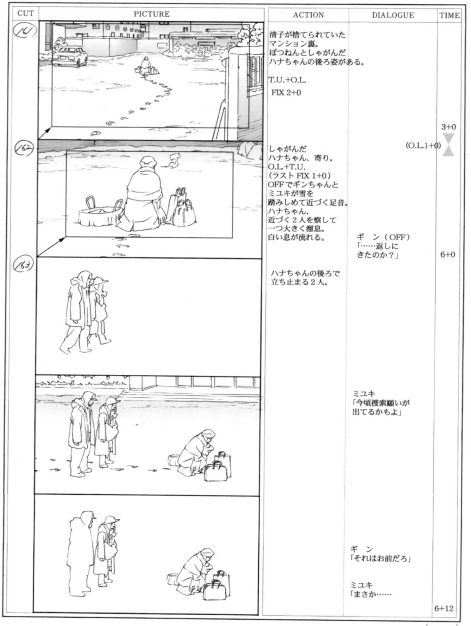

CUT	PICTURE	ACTION	DIALOGUE	TIME
161		清子が捨てられていたマンション裏。ぽつねんとしゃがんだハナちゃんの後ろ姿がある。 T.U.+O.L. FIX 2+0		3+0
162		しゃがんだハナちゃん、寄り。 O.L+T.U. (ラストFIX 1+0) OFFでギンちゃんとミユキが雪を踏みしめて近づく足音。ハナちゃん、近づく2人を察して一つ大きく溜息。白い息が流れる。	(O.L.1+0) ギン(OFF)「……返しにきたのか？」	6+0
163		ハナちゃんの後ろで立ち止まる2人。		
			ミユキ「今頃捜索願いが出てるかもよ」	
			ギン「それはお前だろ」 ミユキ「まさか……」	6+12

(   )

No.078

CUT	PICTURE	ACTION	DIALOGUE	TIME
164		ミユキ、寄り。 ちょっと沈んだ 表情になる。 ※目パチして視線を 外す、くらいの 感じです。	ミユキ 「……指名手配なら されてるかも しれないけどね」	4+12
165		C.163同ポ。 ギンちゃん、 ハナちゃんの方に 顔を戻してセリフ。	ギン 「一晩経って、 赤ん坊の親も 後悔してるさ。 だからよ、 警察に連れて こうぜ」	7+0
166		清子を抱いた ハナちゃん、寄り。	ハナ「…………」 ギン（OFF) 「赤んぼも、 ホントの親のとこが 一番いいに決まってんだ」 ハナ 「それがホントの親かしら」 (※ギンちゃんに対する というより自分への問い、 という感じです)	7+0
167		C.163同ポ。	ギン 「へ？」 ハナ 「生みの親より、 育ての親って 言うじゃない」	4+12
168		ハナちゃんの 思惑に、 慌てるギンちゃんと うんざりするミユキ。 ギンちゃん、 ちょっと身を 乗り出してセリフ。	ギン 「おい！ ……ダメだ！」 　　　　（ギンのセリフ時に 　　　　かかるくらいからスタート） ミユキ 「変な気 起こさないで よォ！」	3+0

(　　　　)

No. 079 マッドハウス

CUT	PICTURE	ACTION	DIALOGUE	TIME
169		ハナちゃんの後ろ姿。 セリフ頭で白い息。 ※ C.174で寄るので、 大きめで作画。	ハ ナ　　　　（〜 1+0） 「アタシ…… 生みの親の顔、 知らないの」	4+0
170		3人、ロング。 奥の建物、 泣いたような 顔に見える。 ハナちゃん、 清子を抱き締める。	ギン・ミユキ 「……え？」 ハ ナ 「生みの親も、 今のアタシ 見たら引っくり 返るだろうけど、 フフ……」 ギ ン 「（きつく） ホームレスの お前に育てる 資格なんてねぇ だろ⁉」 ハ ナ 「分かってるわよ！ 分かってる…… 　　　↓ 　　　（〜 1+12）	14+0
171		C.166同ポ。 ハナちゃん、寄り。	……でもね、 あちこち たらい回しにされて 愛情のひとかけらも もらった記憶がない…… そんな人生送らせ たくない」	10+0
172		C.168同ポ。 自分の身に重ね 合わせて投げやりな 言葉を吐くミユキ。 やはり己の事情を 思い起こして 自分の弁解めいた 言葉を口にする ギンちゃん。	ミユキ 「捨て子じゃなくたって、 いっぱいいるよ、 そんなヤツ」 ギ ン 「よほどの事情が あったんだろうさ」	6+0

（　　　）

No.080

CUT	PICTURE	ACTION	DIALOGUE	TIME
⑫③		C.169の寄り、兼用。 激昂して振り返るハナちゃん。	ハナ 「子供を捨てる事情なんて、 この世にあっちゃいけないわ！	
		一転して怒りが寂しい気持ちに変わり、	……その時、一緒に『愛』も捨ててるの……	
		その寂しさを諦めでくるんで軽い調子を口にする……という感情変化の波が激しいオカマ心……のつもりです。	……ゴミみたいにポイッて」	9+0
⑫④		C.168同ポ。 言葉を失っているギンちゃんとミユキ。	ギン・ミユキ 「………」 ギン 「だからって俺たちに何が出来るんだ？」	4+0

(　　)

No. 081　　マッドハウス

CUT	PICTURE	ACTION	DIALOGUE	TIME
175		C.170同ポ。 決意も固い ハナちゃんの横顔。 立ち上がる。 A.C.	ハ　ナ 「親を、探すわ」	3+0
176		C.163同ポ。 前カットを受けて 立ち上がり、 2人に向き直る ハナちゃん。 立ち上がりながら 半回転するという ことです。	ギ　ン 「？」 ハ　ナ 「聞きたいの。 何で子供を 捨てたの？ ……って。 ホントに納得できたら 許すわ……(清子を見て) この子の親も、 アタシの……親も」	12+0
177		ハナちゃんに 抱かれた清子。	ギ　ン（OFF） 「探すったって……	3+0
178		C.168同ポ。 思わぬ事態に 困惑している ギンちゃんと ミユキ。 ↓	どこ探すんだよ？」	

(　　)

No.082

CUT	PICTURE	ACTION	DIALOGUE	TIME
128		ふと何かを思い出すミユキ。	ミユキ 「……あ」	3+0
129		ミユキの手に「1225」と刻印されたロッカーの鍵。 PAN.UPしてコインロッカーの扉。同じ番号が刻まれている。	ミユキ（OFF） 「超過料金になってるよ」 FIX.2+0 PAN.UP1+0 FIX.3+0	6+0
130		コインロッカー前に立つ3人。扉にペイントされたテレビゲームの広告（仮）。 「"禁断の扉" 本格冒険推理 RPG 12/21 ON SALE!!」 言いつつハナちゃん、財布からお金を出してミユキに渡す。 ※通行人有り。 リピートスライド。	ハナ 「物いりな年末ね、まったく」	

No. 083　　　　　　　　　　　　　　　　　　　　　マッドハウス

CUT	PICTURE	ACTION	DIALOGUE	TIME
⑱⓪		ミユキ、ちょっと 背伸びする感じで コインを入れ、鍵を 開ける。	ミユキ 「中からまた 赤ん坊が出て きたりして」 ギン 「そうポンポン 捨てられて たまるか」	
⑱①		ギンちゃんと ハナちゃんが のぞき込む感じで、 ミユキが扉を 開けかける ところまで。 A.C.で ミユキの左手が ロッカーの扉を 開ける。		9+0
		男物のバッグを 押しつぶすように 乗っている 女物のバッグ。 ※以後、荷物の 構成に注意。		3+12 (1+0)

(　　　)

No. 084

CUT	PICTURE	ACTION	DIALOGUE	TIME

男のバッグの中味が並んでいる。PAN。
口の開いたバッグ、お土産、漫画雑誌、
スポーツ新聞、衣類、下着類各3枚、
洗面道具一式、タオル、コンドーム3つ、
CD数枚とプレイヤー、サングラス、
ウィスキーの小さめのボトル、鍵束など。

ギンちゃんの左手が
INして酒瓶を
拾い上げる。

と、その下に鍵の束。

それも拾い上げて、

No.085 マッドハウス

CUT	PICTURE	ACTION	DIALOGUE	TIME
182		左手 OUT。	PAN.5+0 FIX3+12	8+12
183		荷物を前に 座り込んでいる３人。 ※通路から少し奥まった 　感じの場所、と考えて 　ください。 奥に見える通路を 左右に行き交う人々。 ※リピートスライドで、 　多分他のカットから 　使い回せると思います。 ギンちゃん、 手にした鍵を掲げる。 女物の荷物を 見ていたミユキが セクシーな下着を 拾い上げて広げる。	ギ　ン 「まぁた、鍵だぜ」 ミユキ 「スゲーパンツ！ こんなんじゃ 風邪引いちゃうぜ」	
		ハナちゃんが 荷物の中から 何か拾い上げる。		6+12

(　)

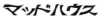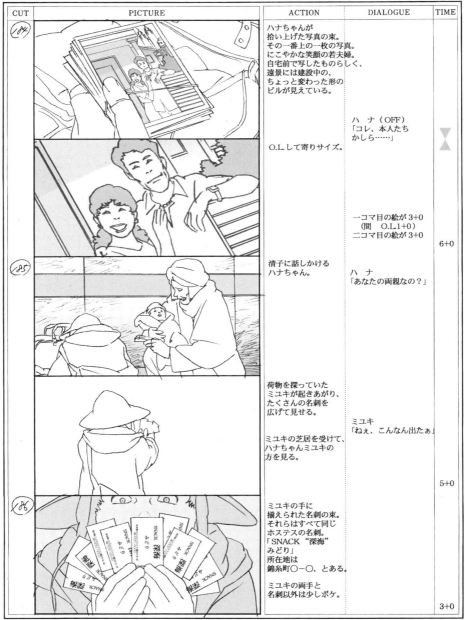

No. 087

CUT	PICTURE	ACTION	DIALOGUE	TIME
121		公衆電話の前の一行。奥にあるエスカレーターが大勢の通勤客をそれぞれ上下へと運んでいる。※携帯電話に目を落としている人、意図的に多めにします。名刺を片手に電話をかけているギンちゃん。呼び出し音が続くが、誰も電話には出ない。※通行人は他カットからの兼用も出来ると思います。カットいっぱいT.B.あります。※これ以後の荷物の構成ギンちゃんが、クーファンの中に男物のバッグを入れて肩に掛け、女物のバッグを手に持つ。清子と一緒に捨てられていたバッグの中身は、ミユキのショルダーバッグに移したことにして、捨てられていたバッグはどこかに捨てたということにしてとぼけます。	S.E.電話の呼び出し音「トゥルルル……トゥルルル……トゥルルル…………」ハ ナ（〜5+0）「早朝サービスのスナックなんて聞いたことないわよ」ギン「やれやれ、（ガチャッと受話器置いて）遠足としゃれ込むか」ミユキ「マジかよォ！？」	
		歩き出す一行。清子をあやしながら遅れて付いて行くハナちゃん。ギンちゃんとミユキOUT。		
		エスカレーターで下りてくる（IN）一人の中年婦人がその姿を呆然と見送る。ハナちゃんはOUTまでしなくて良いです。		15+0

(　　)

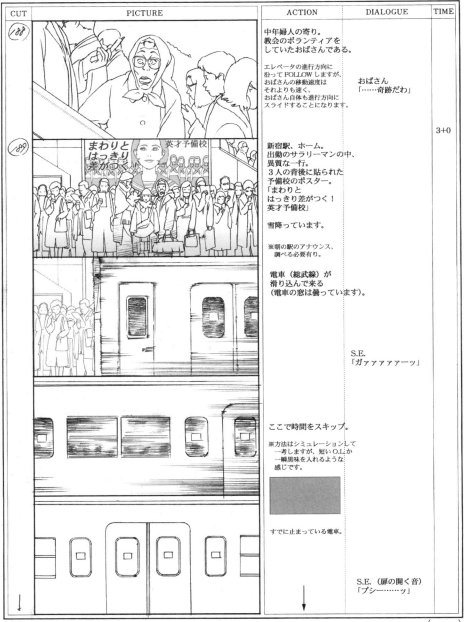

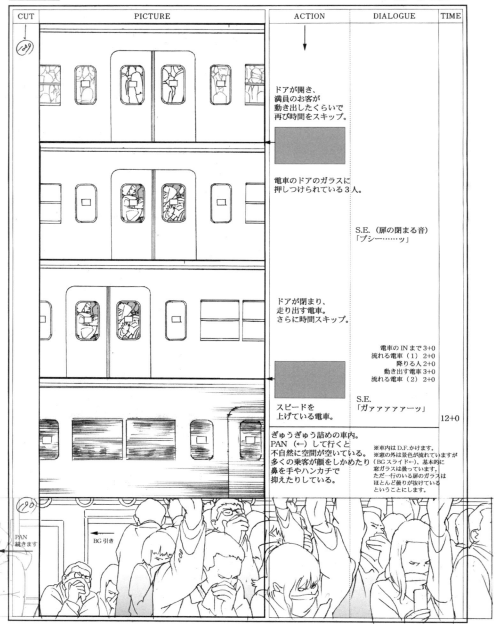

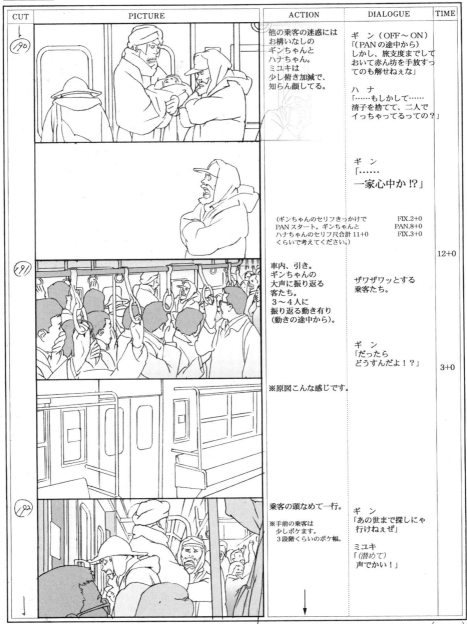

No.091　

CUT	PICTURE	ACTION	DIALOGUE	TIME
192		急にガクンと電車が止まる。		5+0
193		雪の中止まる電車。ゆっくりと止まる動き有り。	（〜2+12） 車掌（OFF） 「お急ぎのところ大変ご迷惑をおかけしますが、大雪の影響により現在運行を見合わせております」	10+0
194		C.092同ポ。ハナちゃん、パタパタと手で仰ぐ。 乗客達の言葉にならない不平の声。 (但し前カットから少し時間経過があった感じで、アナウンスに対するリアクションではありません) 乗客の非難の言葉にハッとなるミユキ。	ハナ　（〜1+12） 「あっついわね……」 乗客A（OFF） 「くせぇな」 (棘がある感じです)	5+0
195		C.190ラスト位置から兼用。 ミユキ、ジワッジワッとハナちゃんたちから離れようとする。付けてPAN←。 ハナちゃん、今度は胸に抱いた清子をパタパタと仰ぎながらセリフ。	ハナ 「ギンちゃん、ちゃんとお風呂に入ってるの？」	

（

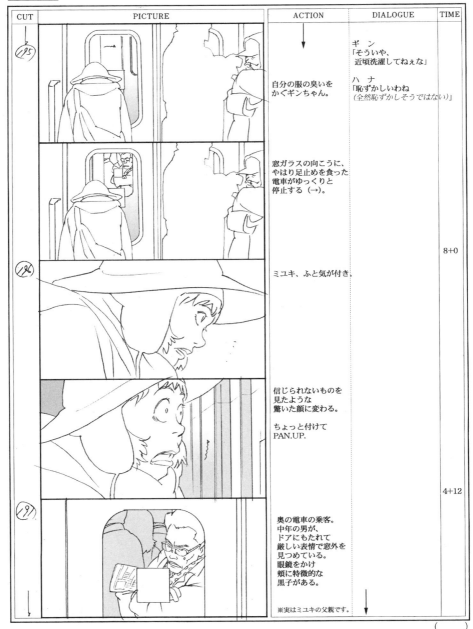

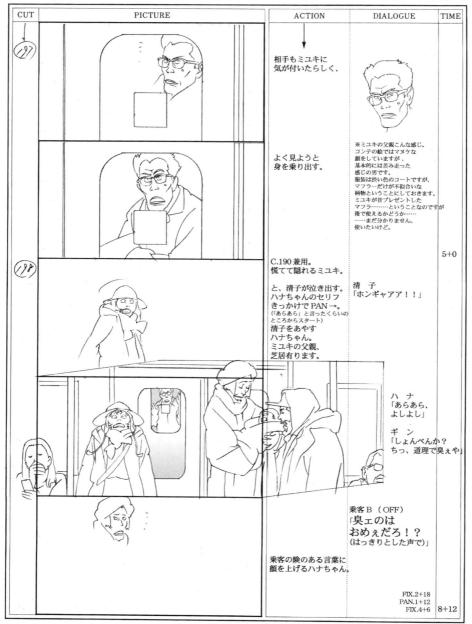

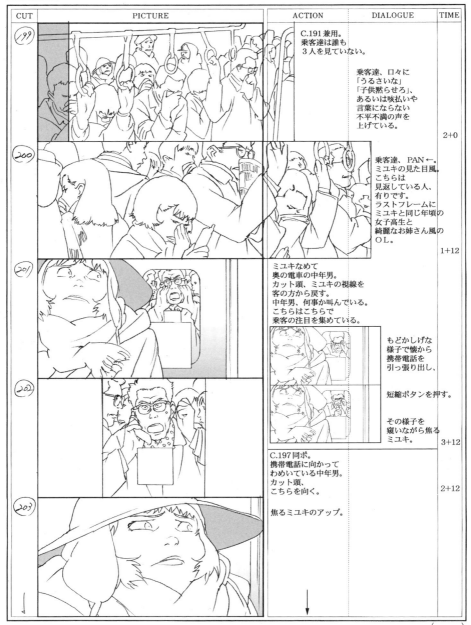

No. 095

CUT	PICTURE	ACTION	DIALOGUE	TIME
203		視線左右に泳ぎ、カット尻画面左手を見る。		2+0
204		乗客。女子高生とOL。C.200のラストフレームの寄りです。OLから女子高生へピン送る。但しボケ幅は非常に小さいです。		1+6
205		C.197同ポ。携帯電話にわめいている中年男。		
206		C.203同ポ。動揺が高まり目を固く閉じて、顔を埋めるミユキ。		2+0

( )

No. 096

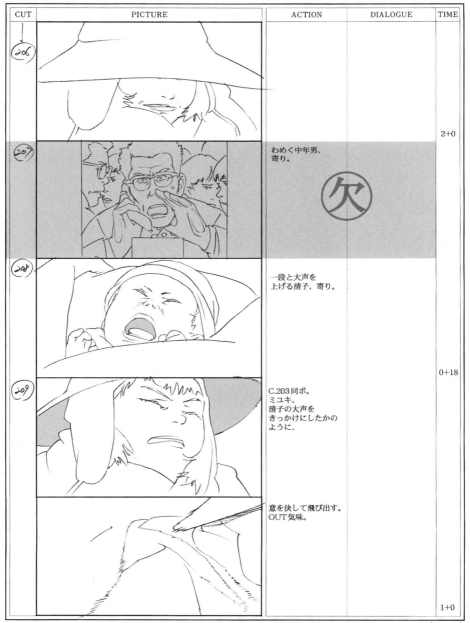

No.097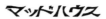

CUT	PICTURE	ACTION	DIALOGUE	TIME
㉑0		C.191兼用。 ※但し乗客のポーズは 　C.199に同じ。 　C.199とはフレームが 　若干違います。 突然飛び出した ミユキが乗客を 掻き分ける。	乗客、 「ちょっと！」 「痛いじゃない！」 など。	
		気がつくハナちゃんと ギンちゃん。		
	乗客C	しゃにむに 掻き分けてきたミユキ、 手前へ。OUT気味。	乗客C 「おい、何だよ！」	
㉑1		電車、外。 雪は降り続いています。 ミユキ、窓を開けて		3+0
		無理矢理外へ 出てくるが、		

(　)

No.098

CUT	PICTURE	ACTION	DIALOGUE	TIME
㉑⑴		↓ 背中のカバンが 引っかかる。		
		力任せに出ようと すると、 引っかかっていた カバンが突然外れ、		
		反動でブランッと 垂れ下がり そのまま落下。		5+0
㉑⑵		A.C.で、 着地して、しりもちを つくミユキ。		
		↓		

( )

No. 099　　　　　　　　　　　　　　　　　　　　　　　マッドハウス

CUT	PICTURE	ACTION	DIALOGUE	TIME
22		※こんな格好です。 遅れて落ちてきた鞄が勢いよく跳ね、中の粉ミルクの缶が飛び出し、蓋が開く。 風にながれる粉ミルク。かまわずミユキは立ち上がり駆けだしてOUT。		3+12

(　)

No. 100

CUT	PICTURE	ACTION	DIALOGUE	TIME
213		C.211同ポ。 走り去るミユキ、 OUT。 粉ミルクがうっすらと 流れている。 ミユキが開けた窓から ハナちゃんと ギンちゃんが 顔を出している。	ハナ 「ミユキちゃん!?」 ギン 「何だあのバカ!?」	4+0
214		降りしきる雪の中、 駆け去って行く ミユキの後ろ姿。 遠景は雪に溶ける 感じで白く霞みます。		5+0
215		"銀世界に 愛のシュプール、 一番乗り!"と たわけたコピーが 書かれた スキーツアーの 派手な広告。 日に焼けた スキーヤーの むかつく笑顔。 手前、電線ボケ。 雪、降ってます。	ギン（OFF） 「大枚はたいた 　電車賃がパーだ」	4+0
216		スキーヤーの笑顔に 見下ろされたように 線路沿いを トボトボと歩く３人。 FOLLOW（←）、 パースのつく横の 支柱は３Ｄに しようかと思いますが 効果の割に手間が 大変なら代替案を 考えます。	ハナ 「アタシが出した 　お金じゃないの」 清子が大きく 泣き声を上げる。 ハナ 「ごめんなさいね、 　ミルクは 　なくなっちゃったの」	7+0
217		ミユキなめて歩く一行。 ※BG、BOOKだけ 　T.B.して縦のFOLLOWに 　します。 　足下の雪はフラットな 　感じで、足跡も要らないと 　思います。 ※このシーンはキャラにも 　雪を積もらせます。 　面倒くさいですが 　頑張りましょう。 ↓	ミユキ 「どうせアタシの 　せいだよ」	

(　　)

No.101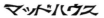

CUT	PICTURE	ACTION	DIALOGUE	TIME
217		ミユキに言うように ちょっと大声を 出すハナちゃん。 振り返るミユキ。 立ち止まるのは 次のカットで。 FOLLOW は 止めません。	ハ　ナ 「元気出していきましょ。 歌でも歌わない？」	6+0
218		俯瞰。 ミユキがA.C.で 立ち止まり振り返る。 歌い出すハナちゃん。 一顧だにせず 歩き続ける ギンちゃん。 また歩き出すミユキ。	ミユキ 「はぁ？」 ハ　ナ 「♪クラ～イム エ～ブリ マウ～ンテ～ン♪」 ミユキ 「なにそれ」 ハ　ナ 「サウンドオブ ミュージックじゃ ないの」 ミユキ 「知らねぇよ」	9+0

(　　　)

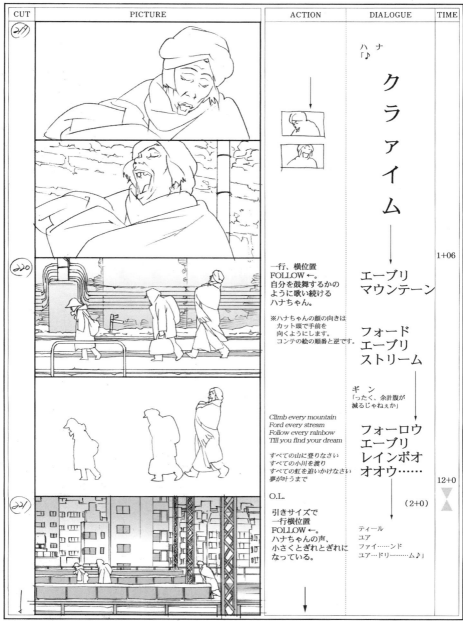

No. 103　　　　　　　　　　　　　　　　　　　　　マッドハウス

CUT	PICTURE	ACTION	DIALOGUE	TIME
221	OUT	とうとう膝から崩れるように倒れる。BOOK の陰に OUT。		
222		立ち止まって振り返るミユキ、ギンちゃん。FOLLOW ストップ。	ハ　ナ「……（蚊の鳴くような声で）……お腹すいた……」 ギ　ン「だから言ったろうが」	11+0
		へたりこんでいるハナちゃん。ショールで覆った清子を差し出すようにしてセリフ。	ハ　ナ「アタシの天使をお願いよ……	
		さらに芝居がかる。	さぁ、かまわず行ってちょうだい……	6+0
223		へたれたハナちゃんを呆れて見ているミユキとギンちゃん。	でも……こんなオカマがいたってことだけは、忘れないでね……」	

（　　）

No. 104

CUT	PICTURE	ACTION	DIALOGUE	TIME
223		大きく溜息を つくギンちゃん。 ミユキが画面外 左手に何か見つけて、 指でさす。 振り返るギンちゃん。	ミユキ 「見て」	5+0
224		ビルに囲まれた 小さな墓地が見える。	ミユキ（OFF） 「……墓場だ」 ハナ（OFF） 「まだ死にゃ しないわよッ」	4+12
225		雪をかぶった墓石。 雪は止んでいる。 PAN←。 手前の墓石と卒塔婆など 少しスライド。 供物にウィスキーの ボトルが置いてあり、 その前でギンちゃんが 手を合わせている。 PANストップ。 ↓続く		

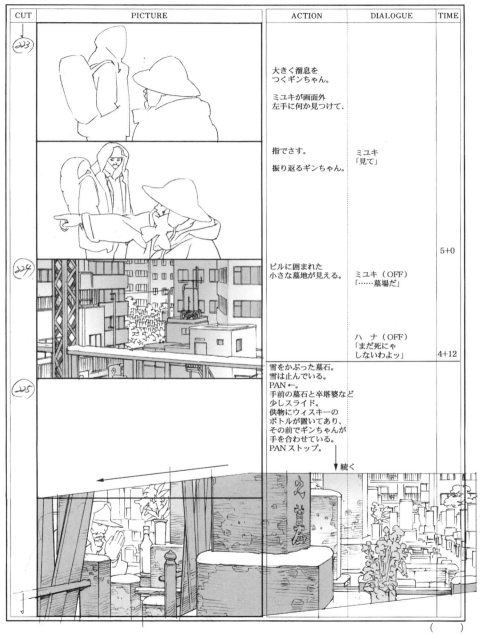

CUT	PICTURE	ACTION	DIALOGUE	TIME

ACTION:

ギンちゃん、
供物のボトルを取り、

蓋を開け、

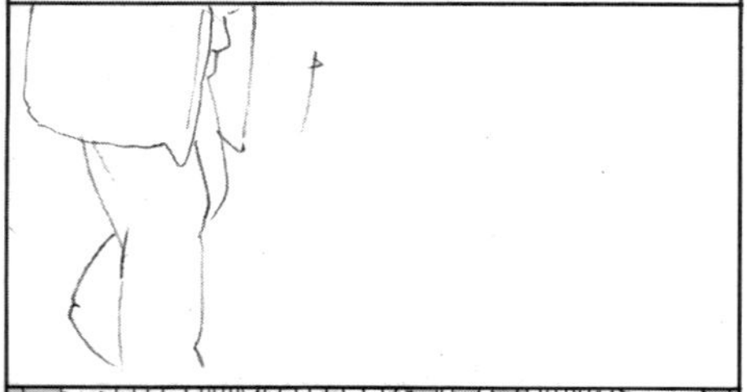

立ち上がる。

A.C.で、立ち上がり、
ボトルを振る。
(前カットラストの
フレーム外で、
立ち上がりつつすでに
飲み始めています)

画面右手前奥に、
清子を抱いたミユキが
墓石に座っている。
清子は泣きやまない。

※ギンちゃんはすでに
　結構な量を飲んでいると
　考えてください。

DIALOGUE:

FIX.2+0
PAN.3+12
FIX.4+0

※墓場は上図のように
　傾斜してます。

ギ　ン
「ああ……
　生き返ってきたぜ」

TIME:

9+12

(　)

No.106

CUT	PICTURE	ACTION	DIALOGUE	TIME
226		ギンちゃん、辺りを見回してセリフ。	ギン「こんな死人の寝床に、赤ん坊の口に入れるものがあるわけねぇだろうが、え！？」	
		言って、またボトルを呷る。ハナちゃん、左手奥の墓石からヒョイと顔を出してセリフ。言い終わってまた墓石の陰に隠れる。	ハナ「何とかなるわよ！」	
			ギン「何とかなる、	
			何とかなる！	
			……そう言ってるうちに	

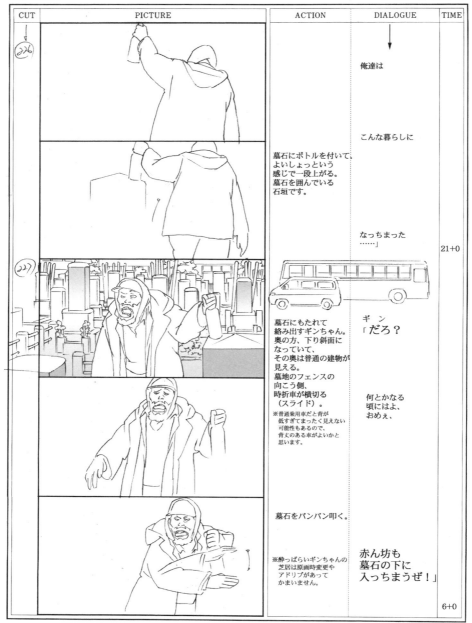

No.108

CUT	PICTURE	ACTION	DIALOGUE	TIME
228		卒塔婆（BOOK）の陰からIN気味で一歩、いらついた様子で言い返すハナちゃん。	ハナ 「清子よ！ 名前があるの！」	
		言いつつ、リンゴをビニール袋（コンビニでくれるようなやつ）に乱暴に投げ込む。		2+0
229		C.227同ポ。 ※芝居によってはカメラを付けるなり引くなり可です。 酔いに任せて調子に乗ってくるギンちゃん。	ギン 「ん〜〜な こたどうでもいい！	
			子供は可愛い……	
			ああ 可愛いさ！」	5+0

( )

No.109

CUT	PICTURE	ACTION	DIALOGUE	TIME
230		酔っぱらい始めた ギンちゃんに うんざりしてくる ミユキ。 大きく溜息。 『まぁた、 始まりやがった、 このクソオヤジ』 みたいな感じです。 清子はピーピー 泣いています。	ギ　ン（OFF） 「けどよぉく聞け、 ここが大事だよ」	
				3+0
231		C.227同ポ。 ※これも芝居内容や 　前のカットの内容次第で 　カメラ位置、 　カメラワーク等は調整。 ギンちゃん、 さらに酔いが回り、 ダメ度アップ。	ギ　ン 「いいか？」	
			（酒を呷り）	
			子供のことを ↓	

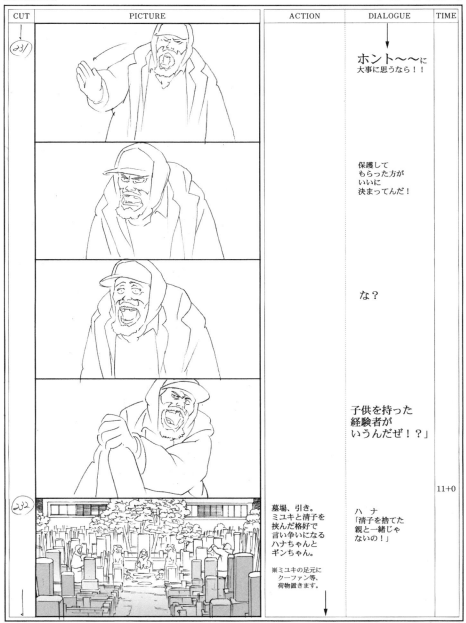

マッドハウス

CUT	PICTURE	ACTION	DIALOGUE	TIME
(232)		↓	ギン 「なぁにを言やがる、 俺が子供を 捨てるわけねぇ	
		ハナちゃん、 カットラストで 何か拾い上げる。	だろうが！」	6+0
(233)		A.C.で ハナちゃん 起きあがり、	ギン（OFF） 「え！？ 冗談じゃねェや」	
		拾ったお饅頭に かじりつくが		
		凍っていて 歯が立たない。 ↓		

No. 112

CUT	PICTURE	ACTION	DIALOGUE	TIME
㉝		さらにいらだたしげに ギンちゃんの方を睨み、	ハ　ナ 「あんたじゃ 家族に 捨てられる方	
		言いつつ その饅頭を 放り投げる。	だわね！！」	
㉞		C.232同ポ。 投げつけられた 饅頭に 驚いたカラスが 数羽飛び上がる。 木の奥です。	ギ　ン 「あ？あ？言ったね？ きしょー、	4+12
			黙って聞いてりゃ、 （※言いつつ座る） ひでえこと言やがる このオカマ野郎め！	
			え？ 俺たちは何を している？ え！？ （※これ見よがしに 耳に手を当てる） 今 何を してるん ですか？」	

マッドハウス

No.113　マッドハウス

CUT	PICTURE	ACTION	DIALOGUE	TIME
234			ハ　ナ 「力いっぱい 困ってる のよ！」 ギ　ン 「違う！ 墓場でお供え物を くすねている。 それはナゼか！？ **ホームレス だからだ！** （自分で拍手する）」 ハ　ナ 「いい加減に してよ！」	
		ハナちゃんは さらに収穫を求めて 奥へ歩いて行く。 手をクルクルッと 回して 膝に下ろしかけて 次のカットへ。	ギ　ン 「しない！ いい加減に なんか しないね！」	23+0
235		A.C.で膝を打つ。 さらにしつこく 絡むギンちゃん。 酔いが回って 顔は真っ赤に なっている。	ギ　ン 「つまりだな、 俺たちは	

No. 114

マッドハウス

CUT	PICTURE	ACTION	DIALOGUE	TIME
235			てめぇの面倒一つ 見られない ろくでなしの 仲良し3人組だ」	6+0
236		狛犬に負けないほど、 恐ろしげな顔の ハナちゃん。	ハ　ナ 「少し 黙ってよ！ 考えてるん だから」	2+06
237		C.235同ポ。 全開、ダメ人間。	ギ　ン 「いいや、 黙らない！	
			いくら 足りねぇ頭で 考えたって	
			オカマの オッパイから	

(　　　)

No. 115　　　　　　　　　　　　　　　　　　　　マッドハウス

CUT	PICTURE	ACTION	DIALOGUE	TIME
㉓⑦			↓ お乳は 出ない！	
		大きく動いた拍子に ボトルが落ちそうに なるが、酔っ払いとは 思えない素速さで サッと掴む。		
			……なぁ、 ハナちゃんよ、 土台無理なんだよ、 俺たちなんかにはさ」	
㉓⑧		ハナちゃんとミユキ。 ※ハナちゃんの奥に 見えるビルの壁面、 雲の切れ間から細く 差した日が照らして います。 照らされる場所、 移動します。	ハ　ナ 「一緒に しないでよ！」	12+0
		ハナちゃん、 言い放って ミユキの方を向く。 集めてきた 収穫物から、 何かミユキに 渡そうとして袋の 中身を見ている。 ↓	ミユキ 「でもこのままじゃ、 それこそ一家心中 じゃん」	

（　　　）

No.116

CUT	PICTURE	ACTION	DIALOGUE	TIME
238		ミユキの言葉に ショックを受け、 持っていた ビニール袋を ポトリと落とす。		
		返す言葉もなく ブルブルと震え出す ハナちゃん。 その様子に 気が付くミユキ。		
		堪えきれず 振り返って 顔を覆う。		8+0
239		C.235同ポ。 唖然とする ギンちゃん。 『やべ…… 言い過ぎたか』 みたいな感じです。		1+0
240		顔を覆って泣く ハナちゃんの後ろ姿。 細く差した陽が ハナちゃんの奥、 画面中央を照らしている。 ※すいません。 　もう少し奥を見せる感じで 　墓石を配置したいです。 ハッと気が付く ハナちゃん。 ※それが見えて気が付いた、 　というわけではなく 　啓示を受けたように 　ハッとなる、くらいの 　感じです。		

( )

No. 117

CUT	PICTURE	ACTION	DIALOGUE	TIME
240		↓ ハナちゃんが顔を上げると、奥の小さなお墓が陽に照らされており、その墓前にミルクがある。 T.U.+O.L. ← ※参考です。		
241		T.U.+O.L. 墓前に粉ミルクやオムツなど赤ん坊に必要な一式が供えられている。	FIX. 3+12 T.U. 1+0 (O.L. 0+12) T.U. 1+12 FIX. 2+12 ハナ（OFF） 「……まぁ」	4+0 3+12
242		飛ぶようにINしてきて、墓前に膝をつくハナちゃん。	ハナ 「何て運がいいのかしら！清子は神様に愛されてるのよきっと！」	5+12

(　　)

No. 118

CUT	PICTURE	ACTION	DIALOGUE	TIME
243		呆れたように立っているミユキとギンちゃん。	ギン 「そ…… その割には……」 ミユキ 「……捨てられてたじゃん」	4+0
244		湾曲したミラーに、T字路に立つ3人が映っている。 ※DSCN1589、0799参照	ギン 「絶対左だ！」 ハナ 「さっきそれで行き止まりだったじゃないの！右よ右！」	7+0
245		ギンちゃんの右手がINして、一円コインを親指で弾く。 五円玉にします。		
		↓		

No.119　　　　　　　　　　　　　　　　　　　　　マッドハウス

CUT	PICTURE	ACTION	DIALOGUE	TIME
245		コイン一旦OUT。		
		落ちてINした ところを すかさず捉える。	パシッ ギ　ン（OFF） 「裏！」 ハ　ナ（OFF） 「表！」	
		そっと開ける。		
246		ギンちゃんの手元を 覗き込む一行の後ろ姿。		5+0
		勝ち誇ってT字路を 右に進んで行く ハナちゃん。 T字路正面の家が 悔しげなギンちゃんの 顔のように見える。	ギ　ン 「ンム〜〜〜〜ッ」	5+0

（　　）

No. 120

CUT	PICTURE	ACTION	DIALOGUE	TIME
259		狭い坂道を ふさぐように 止まっている 一台の車。 T.U. ※ DSCN1106、 　0810 参照。 ギンちゃんを先頭に 一行、IN。 （INまで3+0くらい）		
			ギ　ン 「ンだよ！？ じゃまくせぇ止め方 しやがってよぉ！！ ったく公衆道徳って もんを知らねぇのか	
			……ワッ！？」 T.U. 3+12 FIX. 4+12	8+0

No. 121

CUT	PICTURE	ACTION	DIALOGUE	TIME
248		車体の下に でっぷりと太った男 （以下、太田）が 挟まっており、 苦しいうめき声を 上げて見返している。 苦しさで顔は 赤黒くなっている。	太田 「ん～～っ…… ん～～っ…… ん～～っ……」	4+0
249		息を呑んでいる３人。 見返し合う間抜けな間。 車はさらにズルズルと 下がっている。	太田 「ん～～っ…… ん～～っ…… んくくくくく！！」	5+0
250		車を押す ハナちゃんと ギンちゃん。	ハナ・ギン 「う～～ ～～ッ！！ ッヨイショッ オオ！！」	

( )

CUT	PICTURE	ACTION	DIALOGUE	TIME
250		↓ 掛け声と共に 車が抜け出す。	ハナ・ギン 「んぐ ぐぐっ…… う〜〜〜〜っ」	
		ハナちゃんと ギンちゃんOUT、 奥に清子を抱いた ミユキが見える。 奥に見える壁には 政党のポスター。 ※DSCN0530参照 (二人のOUTまでが 6+12〜7+0)		
		そこへ太田が 立ち上がってきて IN。 息は荒く 汗だくですが、 このカットからは 顔色は通常に 戻っています。	太 田 「ゼィ〜ッ…… ゼィ〜ッ…… ゼィ〜ッ……」	
		↓		

(   )

No.123

CUT	PICTURE	ACTION	DIALOGUE	TIME
250		↓ 太田が立ち上がるのに付けて最後ちょっとPAN.UP. 太田、肩で激しく息をしている。 ミユキの方を振り返りつつセリフ。	太田 「ゼィ〜ッ…… ゼィ〜ッ……」 ミユキ 「(呆れた感じで) 何であんなことになるわけ？」 太田 「それがよ！」	14+0
251		以下、C.251〜256 (回想)は止め絵です。 1・雪にタイヤをとられている太田の車。 太田、運転席側のドアを開けて振り返っている。 太田の重みで、車自体右に傾いています。 2・車の後ろにしゃがみ込んでタイヤの様子を見ている太田。 車の傾きは戻っています。 3・奥に犬を散歩させている少女が現れる（F.I.）。 少女は大変体格が良い。 太田は2の絵のままです。	太田（OFF)」 「車がはまっちまったんだが、サイドブレーキを忘れたのが運の尽きよ」 ※止め絵同士は6KのO.Lでつなぐつもりですが、コンテ撮時に手法を決めたいと思います。 回想に入る際も、ただのO.Lにするか 一旦短い黒味を入れてのF.I.にするか、シミュレーションして決めます。	5+0

( )

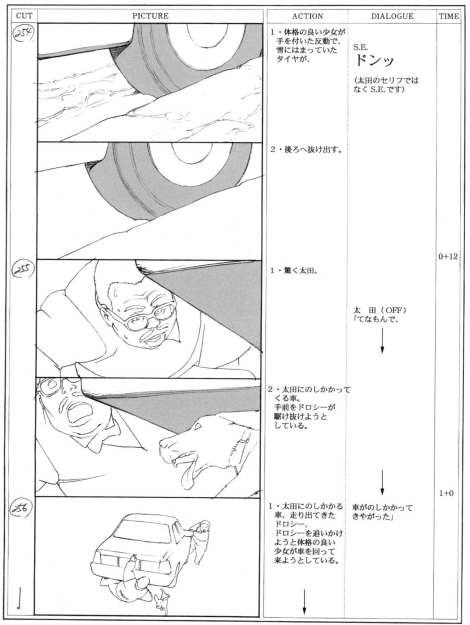

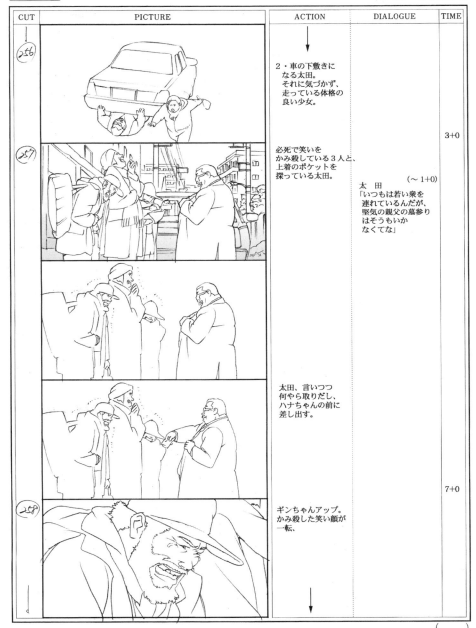

No.127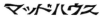

CUT	PICTURE	ACTION	DIALOGUE	TIME
258		ギョッした表情に変わる。	太田（OFF）「恩に着るぜ。	2+0
259		壱万円札と名刺。差し出された右手の指が1本足りない。 名刺には【関東誠信会 太田組・太田道雄】、事務所の所在は錦糸町…… とありますが、「足りない指」を見せるカットなのでむしろ読めない方が良いです。	困りごとがあったらいつでも言いな」	2+12
260		一同、引き。そそくさと立ち去ろうとするギンちゃん。 ※壁の落書きはDSCN1374、1375、1376、0902、1137、1580 MVC00057、00098、00099 等参照	ギン「いえ、困ったことなどありません。じゃ」	
		ハナちゃんが名刺を受け取ってしげしげと見ている。 ギンちゃんは一旦OUT。	ハナ「あら、錦糸町の方……？ちょうど行こうとしていたところですの……	
		ギンちゃん再びINして来る。	（〜9+0）つかぬ事を伺いますけど」 ギン「つかぬ事なんか伺うな！	

No.128

CUT	PICTURE	ACTION	DIALOGUE	TIME
260		ギンちゃんが手を引いて連れていこうとするが、ハナちゃんはびくともしない。	ギン「失礼だ。さ、行こう！」	
		ハナちゃんが名刺を渡し、太田が受け取るまで。	ハナ「このお店、ご存じじゃないかしら？」	18+0
261		先の、スナックの名刺である。		2+0
262		名刺から顔を上げて見返す太田。 ※左の鼻をすすり上げる芝居は無しです。		
		ちょっと怪訝な顔。	太田「……ご存じも何も……」	3+0

( )

No.129

CUT	PICTURE	ACTION	DIALOGUE	TIME
263		陸橋を傾いだ車が走ってくる。巨漢、太田の体重で車が傾いているということです。 ※車、基本はスライド。手前に来るに従って、デジタルで車を少しだけ大きくします。他の車も引き方向は違いますが方法は同じです。反対車線は、またかという感じもしますが渋滞ということで止め。	太田（off） 「その店のオーナーってのは、俺の娘の結婚相手でな！」	5+0
264		後部座席に並んで座り、奇縁に顔を見合わせる3人。 懸命に傾きと反対側に体重をかけています。	太田　（〜1+12） 「うちの若いもんなんだが、これがまた調子のいい野郎でよ。俺ぁ絶対反対だったんだ」 ハナ 「でも娘さんが選んだ人でしょう？」	
		※窓の外こんな感じです。後続の車は止め。右側のフェンスは作画で送り。その奥に見えるであろうビル等は右上へ少しスライド。さらにカットいっぱい、窓の外全体を少し右へスライド。		11+0

(　　)

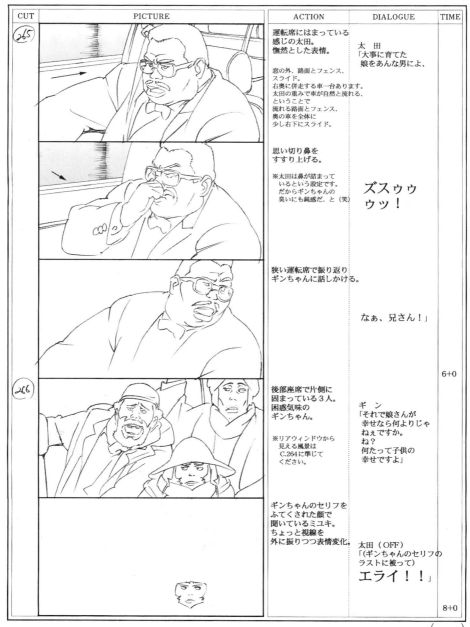

No.131

CUT	PICTURE	ACTION	DIALOGUE	TIME
㉖⑦		話に夢中になり、運転しながら振り返る太田。	太　田 「（後ろに身を乗り出しつつ） 俺もそう思ってよ！ 今日の結婚披露 パーティじゃ、 涙は見せねぇって さっき親父の墓に 誓ってきたんだよ!!」	
		前方、信号で停車中のバスがみるみる近づく。	ハナ・ギン（OFF） 「わぁ～っ！」	8+0
㉖⑧		C.266同ポ びびる３人、さらに片側に固まる。	ハナ・ギン 「前見て、 前ェ～ッ！」	2+0
	Aパート／終			

Commentary of Storyboard A Part
冒頭で語られるスタイル
『東京ゴッドファーザーズ』絵コンテ ④パート解説

文：藤津亮太（アニメ評論家）
text by Ryota Fujitsu

前2作と大きく違う演出スタイル

『東京ゴッドファーザーズ』は、今監督の前2作『パーフェクトブルー』『千年女優』と大きく雰囲気が異なっている。
『パーフェクトブルー』は、現実と劇中劇を大胆にシャッフルする構成により、めまいにも似た現実崩壊感覚を生むサスペンス映画だった。そして「『パーフェクトブルー』のようなだまし絵的な作品を」というオーダーを踏まえて制作された『千年女優』は、老女優の語る思い出と映画の記憶が渾然としながら展開する、非常に独特な内容となっていた。
この2作は、どちらも虚実の往還を通じて、物語の主題を浮かび上がらせようとしている点が共通している。そのため、2作では、次々と変化し通常であれば断続してしまうはずの時間と空間を、どのように連続させ映画の流れを生み出していくかという点が、絵コンテ作業における一つのポイントになっていたと考えられる。
しかし本作は、それまでの2作とは真逆といってもいいほど

異なった傾向の作品だ。本作はあくまでも、限定された時間、連続した空間を意識した内容で構成されている。具体的にいうならば、映画の中で描かれる時間は、クリスマスから新年を迎えるまでの8日間であり、その時間は基本的に直線的に進行していく。また空間も、主人公たちホームレス3人の周辺に固定され、わずかな例外を除いてカットバックなどは行われない。

これは本作における時間と空間は、映画を観ている観客が現実の中で無意識の中に感じ取っている時間や空間の連続性と地続きの部分に設定されているということだ。そのため演出のスタイルも、その虚実の往還の部分が特徴的だった前2作とは大きく違い、「いま、ここ」で起きていることの積み重ねで物語を進めていくきわめてオーソドックスなスタイルが採用されている。

どのように作品世界を伝えるか

映画の冒頭は、その作品のトーン──たとえばどの程度写実的な作品なのか、どんなタイプのドラマが展開されようとしているのか──などをまず示す役割がある。

本作の冒頭ではC-4からC-6までの3カットでまず、赤ちゃんが作品の中心であることを匂わせ、物語のスタートがクリスマス・シーズン──おそらくはクリスマスイブ──であることを描きだす。そして、そのうえでC-7より、本作品が、一定のリアリズムに則りながらも、そこからややはみ出すような方法論で作られたコメディであることが、伝わるようになっている。こうした冒頭部の段取りは、決して本作に特徴的というものではないが、1カットずつその役割を確認しながらコンテを読んでいくと、きわめて無駄なく観客を作品世界に誘っていることがよくわかる。

まず欠番によりファーストカットとなったC-4。これが

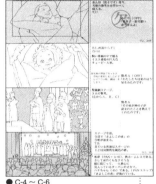

● C-4 ~ C-6

Ⓐ パート解説　冒頭で語られるスタイル

キューピー人形のアップで始まるのは、意外なものを一番最初に大きく見せることで観客の注意をひきつつ、物語が赤ちゃんの物語であることを示している。しかし、これでは状況が伝わらないため、C-5ではややカメラを引き、聖誕劇に出演する子供たちをニーショットでとらえる。この時、ステージの端にあるクリスマスツリーがカット右端に描かれることで、季節感と、子供たちがお芝居を演じていることが瞬時に理解できるようになっている。そしてC-6ではステージ全体が映るロングショットとなり、「きよしこの夜」が歌われて、改めて今がクリスマスであることが印象づけられる。

またC-6はロングショットのため背景美術も、前2カットよりさらに印象に残ることになり、観客はこの映画が、かなり写実的な作風の作品であることをはっきりと意識させられる。

その上でC-6は、少しT.Bして、そのステージを見ている観客たちを映し出す。コンテのト書きには「見ている客たちはステージの上とは対照的な鈍色の群」とあるが、このカメラワークによって、物語の主題がステージの上のなにかではなく、その外側にあるもの——つまり鈍色をした観客たち——であることがほのめかされる。そして案の定、C-7は、C-6にO.Lする形でカメラを切り返し、ステージを見ている観客たちを映し出す。カメラは、PANしてハナちゃんを中央にとらえたところでストップする。このカメラワークにより「この画面中央の人物が、物語の主要人物の一人であろう」と観客の認識は誘導されることになる。

キャラクターが登場したことで、ここからよりこの作品のトーンは明確になっていく。それがはっきりとわかるのが、C-9で初登場するギンちゃんの演技だ。

まずギンちゃんに限らず、本作のキャラクターデザインを見ると、目も小さく頭身も自然で、かなりリアリズム寄りのデザインとなっている。その上でコンテでは、「目が覚めて、あわてて

● C-7

● C-9

158

周囲を見回す」という９秒のカットに５枚の絵を描き、細かくギンちゃんの演技のイメージを伝えようとしている。コンテ上で展開されている演技は、かなりオーバーアクション気味だ。

「急に目が覚めてあわてるように当たりを見回す」というような演技を、普通の人があれほどはっきり行うことは実は滅多にない。ギンちゃんの演技は、漫符などの非写実系記号を排しているという点では、写実がベースにあるといえるが、それはあくまでベースにすぎない。ギンちゃんの演技は、写実性を踏まえつつそこから逸脱して、滑稽さ、おかしみを強調した独自のものとなっている。この演技に通じる例をそのほかのジャンルに探すのなら、サイレント映画のコメディアンの動きや、落語家の所作などが挙げられるだろう。「よく考えると写実的ではない」にもかかわらず、観客にとっては「あるある、という実感が伝わる演技」がここで目指されているのである。

そして、ギンちゃんのこのオーバーな演技を通じて、観客は「これは結構リアリズム寄りの題材を扱っているようだが、笑っていい映画なのだ」ということを理解することになる。

これをさらにだめ押しするのが、説教をする牧師だ。C-13のト書きには「扇情的な感じがほしい」と書かれている通り、真面目にいい話をしているにもかかわらず、自分に陶酔してしゃべっているため、説教の内容とちぐはぐな滑稽さ生まれているシーンとして設計されている。この後も、配食を受けるときの、ハナちゃんのいかにもオカマといった演技など、観客の頬をゆるませるような演技が織り込まれている。

このようにして、観客は少しずつ本作の世界へと、誘導されていくのである。

冒頭の欠番カット

コンテをみてまず驚くのは、冒頭からの３カットが欠番と

● C-13

なっているところだろう。

クリスマスの夜、"我が子"に授乳をしながら、名前を考える夫婦。実は、この女は、清子を病院から盗み出した張本人である、みどり（本名・幸子）なのだが、ここではまったくなにも語られず、ただただ幸福な家族の姿として登場している。

おそらくストーリーの展開を考えた場合、「幸福そうな赤ちゃんがなぜか捨てられている」というほうが、ただ「捨てられている」というよりも、ミステリアスで気をひくという計算もあったのだろう。また、冒頭の幸福そうな家族が、実情はまったく違ったという、一種のどんでん返しの展開にも魅力がないわけではない。

しかし冒頭に書いたように、本作はあくまでもカメラは３人の主人公たちの側に置かれていて、カットバックなどで説明を加えるような方法をとっていない。そこから考えると、冒頭のこの３カットがもしあったとすると、観客はこの映画についてだいぶ違った印象を持ちながら、鑑賞することになったのではないだろうか。

もしこの３カットがあった場合、観客は「幸福そうな家族に赤ちゃんを帰す物語」として、本作をとらえることになるだろう。その場合、３人の主人公たちがそれぞれ清子を見ながら、自分の家族（やそれに類する存在）について思いをめぐらすという部分が弱くなってしまう可能性がある。観客が、「清子には幸福な家庭がある。捨てられているのは何かのトラブルだ」という方向に気を取られてしまうため、清子から一種の象徴性が失われてしまうからだ。

冒頭の３カットがどうしてカットされたかは、コンテには特に書かれていないが、最終的に完成した作品から逆算すると、この冒頭は欠番となって正解だったように思う。

● C-1〜C-3

● C-30

● C-43

● C-44

● C-98

Aパートの興味深いポイント

以下、そのほかAパートのコンテにおける興味深いポイントを列挙する。

C-30では、鼻をすすりあげるミユキが描かれている。オカマであるハナちゃんや、中年であるギンちゃんは、それだけでさまざまな要素があるためアニメキャラクターの平板さから逃れられる要素がある。だが、高校生のミユキはほうっておくと、それほど特徴のないキャラクターになってしまう可能性がある。その点で、時折鼻をすすりあげさせ、大きく顔を崩すことで、特徴を持たせることができる。C-30に描かれた顔は、いわばそうした崩した表情のガイドラインといえる。

C-43では、本作において東京を彩る重要なアイテム――ゴミが大量に登場する。その圧倒的な存在感を伝えるためか、ト書きでも「平成日本を象徴する排泄物」と力を入れて説明されている。

C-44では、ミユキのミドルショットの脇に「※ミユキ、"こども文学全集"と聞いて、"子供"扱いされたことに腹をたてています」と書かれている。本作では、このようにセリフになっていない感情も、演技の参考とするためだろう、かなり具体的にト書きとして書き込まれているカットが多い。

C-98で、泣き崩れるハナちゃんの後ろには、不釣り合いな南国のポスターが貼られている。これは、ト書きによると「ハナちゃんは"窓の外に南国の海が見える家"を夢見ている」とのこと。本作ではたびたび、背景にある広告ポスターなどと、そのシーンのミスマッチで笑いを誘う工夫がされている。

Aパート解説　冒頭で語られるスタイル

161

Column of Storyboard A Part

タイトルが出るまで──前２作の比較

『東京ゴッドファーザーズ』絵コンテ　Ａパートコラム

　今監督の３作品は、自らも語っている通り、いずれも「劇中劇からスタートし、病院で終わる」という共通点がある。ここでは「劇中劇からのスタート」という点に注目し、それぞれどのように映画をスタートさせているかを比較してみたい。

　まず『パーフェクトブルー』。ヒーローショーのいかにもな戦闘シーンからスタートしたかと思うと、カメラは客席に移って、その場に不似合いな人々を映し出す。望遠レンズつきのカメラを構えるなど、その場に馴染まない彼らは、やがてその会話から、Ｂ級アイドルをおいかけているオタクであることがわかる。カメラはそこで一旦、会場の外に出てさらにオタクたちの会話を拾った上で、ポンとこれから出演するアイドルグループ「チャム」がいる、あわただしい楽屋へと入り込む。ここで主人公、未麻が登場。そして、彼女たちがステージへ駆け出したところで、画面がホワイトアウトし、タイトルが浮かび上がる。

　『パーフェクトブルー』は、アイドルに対するストーカーが重要な要素のため、冒頭ではＢ級アイドルがいかに"気色悪い人々"に取り囲まれているかを描くことに主眼が置かれている。そして劇中劇のヒーローショーは、Ｂ級アイドルが、Ｂ級であることを観客に知らせるためのわかりやすい仕掛けとして使われている。

　一方、『千年女優』の劇中劇は、狂言回しである立花が見ているＳＦ映画のビデオだ。立花が劇中の声に重ねてセリフを口ずさんだり、ロケット打ち上げのシーンで同時に地震がが起こるなど、あたかも映画の中と現実がシームレスにつながったかのようなシーンとして描かれている。そしてビデオが逆戻しになり、その奇妙な感覚の中で画像につづいてタイトルが出る。

　こちらは映画全体の虚実が混交としたイメージの前触れとなるような「劇中劇」となっている。

　そして『東京ゴッドファーザーズ』の場合は、やがて登場する「本物の赤ん坊」とそれにまつわる「偶然の連続＝奇跡」を予見させるような、キリストの聖誕劇から物語が始まっている。初見ではわからないが、二度目に見直せば、冒頭の劇中劇の意味がよくわかる内容となっている。

　こうしてみると３作とも「劇中劇」は、その物語の持つニュアンスを凝縮して伝えるための重要なアイテムとなっているようだ。

Tokyo Godfathers
STORYBOARD BOOK

B PART

「ミユキちゃん、
清子をお願い。
すぐご飯にするね

清子をミユキに渡す。

清子の方を見て
息をのむミユキ。

前カットの清子を
受け取る芝居の流れの
中で表情変化。

清子が光を放っている、
という解釈で
照り返しF.I.

※ BGは443をぼかして
　流用出来ると思います。

清子の背中に小さな
羽が生えている。

羽を広げる感じで
ちょっと動き有り。

163

No.132

CUT	PICTURE	ACTION	DIALOGUE	TIME
269	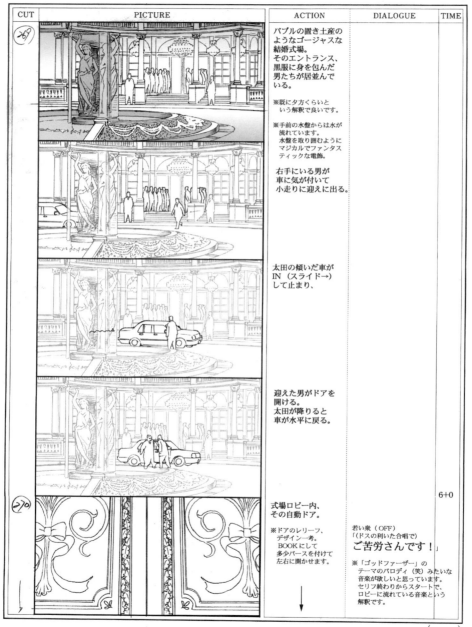	バブルの置き土産のようなゴージャスな結婚式場。そのエントランス、黒服に身を包んだ男たちが居並んでいる。 ※既に夕方くらいという解釈で良いです。 ※手前の水盤からは水が流れています。水盤を取り囲むようにマジカルでファンタスティックな電飾。 右手にいる男が車に気が付いて小走りに迎えに出る。 太田の傾いだ車がIN（スライド→）して止まり、 迎えた男がドアを開ける。太田が降りると車が水平に戻る。		6+0
270		式場ロビー内、その自動ドア。 ※ドアのレリーフ、デザイン一考。BOOKにして多少パースを付けて左右に開かせます。 ↓	若い衆（OFF） 「（ドスの利いた合唱で） ご苦労さんです！」 ※「ゴッドファーザー」のテーマのパロディ（笑）みたいな音楽が欲しいと思っています。セリフ終わりからスタートで、ロビーに流れている音楽という解釈です。	( )

No.133

CUT	PICTURE	ACTION	DIALOGUE	TIME
290		ドアが開くと太田。 背後には極道の列。 太田、のっしのっしと 歩いてくる。		
		背後に目を やりながら手招き。	太　田 「さ！遠慮なく」	
		太田、OUTして 行くと一行が見える。		(〜7+0)
		居並んだ極道に 居心地の悪い一行。 特にギンちゃんは 相当びびっている。		

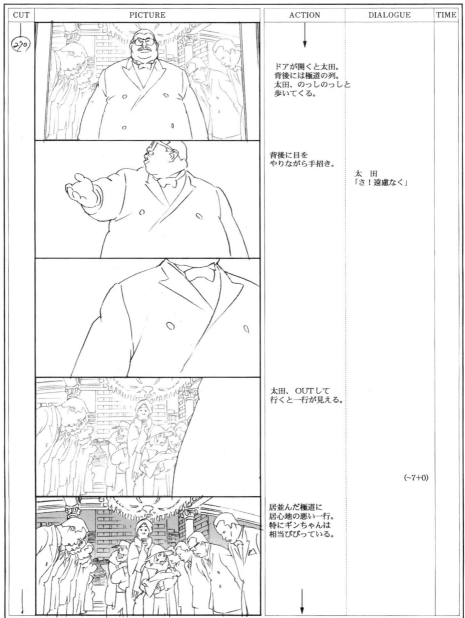

No. 134 マッドハウス

CUT	PICTURE	ACTION	DIALOGUE	TIME
270		ハナちゃんとミユキが 歩き出す（ちょっと早足）。		
		気が付いたギンちゃんが 慌てて二人の後を追う。 ミユキとハナちゃん OUT。		
		ロビー内に入って 来るギンちゃんに、 カメラのストロボの 照り返しがあたる。 ふとそちらに目をやる。 背後で自動ドアが 閉まりかける。 ※並んだ極道達は 　止まったままです。		13+0
271		ギンちゃんの寄り。 背後で自動ドアが 完全に閉まる。 驚いたような表情に、 さらにストロボの 照り返し。 ※パッ、パパッ、と３回。		
		感慨深い表情に 変わる。 少しかがんでいた 姿勢から身を起こす 感じです。 ちょっと付けて PAN.UP。 ※ギンちゃんは花嫁姿の 　若い娘に自分の娘の 　ことを思い出して 　しまった感じです。		5+0

(　　　)

No.135

CUT	PICTURE	ACTION	DIALOGUE	TIME
272		ウェディングドレスに身を包んだ娘が、親戚や友人たちに囲まれストロボの光を浴びている。 ※ストロボやはり3回くらい。 ※娘は小太りで、可愛いというより愛嬌のある顔にしたいです。 ギンちゃんの娘とイメージが近い方が良いです。		
		娘、こちらに気が付く。	太田の娘 「お父さん、遅いじゃないの」	4+0
273		汗をかきかき、のっしのっしと娘に近づいてくる太田。 ありがちですが娘には弱い親父という感じです。	太 田 「すまん、すまん！	
			ちっとばかし往生してな、	
		太田が3人を振り返り、	あそこにいるのはその時の恩人だ」	

( )

No. 136

CUT	PICTURE	ACTION	DIALOGUE	TIME
274		↓ 娘を紹介する。 軽く頭を下げる 太田の娘。	太　田 「娘の希代子です」	
		※ロビー内の背景こんな感じです。 全体にロココ風な感じで華美な建物、なおかつ極道が似合いそうにないロマンチックな感じ。 お花畑のイメージがあっても良いくらいです。		⊗ 9+0
275		「キヨコ」の登場に顔を見合わせる3人。		
				3+0
		極道がぬっとINして頭を下げる。 ドスの利いた声にびびるギンちゃん。	極道1 「親父が世話になりました」	

(　　)

No. 137

CUT	PICTURE	ACTION	DIALOGUE	TIME
276	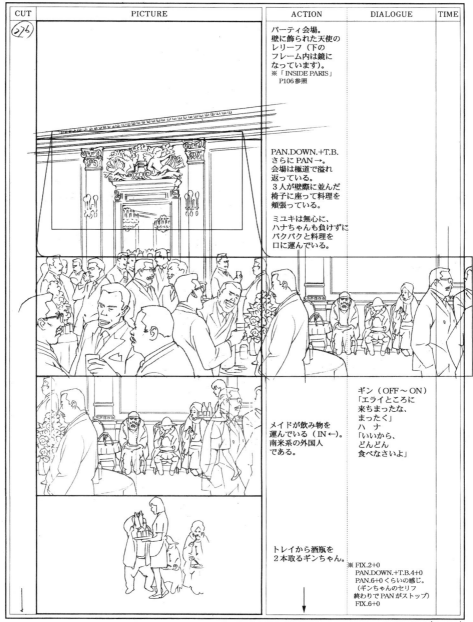	パーティ会場。壁に飾られた天使のレリーフ（下のフレーム内は鏡になっています）。※「INSIDE PARIS」P106 参照 PAN.DOWN.+T.B. さらに PAN →。 会場は極道で溢れ返っている。 3人が壁際に並んだ椅子に座って料理を頬張っている。 ミユキは無心に、ハナちゃんも負けずにパクパクと料理を口に運んでいる。 メイドが飲み物を運んでいる（IN ←）。南米系の外国人である。 トレイから酒瓶を2本取るギンちゃん。	ギン（OFF～ON） 「エライところに来ちまったな、まったく」 ハナ 「いいから、どんどん食べなさいよ」 ※ FIX.2+0 PAN.DOWN.+T.B.4+0 PAN.6+0くらいの感じ。 （ギンちゃんのセリフ終わりで PAN がストップ） FIX.6+0	

( )

No.138

CUT	PICTURE	ACTION	DIALOGUE	TIME
276		メイドが通りしな、清子が泣き出す。ギンちゃん、クーファンを見やる。メイドはOUT。		17+0
277		クーファンをなめて3人。 ミユキを振り返るギンちゃん。ミユキはギンちゃんのセリフを待つまでもなく、皿を下に置いて立ち上がる。 ※ギンちゃんがミユキを振り返った時にはすでに左の絵くらいの感じ。	ギン （〜0+18）「オムツだな。」 「ミユキの番だぜ」 ミユキ「け」	
		清子のクーファンを取って、		

( )

No. 139　　　　　　　　　　　　　　　　　　　　　　　　　　　　　　マッドハウス

CUT	PICTURE	ACTION	DIALOGUE	TIME
②77		OUTするミユキ。		
				(~7+12)
PAN		その様子を見送っていた ギンちゃんとハナちゃん。 フレーム修正のPAN。 ※ミユキが口では憎まれ口を 　叩きながらも，本当は 　赤ん坊のことをとても 　心配していること， 　根は素直ないい娘である 　ことを改めて感じている。 　しかしそんなミユキが何で 　家出なんかしているのか 　よく分からない…… 　というちょっと複雑な 　思いをしている感じです。		
			ハ　ナ　　（〜10+0） 「ギンちゃん， 思わない？ 清子は不思議な運を 持っているのよ」	
		ボトルを呷りながら 気のない風に 聞いていた ギンちゃん， その顔が俄にこわばり 酒にむせる。	ギ　ン 「ゲフッ」	
				15+0

（　　　）

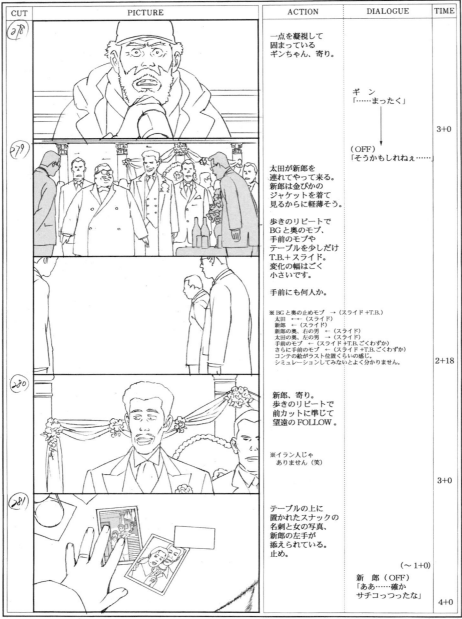

No. 141　　　　　　　　　　　　　　　　　　　　　　マッドハウス

CUT	PICTURE	ACTION	DIALOGUE	TIME
282		新郎と向かい合っているハナちゃん、ギンちゃんと新郎、その子分たち。奥に太田。 ※すいません。これ以後ハナちゃんの右肩に「女物のバッグ」（設定有り）をかけさせておいてください。 ギンちゃんは俯いたまま固まっている。	（〜 0+12） ハ　ナ 「みどりでしょ？」 新　郎 「そらぁ、店での名前よ」	
		言いつつ右手で何やら子分に合図する。		
		子分からペンを受け取って	（〜 5+0） 新　郎 「ビンボくせぇ顔でもあちこちいじったら結構な稼ぎ手になってよ」	
		写真に何やら書き付けている新郎。		
		その手元を覗き込むハナちゃん。		12+0

（　　　）

No.142　　　　　　　　　　　　　　　　　　　　　　　　　　　マッドハウス

CUT	PICTURE	ACTION	DIALOGUE	TIME
283		テーブルの上の"サチコ"の写真。ペンで書き加えられ、目は二重、鼻筋が通り、顎も細く削がれた美人顔になっている。カット頭に写真からペンを放す動き有り。	（～0+18）新郎（OFF）「けど辞めたぜ。ガキが出来たっつって」ハナ（OFF）「連絡先、分かるかしら？」	
		新郎の右手が、クルッ、クルッとペンを回す。		
				6+12
284		下品ににやけた顔の新郎。カット頭、ハナちゃんの方に視線を上げてセリフ。	新郎「金なら絞れないと思うぜ」	3+12
285		視線を外し、ちょっと思案顔のハナちゃん。	ハナ「違うの。届け物があるのよ」	3+12

（　　）

No.143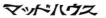

CUT	PICTURE	ACTION	DIALOGUE	TIME
286		式場内のトイレ。洗面台に寝かせられ、正面を見返している清子。		3+0
287		清子を見つめているミユキ。 カットいっぱいわずかにPAN→。	ミユキ　（〜1+06） 「さっきはゴメンな……エサこぼしちまって」	5+0
288		C.284同ポ。 携帯でどこかに電話している新郎、その後ろ姿。	新　郎 「ああ、いただろ？みどりって、貧乏くさい女……」	3+18
289		ギンちゃんのボトルを握った右手が震えている。	新郎（OFF） 「……亭主の借金がかさんで、首が回らねぇって来た……」	3+12

(　　)

No.144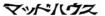

CUT	PICTURE	ACTION	DIALOGUE	TIME
㉙⓪		顔を真っ赤にして怖い形相のギンちゃん。心配そうに顔を近づけているハナちゃん。	ハナ 「(小声で) どうしたのよ？ さっきから」 ギン 「(小声で) あの野郎が……」 ハナ 「(小声で) え？ あの人知り合い？」 新郎（OFF） 「うちのサラ金で また借金膨れて、	9+0
㉙①		C.284同ポ。 新郎に近づく太田、腕時計を指さし促している様子。新郎は喋りつつ聞いている。	（ON） 仕舞いにゃ腹まで 膨らませてよ。 あれの連絡先 分かるか？」 ギン（OFF） 「あの野郎が、	7+0
㉙②		さらに怒りがこみ上げ打ち震えているギンちゃん。	（ON） 儲け話なんて 持ちかけて こなけりゃ…… 女房子供と 別れなくても 済んだんだ！」	

↓ ↓ ( )

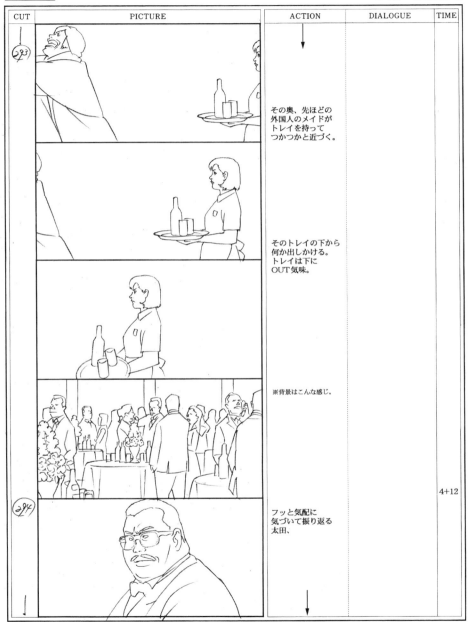

No. 148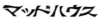

CUT	PICTURE	ACTION	DIALOGUE	TIME
294		驚きの顔に。		1+18
295		ハナちゃんに羽交い締めにされながらも殴りかかろうとするギンちゃん。		
296		トレイが床に落ちて跳ねる。(跳ね上がるところからスロー)		1+0

(　　)

No. 149

CUT	PICTURE	ACTION	DIALOGUE	TIME
296		↓	S.E. ガシャア アン！	1+06
297		その音に顔を 上げる新郎。		
298		客の足元の間を 転がるトレイ。 (スロー)		1+0
				1+12

( )

No. 150

CUT	PICTURE	ACTION	DIALOGUE	TIME
299		メイドが近づきつつ銃を向ける。付けてPAN。(スロー)		
				1+18
300		勢いを失ったトレイが止まりかける。(スロー)	S.E.ガランガランガラン……	
				2+0
301		息をのむ太田、アップ。色の付いたメガネに銃を構えたメイドの姿が映る。(スロー)		
				1+0
302		すごい形相で迫るギンちゃん、泣きそうなハナちゃん。(スロー)		
				1+0

(　　　)

No. 151

CUT	PICTURE	ACTION	DIALOGUE	TIME
303		驚く新郎、アップ。 慌てて飛び出す。 ※スローでは 　ありません。 ちょっとFOLLOW。		0+18
304		一同、俯瞰。 今まさに 殴りかかろうとする ギンちゃん。 その奥、太田に 銃を突きつける メイド。 (スロー。ラストに かけてさらに スローで詰まる)		2+12
305		パタッと止まる トレイ。 (スローから ラストはノーマル)		

No. 152

CUT	PICTURE	ACTION	DIALOGUE	TIME
305		↓	S.E. ……パタン	1+12
306		タバコに火を 付ける太田の娘。 控え室です。	S.E. **パンッ！** ※ライターの着火に 合わせて銃声。	0+12
307		パーティ会場の ドアを開けるミユキ。	**パンッ！** ※カチャッとドアを開ける タイミングに合わせて銃声。	0+12
308		パーティ会場、引き。 止めです。 ※後で兼用が ありますので、 縦方向のパースを 少し控えます。	**パンッ！** 硝煙の上がっている銃口、 驚いて固まっている ギンちゃんとハナちゃん。 サッとPAN←。 驚いた顔のメイド、 "しまった"という 表情に変わる。	1+0
309				FIX.2+0 PAN.0+18 FIX.1+0 3+18

(　　　)

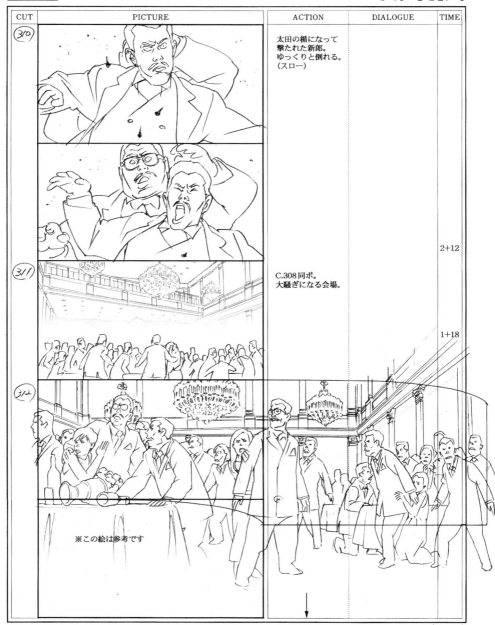

No. 154

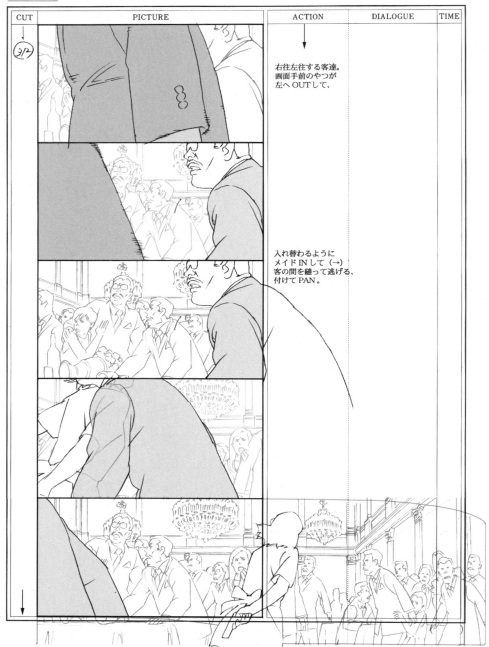

No.156

CUT	PICTURE	ACTION	DIALOGUE	TIME
③13		太田の前に血まみれで倒れている新郎、突然の惨劇に呆然としているギンちゃん、ハナちゃん。新郎の名前を呼ぶ太田。	太田「ミツオ！ミツオ！！」	
		太田の回りにいた極道の一人が叫ぶ。何人かの若い衆が慌ただしく走り出す。(極道２のセリフ中に駆け出す感じです)	極道２「メイドだ！あのメイドだ！！」	
		ギンちゃん、握っていた酒瓶を力無く落とし、新郎のそばに跪く。		
			ギン「だ、大丈夫か！？」	
				6+0
③14		C.308BG 兼用。客の輪を破って走り出てくるメイド(それに合わせてQ.T.B有り)、		
		↓		( )

No. 157

CUT	PICTURE	ACTION	DIALOGUE	TIME
157		↓ つんのめって転ぶ。		
			男性客2「銃を持ってるぞ！」	
		その声に一斉に伏せる客達。ちょうどそこへトイレから帰ってきたミユキが呑気に歩いてINしてくる。		
		メイドが走りざまにミユキのコートのフードを捕まえる。		
		思い切り後ろへ引っ張られる格好になるミユキ。	ミユキ「ウゲッ！？」	3+18

( )

No. 158　マッドハウス

CUT	PICTURE	ACTION	DIALOGUE	TIME
315		A.C.で、 引っ張られ 振り回されるミユキ。 付け PAN 有り→。		
			ミユキ 「アウッ！！」	
				1+0
3/6		A.C.で。 悪態をつく ミユキの顔の前に 銃が IN ↑。		
			ミユキ 「何す（んだよ！）……」	

(　)

No. 159

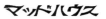

CUT	PICTURE	ACTION	DIALOGUE	TIME
316		ミユキの言葉を遮るように目の前で銃が火を吹く。	S.E. バンッ！ バンッ！ バンッ！！ ミユキ「……！！」	2+0
311		C.308BG 兼用。 ミユキと清子を楯にして逃げ出すメイド。 OUT←。 走り出す際、ミユキを引っ張る感じあります。ただ、ミユキは特に抵抗しているわけではありません。		3+12

(　　　)

No. 160

CUT	PICTURE	ACTION	DIALOGUE	TIME
318	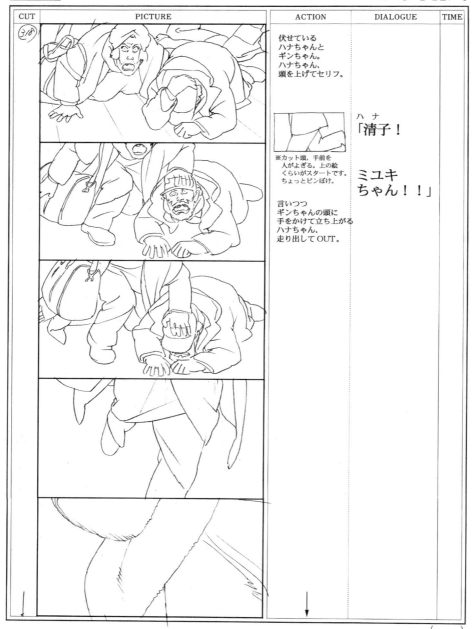	伏せている ハナちゃんと ギンちゃん。 ハナちゃん、 頭を上げてセリフ。 ※カット頭、手前を 人がよぎる。上の絵 くらいがスタートです。 ちょっとピンぼけ。 言いつつ ギンちゃんの頭に 手をかけて立ち上がる ハナちゃん、 走り出してOUT。	ハナ 「清子！ ミユキ ちゃん！！」	

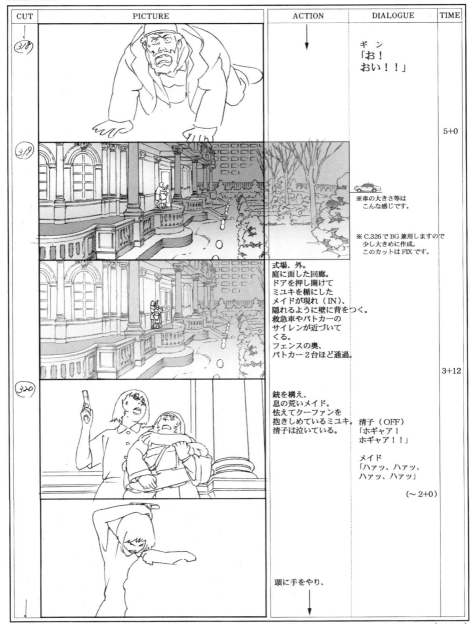

No.162　　　　　　　　　　　　　　　　　　　　　　　　　　マッドハウス

CUT	PICTURE	ACTION	DIALOGUE	TIME
320		カツラを脱ぎ捨てる メイド。 男である。 以下ヒットマンと 表記。 銃を突きつけ、 焦った様子で なにごとか口にする。 怯えるミユキ。	ヒットマン 「ホデール！ アス・カジャール・ ア・ラ・ニーニャ！」 （「赤ん坊を黙らせろ！」） 　（1＋18） ミユキ 「ヒィ〜〜 〜ッ！！」	5＋0
321		銃を突きつけられ 震え上がっている ミユキ。 泣き声をあげている 清子。 清子に目をやる。 銃がミユキに 狙いを定める。	ヒットマン（OFF） 「シ・ノ・グリタス、 ノ・テ・マタレ！ オス・テンドレ・ポコ・ ティエンポ・コモ・ レエネス！ プリメロ、キタテ・ エル・アブリゴ！」 （これでも 4＋0 くらいです。 ビデオ参考の上、よろしく お願いします。） （「騒がなければ 殺さない！ ちょっとの間 人質にするだけだ！ まずオマエの オーバーを脱げ！！」） ミユキ 「イィ〜〜ッ！！」 （声にならない ような悲鳴）	5＋12

（　　　）

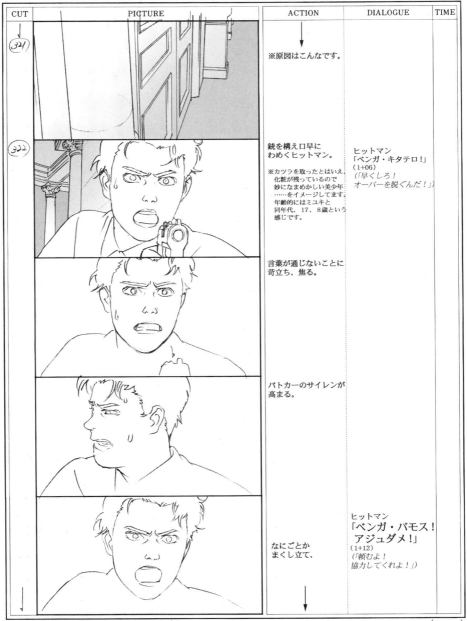

No.164 マッドハウス

CUT	PICTURE	ACTION	DIALOGUE	TIME
322		最後に同意を求める感じで少し笑顔を見せる。	ヒットマン 「……ノ？」 (「……な？」)	
		※原図はこんなです。		6+12
323		恐怖のあまり顔が引きつっているミユキのアップ。	（1+0） ミユキ 「セ………… ……センキュー ベリーマッチ」	
		※原図はこんなです。		4+0
324		式場内、廊下。 走るハナちゃん、ギンちゃんの足元。 廊下はデジタルで送り。	ギン 「どうすんだよ、鉄砲持ってんだぜ！」 ハナ 「捨てたところで惜しくもない命じゃないの！！」	

（　　）

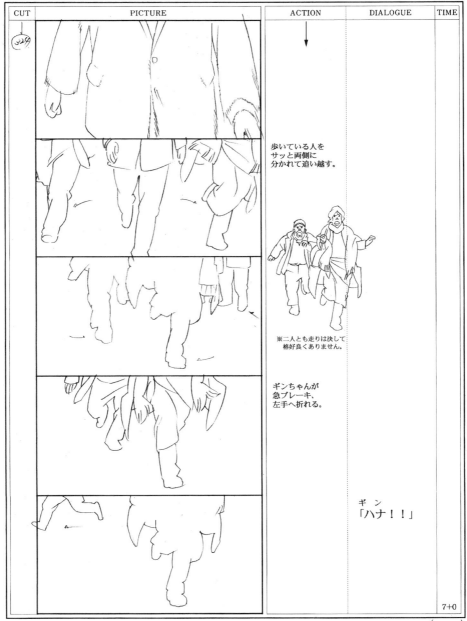

CUT	PICTURE	ACTION	DIALOGUE	TIME
㉕		A.C. 廊下、手前にミユキの帽子が落ちており、ギンちゃんが走ってくる。		
		引き続いてハナちゃんが取って返してINしてくる。		
		ギンちゃん、手前に大きくOUT。		
		ハナちゃん、走りつつサッとミユキの帽子を拾い上げてOUT。		
				3+0

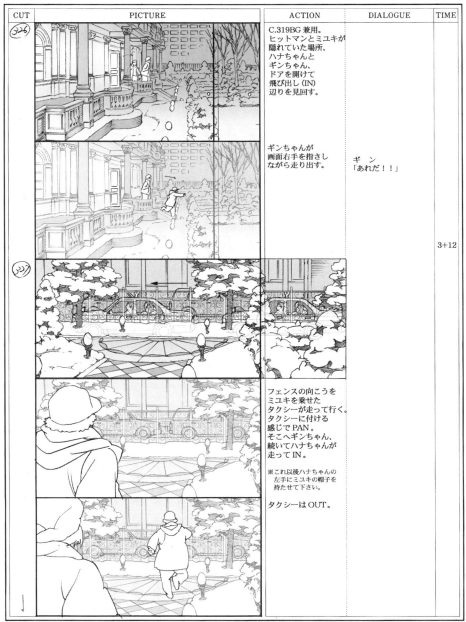

No.168 マッドハウス

CUT	PICTURE	ACTION	DIALOGUE	TIME
325		↓		
		ギンちゃん、フェンスを飛び越えようとするが、抜き足が引っかかって無様に落下。		
		BOOK の向こうに一旦 OUT。		
		ハナちゃんはヒラリと飛び越えタクシーを追ってOUT。		
		↓		

( )

No.169

CUT	PICTURE	ACTION	DIALOGUE	TIME
㉚		↓		
				6+0
㉛		走るタクシー、縦FOLLOW。背景はデジタルで送り。リアウィンドウに「ご用命はエンジェルタクシー」というシールが貼られ、電話番号が書かれている。ナンバープレートは「12-25」。 ※このカット330、332を合わせて1カットだと考えて下さい。		2+0
㉜		タクシーを追って必死に走る二人、縦FOLLOW。背景はデジタルで送り。 ※このカット331、333と合わせて1カットだと考えて下さい。 ※ここから下は参考です。 ↓ PANなどはありません。		2+12

( )

No.170　マッドハウス

CUT	PICTURE	ACTION	DIALOGUE	TIME
330		C.328同ポ。 加速するタクシー。		
				2+0
331		C.329同ポ。 走る二人リピート。		1+12
332		C.328同ポ。 タクシー、遠ざかる。		
				1+12

(　)

No.171

CUT	PICTURE	ACTION	DIALOGUE	TIME
333		C.329同ポ。走る二人リピート。ギンちゃん、足がもつれて無様に転び、遠ざかる。		
			ギン「ムギュッ!!」	2+0
334		走り去るタクシー。		

No.172　　　　　　　　　　　　　　　　　　　　　　　　　マッドハウス

CUT	PICTURE	ACTION	DIALOGUE	TIME
〈937〉		追ってハナちゃん INするが、 交差点の中、 やむなく諦めて 立ち止まる。		
		車が一台IN〜OUT。		
		クラクションが近づき ハナちゃんの手前で 急停車。	S.E.「(クラクション) パパパパパァ アッ！！」	5+0
〈938〉		呆然としている ハナちゃん。 息が荒い。 肩の上下動大きく。 車のライトに 照らされ、 コントラスト強めの影。 クラクションの やかましい音。	S.E. 「(クラクション) パパァァ ァァ アッ！！」	3+0

（　　　）

No.173

CUT	PICTURE	ACTION	DIALOGUE	TIME
236		PAN.DOWN. ※電話ボックス内の ハナちゃん、 天井の光源を意識した 少しコントラストの 強い影つけます。	ビルの合間に見える ライトアップされた 東京タワー。 (〜1+12) ハナ（OFF） 「だから言ってる でしょ！？」 公衆電話ボックスの中、 ハナちゃんが受話器に 向かってわめいている。 ハナ（OFF〜ON） 「オタクの車が 赤ん坊を 抱いた若い娘を 拾ったのよ。 ナンバーは12-25！ その車を…… (あたりをちょっと 見回して) 東京タワーの下に 回して！」	( )

No.174 マッドハウス

CUT	PICTURE	ACTION	DIALOGUE	TIME
336			私の名前は……」	
		名前を言いかけた途端に通話が切れる。	S.E. ブーッ	
		受話器を乱暴に置きながら電話ボックスを出るハナちゃん。	ガチャンッ！！	
			FIX 2+12 PAN.DOWN 5+0 FIX 8+0	15+12
337		ハナちゃんが電話ボックスを走り出る。その手前、ギンちゃんがボックスにもたれ、腕組みをして立っている。 ※胸組みの交叉の仕方、コンテの絵と逆にしてください。右手が下になるように。		

( )

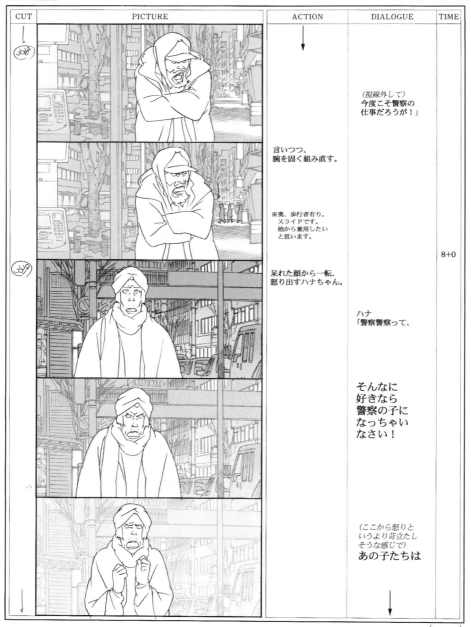

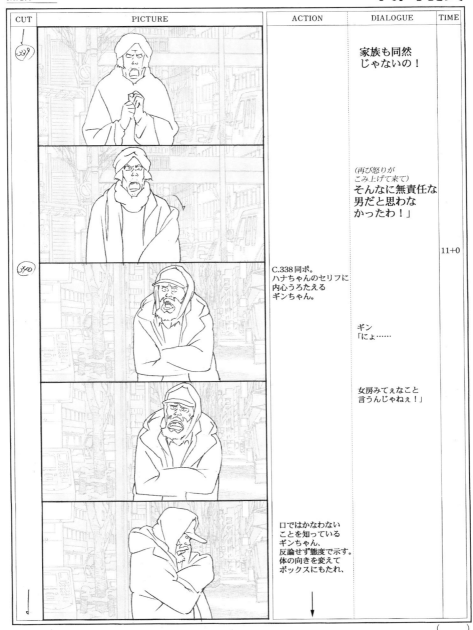

CUT	PICTURE	ACTION	DIALOGUE	TIME
340		そのまましゃがむ。		
341		C.337同ポ。 A.C.で ストンと座り込む ギンちゃん。		5+0
			ギン 「行かねぇよ、俺ぁ」	
		まさか、という感じで 1～2歩前に出る ハナちゃん。	ハナ 「ギンちゃん！」 ギン 「もう十分 やったじゃねぇか」	
		パーティ会場で くすねてきた酒瓶を 引っ張り出し、 呷るギンちゃん。	ハナ 「諦めるの！？」	

(   )

No.179

CUT	PICTURE	ACTION	DIALOGUE	TIME
340			ギン 「俺たちには 　結局何一つ 　出来ねぇのさ」	12+0
342		C.339同ポ。 ※C.341で1〜2歩前に 出るので339とは 見かけ上のキャラの 大きさ変わります。 フレームが苦しいよう なら原図を大きめに するなどして調整します。 怒りが爆発し、 ギンちゃんを ののしり倒す ハナちゃん。 ※芝居はこの通りじゃ なくてもかまいません。 原画面白いアイディア、 アドリブ等あれば自由に 変更してください。	ハナ 「あんたって、 ホントに ホントに 人間のクズね！	
			あんたなんか のたれ死にして	

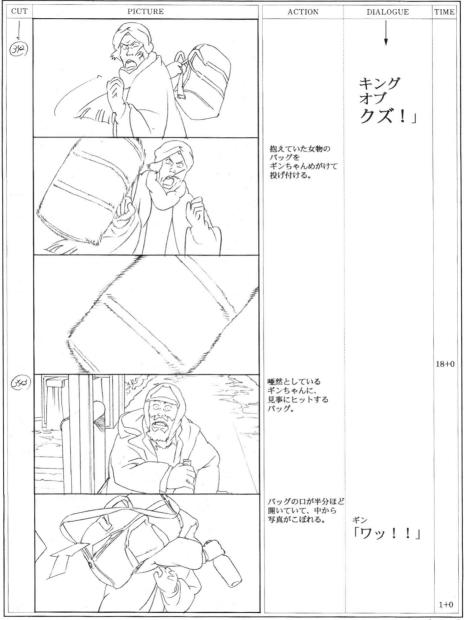

No.182

CUT	PICTURE	ACTION	DIALOGUE	TIME
244		通り、俯瞰。 ギンちゃんに当たった バッグが跳ね返って 落ち、写真が散らばる。		
		サッと振り返って ハナちゃん走り去る。		
		OUT。		
		一人残される ギンちゃん。		

( )

No. _____

CUT	PICTURE	ACTION	DIALOGUE	TIME
244		ブツブツ言いつつ ボトルを呼る ギンちゃん。 渋滞して止まっている 車のドアが開き、 若い男が下りてくる。	ギン 「クズクズって、 ブスが何言やがる」	
		ガードレールを跨いで、 電話ボックスに 入ろうとして ギンちゃんと目が合う。		
		男は胡散臭げな目で ギンちゃんを見ながら ボックスに入る。 ギンちゃん、 のろのろとバッグを 引き寄せる。		
				12+0

( )

No.184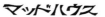

CUT	PICTURE	ACTION	DIALOGUE	TIME
345		引き寄せられる バッグ。		
		幸せそうな 例の夫婦の写真が 見える。		3+0
346		派出所。 赤い目玉が光る顔の ように見える。 カットいっぱい 車の走行音が高まる。		3+0
347		派出所を見上げて ギンちゃんが 立っている。 背後を車が一台 通り過ぎる。		
		遠ざかる走行音。		2+0

No.185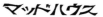

CUT	PICTURE	ACTION	DIALOGUE	TIME
348		派出所、引き。 奥の大通り、切れ間無く車が走っている。 さらに奥、東京タワーが少しばかり見える。		
		警官がドアを開けて出てくる。	警官 「何か？」 ギン 「……クズを捨てたいんだが」	
		警官が所内にとって返す。		7+0
349		ゴミ箱を差し出している警官。		1+12
350		C.348同ポ。 派出所、引き。	ギン 「……ちょっと小さいかな……」	3+0

(　　)

No. 186 マッドハウス

CUT	PICTURE	ACTION	DIALOGUE	TIME
㉕		道路脇に置かれた ゴミ袋。 排水溝から湯気が 出ている。	ギン（OFF） 「クーズクズクズ クズにん**げん**！ ("げん"で蹴り)、 だチキショウめ！」	
		ギンちゃん IN して、		
		ゴミ袋の一つを 蹴飛ばす。	**ボスッ！**	
		すでに相当酔って おり、足元は おぼつかない。	画面外、袋が破れて 中身の缶が転がる音が 聞こえる。 **カラン、カラン！**	
		↓		

(　)

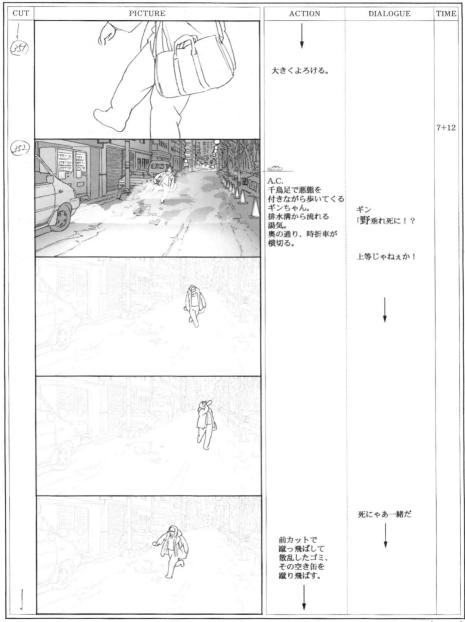

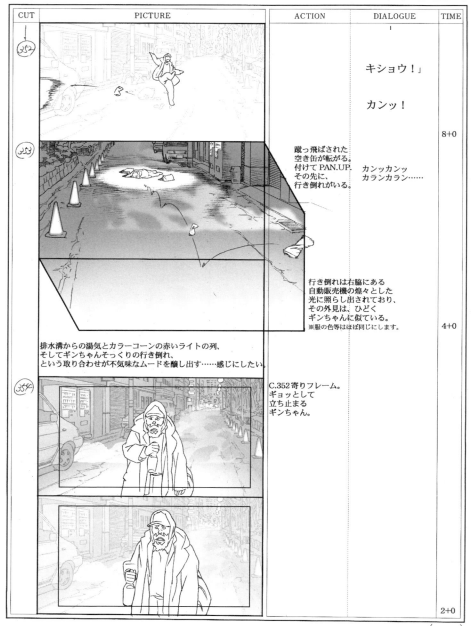

No.189

CUT	PICTURE	ACTION	DIALOGUE	TIME
355		行き倒れ、寄り。		3+0
356		C.352寄りフレーム。ギンちゃん、行き倒れの姿が自分によく似ていることに気が付き、		
		改めて自分の姿を見直し、		
		酔った目をすがめてもう一度行き倒れの方を見る。酔いのせいか幻覚か、これが現実なのか自信が揺らぐ。その時背後で車が一台通過。		
		背後の通りを振り返ると、その時また車が通過。		

No.190

CUT	PICTURE	ACTION	DIALOGUE	TIME
356		酒を呷り勢いを付け、		
		小走りで近寄る ギンちゃん。 OUT。		11+0
357		C.355兼用。 ギンちゃんIN気味で 駆け寄って、		
355 フレーム				

No.191

CUT	PICTURE	ACTION	DIALOGUE	TIME
257		↓		
		酒瓶を脇に置き、行き倒れのそばにしゃがみ込んで		
			ギン「だ……大丈夫か！？」	
		抱き起こす(抱き起こしかけるまで)。		
				5+12
258		A.C.抱き起こすとそれは頭は蓬髪、ボロボロの衣服、見るからにホームレスの老人である。 ↓		

(　　)

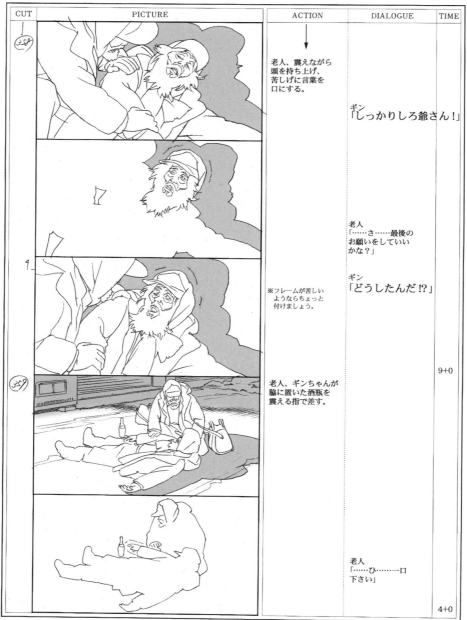

No.193

CUT	PICTURE	ACTION	DIALOGUE	TIME
360		雑居ビルが建ち並ぶ薄暗い街角、俯瞰。路地の奥、排水溝から湯気が流れている。		
		タクシーがゆっくりとINして止まり、		
		ドアが開く。		5+0
361		タクシー車内。ヒットマンが強い調子でミユキに話しかけている。まるで分からない言葉とヒットマンの様子にびびっているミユキ。清子は相変わらず泣いている。客席のやりとりに怪訝そうに聞き耳を立てているタクシー運転手。 ※ヒットマン、ミユキのコートを羽織っています。コートの前閉じておいてください。 タクシーのラジオから、シーンには不似合いな落語のライブが流れている。 ※このタクシー運転手は落語ファンという設定です	ヒットマン 「ホデール・コモ・ジョラ、ケラ・ベベール・ラ・レチェ、ノ？」 (2+12) (「お乳が欲しいんじゃないのか!?」) (〜4+12) ヒットマン T(一転して優しい調子で) キエレ・ラ・レチェ、ノ？」 (1+12) (「いるのか？」)	

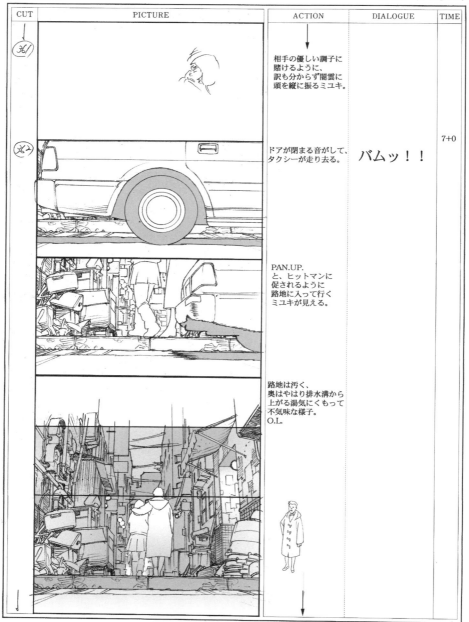

No.195

CUT	PICTURE	ACTION	DIALOGUE	TIME
362		※こんな感じで湯気。		8+12 (O.L.3+0)
363		不気味な路地 PAN+T.U. 壁に設置された エアコンの室外機が こちらを見返している ように見える。 一番奥の建物もやはり 人の顔を思わせ、 その目に当たる窓の 中で人影が動いて、 こちらを見たような 感じになる。	すいません。 もう少し右に 起こして ください。	6+0
364		歩く二人、FOLLOW。 ※BG部分のみパースに 沿ってT.B.するだけで 何とかなると思います。 前カットで建物に 見られたような 気がして、視線を 転じるミユキ。		

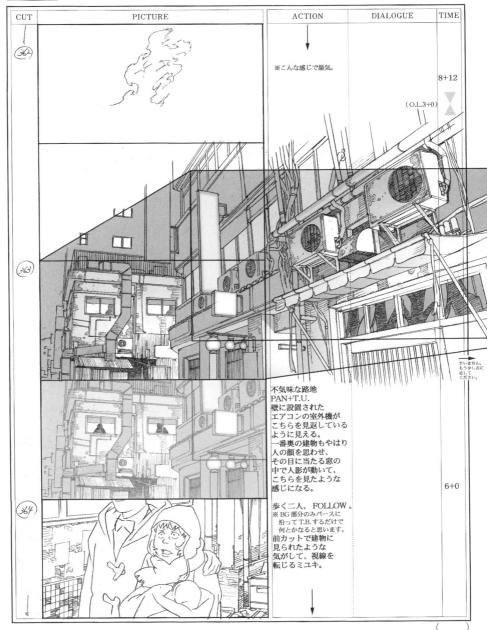

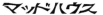

CUT	PICTURE	ACTION	DIALOGUE	TIME

ミユキ、ヒットマンの
言葉に弾かれたように、
体を起こし次カットへ。

4+0

※原図、こんなです。

A.C.
ミユキ、抵抗しようと
するが、ヒットマンに
捕まれ強引に部屋に
押し込まれる。

ミユキ
「あ……あたしをどっかに
売りとばす気だろ！」

ヒットマン
「トランキラ、
　ノ・ボイ・ア・アセールテ
　・ナダ・マロ。パサ！」
（「何もしないから
　入れよ！」）

ミユキ
「誰か助けて！
たすけ………」

清子の泣き声と
ミユキの悲鳴を残して
二人は中に消える。

7+12

（　　）

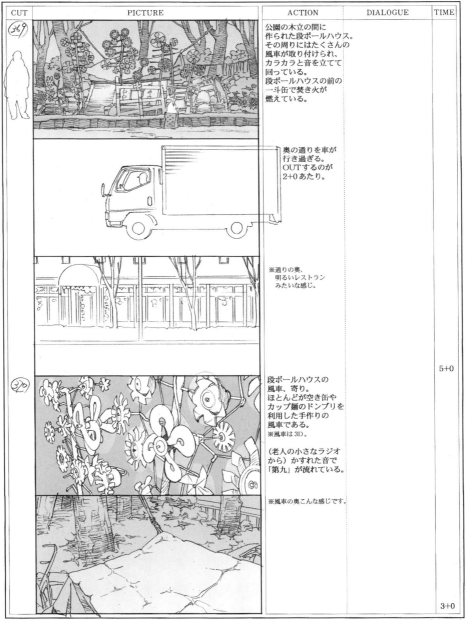

No.200

CUT	PICTURE	ACTION	DIALOGUE	TIME
311		老人の段ボールハウス内。喉を鳴らしてギンちゃんの酒を飲む老人。酒が入り恍惚とした表情になり、土気色の顔に少し赤みさえ差す。※少し漫画っぽい表現が欲しいので、顔色のO.L.だけでなく、光が差したような特殊な表現もしようと思います。		
			老人「ハァ〜〜〜ッ……」	5+0
312		狭く汚い段ボールハウスの中、横たわった老人、その脇にあぐらをかいているギンちゃん。	（〜1+12）老人「……畳の上で酔っぱらって死ぬのが夢でしたが……（酒瓶をギンちゃんに手渡しながら）おかげで半分幸せです……」	
			ギン「これも……何かの縁だな」	
		ギンちゃん、酒瓶を受け取って呷る。	（〜10+0）老人「随分長く生きた気もしますが……」	
			↓	
			（　　）	

No.201

CUT	PICTURE	ACTION	DIALOGUE	TIME
372		↓	↓	
			「私はいてもいなくても いいクズ人間でした」	
		聞きながらさらに 酒を呷る。		17+0
373		酒瓶を口から離し、 老人を見返す ギンちゃん。 ハナちゃんのセリフとの 奇妙な符号に内心 少し狼狽した感じです。		
			ギン 「……寂しいこと いうない」	2+12
374		C.371同ポ。 ギンちゃんを 見返している老人。 といっても老人の目は ロンパリなので どこを見ているのかは よく分からない。	老人　（〜1+0) 「あなたは何だか ……若い頃の 私にそっくりだ」	5+0

(　　)

No.202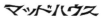

CUT	PICTURE	ACTION	DIALOGUE	TIME
375		C.373同ポ。 老人の言葉に嫌な 気持ちになるが、 リアクションに困り ポリポリと顔を掻く ギンちゃん。		
			老人（OFF） 「そのあなたを 見込んで……」	3+0
376		C.372同ポ。 言いつつ、胸元から 小さな袋を 引っ張り出す老人。	老人 「最後のお願いを していいかな」	
		何ごとかと身を 乗り出すギンちゃん。		3+12
377		震える老人の手と袋を なめてギンちゃん。 ※このBG、多分C.373を 大きめに作成すれば兼用 できると思います。 ↓	老人 「これを始末して ください…… 私の身元が分かると 迷惑がかかる人たちが いる……」	

(　　　)

No. 203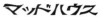

CUT	PICTURE	ACTION	DIALOGUE	TIME
371		老人の言葉はまったくもって他人事ではないギンちゃんである。	ギン 「……分かる （〜11+0) ……イヤ、分かった！	
		ギンちゃん、老人の袋をしっかりと受け取る。	きっちり 始末してやる！！」	13+0
372		C.374同ポ寄り。 老人、にっこりと笑い、力無く腕を落とし息を引き取る。		
				3+12

( )

No.204

CUT	PICTURE	ACTION	DIALOGUE	TIME
379		C.370 同ポ。 ゆっくりと止まり かける風車。 ほとんど止まる 寸前まで。		2+06
380		C.372 同ポ。 大きく溜息をついて、 合掌し、 老人の目を閉じて やろうとするギンちゃん。		5+0
381		安らかな死に顔の老人、 アップ。 ギンちゃんの右手が 目を閉じてやる。 ↓		

No.205　　　　　　　　　　　　　　　　　　マッドハウス

CUT	PICTURE	ACTION	DIALOGUE	TIME
㉛		と老人の目が大きく開いている。		
		右手OUT。	ギン「うあっ！」	1+12
㉜		C.372同ポ。驚いてしりもちを付くギンちゃん。		
		ギンちゃんの方に顔を向ける老人。	老人「あんたも達者でな……	
			……それで最後の……」	6+0

（　　）

No.206　　　　　　　　　　　　　　　　　　　　マッドハウス

CUT	PICTURE	ACTION	DIALOGUE	TIME
㉓		C.373同ポ。 酒瓶を差し出し 老人の言葉を 引き継ぐギンちゃん。		
			ギン 「お願いだろ」	
				2+0
㉞		C.370同ポ。 再び回っている風車。		
				1+12
㉟		C.371同ポ寄り。 酒をゆっくりと 飲み干す老人。 再び顔に光が差す。 ※芝居自体はC.371を兼用。		
			老人 「ハァ〜〜〜ッ」	

(　　　)

No.207

CUT	PICTURE	ACTION	DIALOGUE	TIME
305		↓	老人 (〜 3+12) 「ほいじゃあ… さようなら」	
		老人が目を閉じると ともに差していた 光がF.O.		8+0
306		C.369同ポ寄り。 完全に動きを 止めている風車。		
	※入り口、変更 左右に開く形にします。			
		入り口からギンちゃんが ノロノロと出てくる。	(〜 5+0)	
		↓		

( )

No.208

CUT	PICTURE	ACTION	DIALOGUE	TIME
286		↓ と、何かに気づいた様子で慌てて中に半身を戻す。		
287		A.C. ギンちゃんなめて段ボールハウスの壁、そこに貼られた不動産の大きな広告。外観に特徴のある高層マンションのイラストが描かれている。 【絶景の眺望！至近の都会！セレブレート月島誕生！】 広告にT.U. （ギンちゃん少しだけ密着有り） O.L.	FIX 1+0 T.U. 0+18 残りFIX	9+12 4+18
288		例の写真。 寄った絵から Q.T.B.して 写真全体を見せる。	Q.T.B 0+6 写真全体 2+0 ギン（OFF） 「……これだ」	5+6
289		段ボールハウスの入り口から上半身だけ中に入れているギンちゃん。 カット頭、写真を下ろす。 ↓		

(）

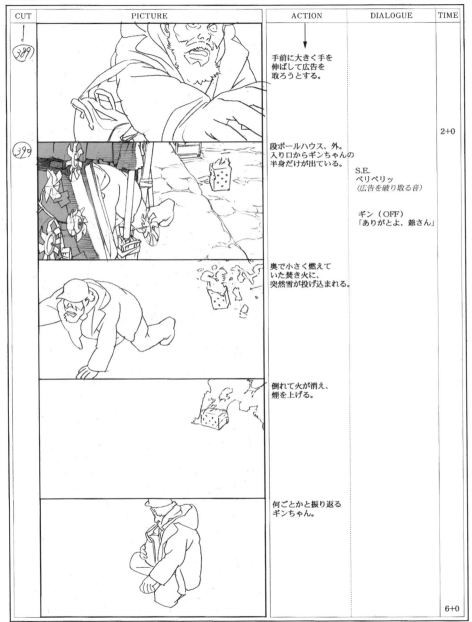

マッドハウス

CUT	PICTURE	ACTION	DIALOGUE	TIME
391		ギンちゃんの背後に ５人の少年たちが 立っている。 左からＡ、Ｂ、Ｃ、 Ｄ、Ｅ。 ギンちゃんと 少年たちの間に、 煙流れている。		3+0
392		中央の少年Ｃ、寄り。	少年Ｃ 「ボクたち、年末の 大掃除に来ました」	3+0
393	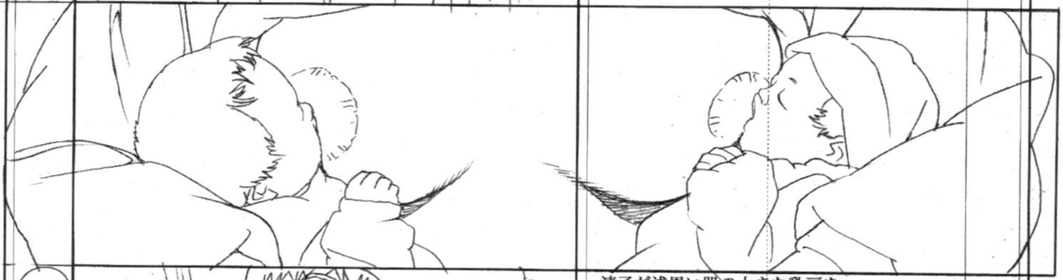	清子が浅黒い肌の大きな乳房を 無心に吸っている。 PAN← 反対側の乳房にはその女性の 子供らしき赤ん坊がぶら下がっている。 FIX 3+0 PAN.1+12 FIX 2+12		7+0
394	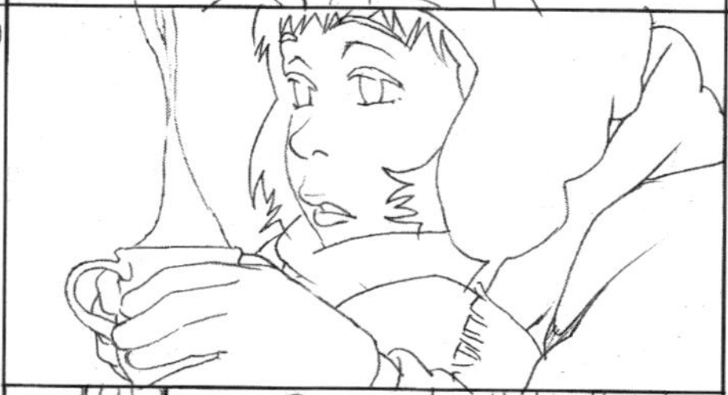	その様子を 不思議そうに見ている ミユキ。 両手で持った コーヒーカップから ほんのり湯気が 上がっている。	ミユキ　（～1+12） 「いいな……巨乳」	3+12
395		ふくよかな南米系の その女（以下マリア） が二人の赤ん坊に 授乳している。 ↓		

No.211

CUT	PICTURE	ACTION	DIALOGUE	TIME
395		↓ マリア、赤ん坊から顔を上げてセリフ。	マリア 「コモ・セ・ジャマ・ラ・ニーニャ？」 (1+9) (「赤ちゃんは何ていう名前？」)	3+0
396		アパートの一室、引き。ミユキ、言葉が分からず、大仰に肩をすくめて右手を上げ"オー、ノー"というジェスチャーをしてみせる。 マリア、再び赤ん坊に顔を戻してセリフ。	マリア 「ブエノ、ポブレ・ニーニャ・ノ・ネセシータ・アブラール」 (2+18) (「赤ちゃんに言葉は必要ないわね」)	
		せっかく話しかけてもらったのに何も答えられず、何だか悪いなと思うものの、かといって何か話しかけようにも言葉が通じないのでどうしよう……と思っているうちに変な間（2+12）があく。		
		と、ミユキ、たくさんの写真に気づく。		9+0

( )

No.212　　　　　　　　　　　　　　　　　　　　　　　マッドハウス

CUT	PICTURE	ACTION	DIALOGUE	TIME
397		タンスの上の写真。マリアと先ほどのヒットマンが仲むつまじく写っている。		
		ミユキの右手がINして彼を指さす。	ミユキ（OFF）「あ〜……あ〜ダンナさん？」 マリア（OFF）「セ・ジャマ・マリオ」（「マリオっていうの」）	5+0
398		マリア、寄り。	マリア「アウンケ・ノ・ロ・パレスカ・エス・エル・パードレ・デ・ラ・ニーニャ」（「あれでも赤ちゃんのお父さんなんだけど…」）	3+0
399		聞いているミユキ。	マリア（OFF）「エス・コモ・ウン・ニーニョ・グランデ」（「…私の大きな子供みたいなものなの」）	
		さっぱり意味が分からず、曖昧に笑う。		

(　　)

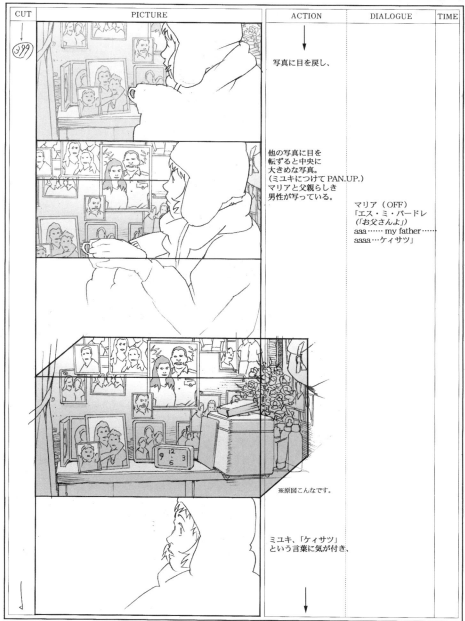

No.214 マッドハウス

CUT	PICTURE	ACTION	DIALOGUE	TIME
399		パッと明るい顔になってマリアの方を振り返る。	ミユキ「お父さん、ケイサツ！？マイファーザーもポリスマン！！」	15+12
400		通じたらしくマリアの顔もパッと明るくなる。	マリア「father... policeman!?」	2+0
401		ミユキ、ふと我に返って何かを思い出し、明るい顔が一転して暗い表情に変わり、膝を抱くようにして小さくなる。付けて PAN.DOWN. 顔の向きの変化で影の面積を大きくして、内面の変化を出します。	ミユキ　（〜2+12）「でも……」 お父さんが逮捕するのはアタシなんだ……」	8+0

(　　)

No.215

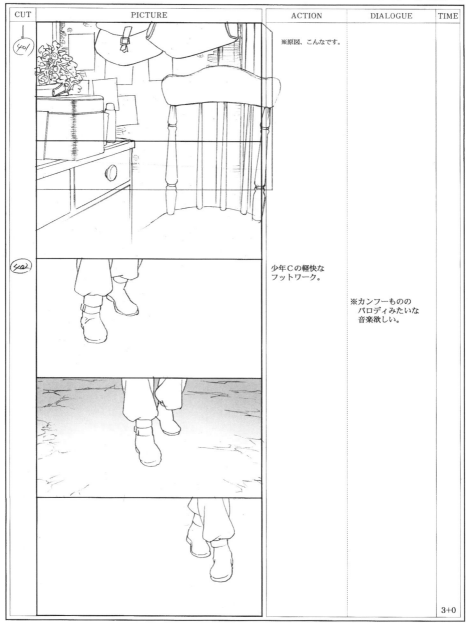

CUT	PICTURE	ACTION	DIALOGUE	TIME

※原図、こんなです。

少年Cの軽快な
フットワーク。

※カンフーものの
パロディみたいな
音楽欲しい。

3+0

(　　)

No. 216

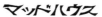

CUT	PICTURE	ACTION	DIALOGUE	TIME
403		左右に目を配りつつ、ジリッと後退るギンちゃん。少しばかりT.B.		2+12
404		ギンちゃんが少年グループに囲まれている。画面左から、D、E、C、B、A。※すいません。AとEにそれぞれ鉄パイプと角材を持たせて下さい。こんな感じです。	このカット格闘ゲーム風の画面です。奥にあるビル、その明かりのついた窓が「パワー」のゲージのよう。※レイアウト時「ゲージ」の刻みをもう一つ増やします。要するに窓をもう一つ増やす、と。	3+12
405		少年Cが、奇声とともに、サッと回転して蹴りを繰り出す！動きに付ける感じでT.B.		

( )

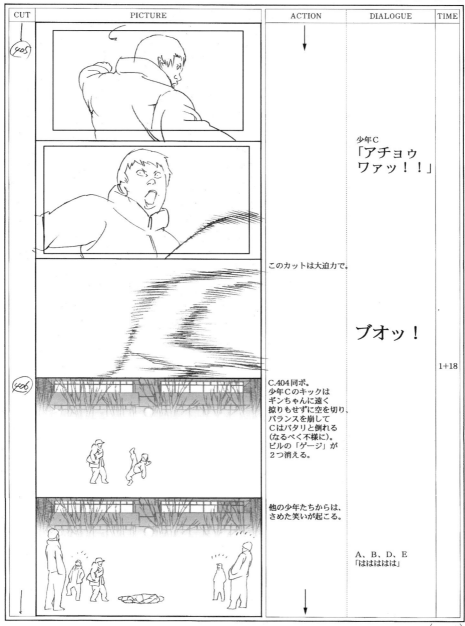

No. 218

CUT	PICTURE	ACTION	DIALOGUE	TIME
㊻		それをきっかけにする感じで、ギンちゃんがダッと走り出す。		
		が、倒れていた少年Cに足を取られてやはり不様に転ぶ。	ギン「ワッ！」	
		ビルの左のゲージが二つ減る。そこへ少年Bが駆け寄ってきてギンちゃんの横腹を	でっ！！」	
		思い切り蹴り上げ、	ドスッ！ ギン「ウグッ！！」	
		すかさずCが跳び蹴りをくわえる。さらにゲージが二つ減る。少年Dがギンちゃんに近づく途中で携帯電話が鳴り、電話に出る。Eは老人の段ボールハウスを襲うべく、左へOUT。	ボコッ！ ギン「ギャッ！！」 D「オオッ　（〜7+12）久しぶりじゃん」	

No. 219

CUT	PICTURE	ACTION	DIALOGUE	TIME
406		カットラスト、 Aが角材でギンちゃんを 殴りかける。 殴るまでは見せず、 次カットにつなぎます。		
407		C.370同ポ。 少年Eの鉄パイプが 老人の風車を叩き壊す。 前カットとA.C.風。	S.E. ドガシャッ！	10+0
408		ギンちゃんの顔を、		0+12

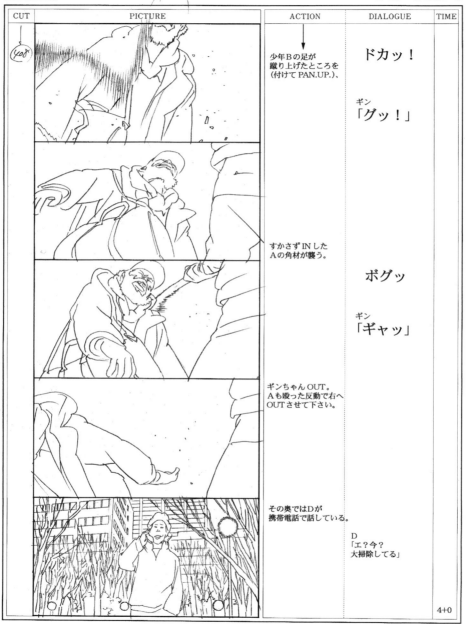

No.221

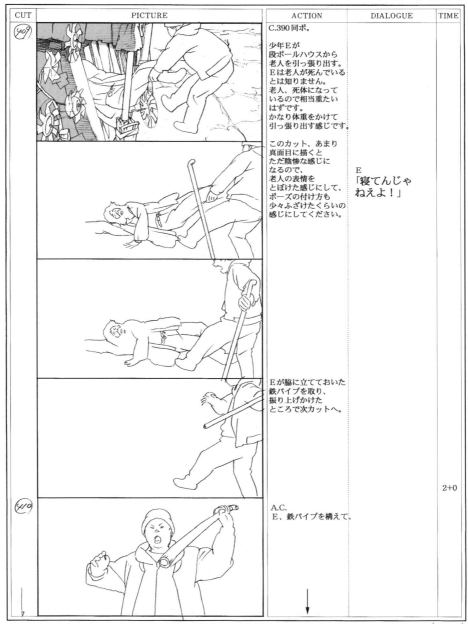

CUT	PICTURE	ACTION	DIALOGUE	TIME
409		C.390同ポ。 少年Eが 段ボールハウスから 老人を引っ張り出す。 Eは老人が死んでいる とは知りません。 老人、死体になって いるので相当重たい はずです。 かなり体重をかけて 引っ張り出す感じです。 このカット、あまり 真面目に描くと ただ陰惨な感じに なるので、 老人の表情を とぼけた感じにして、 ポーズの付け方も 少々ふざけたくらいの 感じにしてください。 Eが脇に立てておいた 鉄パイプを取り、 振り上げかけた ところで次カットへ。	E 「寝てんじゃ ねえよ！」	2+0
410		A.C. E、鉄パイプを構えて、 ↓		

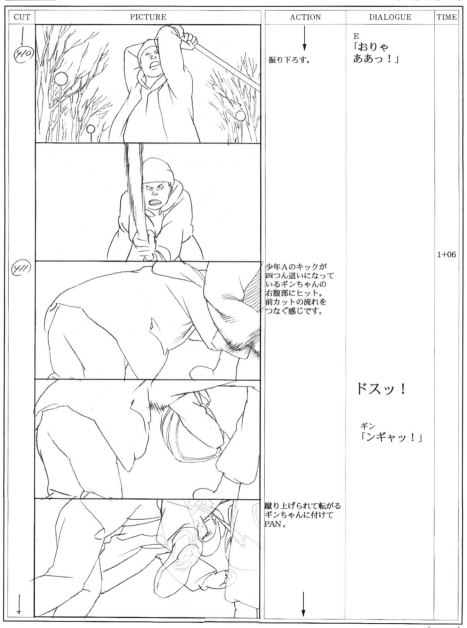

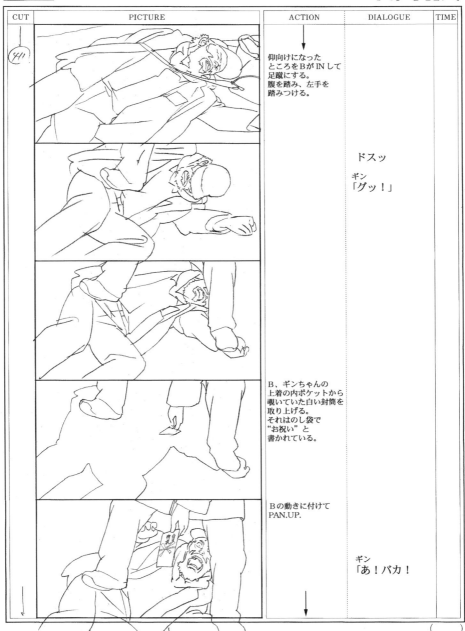

No.224　　　　　　　　　　　　　　　　　　　　　　　　マッドハウス

CUT	PICTURE	ACTION	DIALOGUE	TIME

↓

「それは
やめろ！！」

(411)

起き上がりかけた
ギンちゃんの顔
めがけてAの
キックが飛ぶ。
当たるまで見せません。

(412)

（前カットの流れを
ついだ感じで）
倒れる老人の頭。

5+0

ドンッ

すかさずEの鉄パイプが
INして地面を突く。

ドスッ

0+18

（　　　）

No.225

CUT	PICTURE	ACTION	DIALOGUE	TIME
㊽		倒れた老人に覆い被さって毒づいているE。 画面下から携帯をかけながらDがINしてくる。	E 「起きれよ！ ジジィ！ 死ぬ時間だぞ！！」 D 「エ？ キヨちゃん 来てんの！？ 行く行く！」	
㊾		C.404同ポ。 Dの言葉をきっかけに少年たち、去る。 Aが、これが最後とばかりに角材で思い切りギンちゃんを一発殴る。 ↓	E 「キヨちゃんたち近くで飲んでるって！」	5+12

( )

No. 226

CUT	PICTURE	ACTION	DIALOGUE	TIME
44		↓	ギン 「ウゲッ！」 C 「大掃除終了！！」	
		少年たち OUT。	（～ 8+12）	
		ボロボロになった ギンちゃんが渾身の 力を振り絞って 立ち上がる。		
		それに合わせるように パワーのゲージが 少し復活してゆく。		
		よろけながらも 少年たちの後を 追って OUT。	ギン 「返せ…… そ、それだけは 返せ！！」	
				17+0

(　　)

No.227

CUT	PICTURE	ACTION	DIALOGUE	TIME
㊺		混雑している車道。遠景に東京タワー。車列の中にハナちゃんを乗せたタクシー (画面左から2台目)。ヒットマンとミユキを拾ったタクシーである。		
		信号が変わったらしく、一番左手の車が動き出してOUT。ハナちゃんを乗せたタクシーが続いてOUT。	運転手 (〜1+12)「そうねぇ、外人の旦那さんはエラクご機嫌斜めでしたねぇ」	
				6+12
㊻		タクシー車内。身を乗り出してハナちゃんセリフ。会話は前のカットから繋がっています。ウィンドウの外、併走する車少しスライド(→)。コンテの絵がラスト位置くらい。BGスライド(→)。	ハナ「暴力振るわれたの!?」運転手「いや、これが若ぇのに素直な嫁さんで……アタシもあやかりたいもんですよ、え?」	
		運転手のセリフに被ってラジオのニュースが聞こえてくる。ニュースに気がつくハナちゃん。	ニュース「……ただいま入ったニュースです。今日午後6時頃、東京港区の結婚式場で発砲事件があり被害者の男性は意識不明の重態です。犯人は外国人と見られ、	

( )

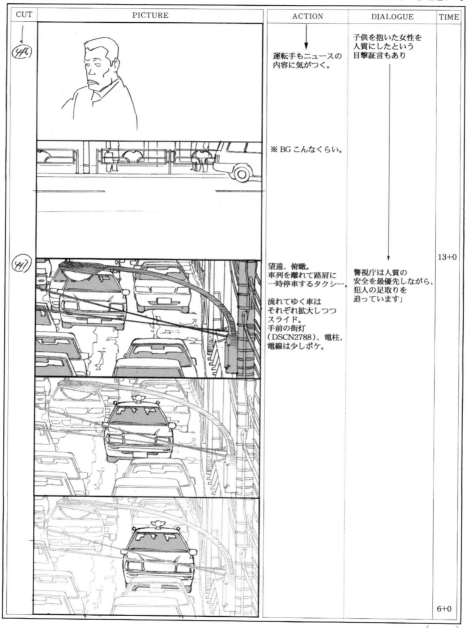

No.229

CUT	PICTURE	ACTION	DIALOGUE	TIME
48		タクシー車内。 事態に気がつき 動転している 運転手、寄り。	運転手 「ちょっと ……」 冗談じゃ ありま せんよ！ エ！？」	ニュース 「被害者は 指定暴力団に 所属する男性で、 暴力団同士による 抗争事件と 見られて おります。 繰り返し お伝えします。 今日午後……」 (ニュースはF.O.)
		後部座席を振り向く 運転手に付けてPAN。 セリフ尻の「エ？」を 言いつつ振り向きです。 そこには鬼のような 形相のハナちゃんの アップ。 一転して男言葉で凄む。	ハナ 「こっちも 冗談じゃ ねぇんだ！」	5+12
49		マリアのアパート内。 床の上に置かれた写真。 美人の中年女性が 写っている（写真内の 背景は再考します）。 ミユキの母親です。 年齢42、3の頃。 ミユキがイヤになる くらいの美人が 望ましいです。		
		マリアの左手が INして、写真を指す。	マリア 「エス・トゥ・マードレ？ ムイ・グァパ」 (「お母さん？ とても美人ね」)	4+0

No.230　マッドハウス

CUT	PICTURE	ACTION	DIALOGUE	TIME
⑳		C.396兼用。 床の上の写真を ミユキとマリアが 腹這いになって 見ている。	マリア 「グロ・ケ・セラス・ タン・グァパ・コモ・ トゥ・ママ」 （「あなたもきっと 綺麗になるわよ」） ミユキ 「マザーはね…… 宗教……」	
		ゴロッと転がって、 狂ったように祈る 真似をするミユキ。 その様に笑うマリア。	ミユキ 「ほんにゃほんにゃ ほんにゃ……」	
		マリア、写真に 目を戻し一枚めくる。		
㉑		写真、寄り。 丸々と太った若い娘。	マリア（OFF） 「アァ……エレス・トゥ？」 （「これ……もしかして……？」） ミユキ（OFF） 「……ミー」	10+0
㉒		写真を前に仲良く 寝転がっている二人、 寄り。 ミユキ、照れくさい ような思い出したくも ないような懐かしい ような…… 複雑な気持ち。 足をブラブラさせて ます。 ↓	マリア 「コモ・アス・ アデルガサード？ エンセニャメ！」 （「どうやって痩せたの！？ 私にも教えて！！」）	4+0

(　　)

No. 231　　　　　　　　　　　　　　　　　　　　　　　　　　　

CUT	PICTURE	ACTION	DIALOGUE	TIME
422		ミユキ、その写真を よける。 下の写真に気が付いて 表情が一転して 明るくなる。	ミユキ 「ほら見て、 可愛いでしょ！」	
		※原図こんな感じです。		6+0
423		写真、寄り。 猫を抱いた太った ミユキ。 写真の上に落書きとか してある方が"らしい" 感じがするので、 レイアウト時に 考えます。	ミユキ（OFF・早口で） 「アタシが拾った猫なんだ。 ほらほら、背中に羽みたいな 模様があるでしょ！ だから名前はエンジェル！」	5+0
424		C.422同ポ。 ミユキ、一転表情が 暗くなる。 言いつつ、写真を よける。 マリア、次の写真に 気が付く。	ミユキ　　（〜1+18） 「…………でも、 もういない……」 マリア 「ケ・パサ・エスト？」 （「これはどうしたの？」）	5+12

(　　　)

No.232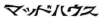

CUT	PICTURE	ACTION	DIALOGUE	TIME
㊺		ミユキと並んだ男性の顔が黒く乱暴にマジックで塗りつぶされている。 ミユキの父親です。	ミユキ（OFF） 「ファーザー……」	3+0
㊻		C.422同ポ。 黙り込むミユキ。	マリア 「ケ・オクリィオ？」 (「何かあったの？」)	
		大きく鼻をすする。	ミユキ 「ズスゥーッ……」	
		と、みるみる目に涙が溢れてくる。		
		それを隠そうと歯を食いしばりながら俯く。	ミユキ 「アタシ……」	10+0

(　　)

No.233　　マッドハウス

CUT	PICTURE	ACTION	DIALOGUE	TIME
⑰		突っ伏したミユキの横顔、寄り。	ミユキ「ファーザーを刺しちゃったんだ……」 アタシのいる場所なんかもうないの」	5+0
⑱		C.396兼用、420同ポ。 マリア、優しくミユキの肩を抱く。	マリア「ノ・パサ・ナダ、ジョラ」（「泣いてもいいのよ」）	
		マリアの優しい口調に、堪えていたものがさらに吹き出し、さらに大声を上げて泣くミユキ。	ミユキ「ウエエエエエエエエエエッ！」 マリア「ロス・マジョーレス・タンビエン・ネセシタモス・ジョラール・アルグナ・ベス」（「大人だって時々赤ちゃんに戻りたくなるの」）	
		ベッドに寝かされていた清子が起きてむずかり、マリアが気が付く。		15+0
⑲		ベッドの上の清子、寄り。		

（　　）

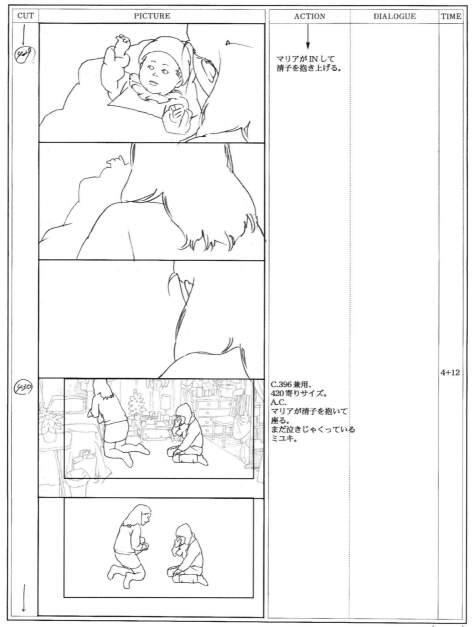

No.235

CUT	PICTURE	ACTION	DIALOGUE	TIME
㉚		マリア、ポンポンと清子を優しくあやしながらセリフ。	マリア 「レ・パサ・アルゴ？」 (「赤ちゃんのことで何かあったの？」)	
		疑問を投げかけるようにマリア、ミユキに顔を向ける。	ミユキ 「(大きく鼻をすすり上げ) ……ベビー？ ……ゴッドプレゼント」	
		マリア大きく頷きながらセリフ。		
			マリア 「イエス」	
㉛		※奥の通り、車何台かIN～OUT。 雑居ビルが建ち並ぶ薄暗い街角。望遠俯瞰。タクシーがゆるゆると走って来る。 タクシーは拡大プラススライド。		10+0

(　　)

No.236

CUT	PICTURE	ACTION	DIALOGUE	TIME
431		↓	運転手（OFF） 「勘弁して下さいよ、 エ？」	4+0
432		タクシー車内。 半泣きになっている 運転手と身を乗り出し ているハナちゃん。 BGスライド（←）、 若干パースを付けて 引きます。	運転手 「アタシを待ってる 家族がいるんですから」 ハナ 「(運転手のセリフ尻に被せて) あの子たちも私の 大事な家族なのよ！」	5+0
433		C.360同ポ。 IN気味から車が止まる。 ※車の停車位置、C.360より 少し右にずらしています ので、360の方をこちらに 合わせてください。 停車してドアを開ける までは両カットでセル兼用 します。 聞くが早いか 降りて駆け出す ハナちゃん。	運転手（OFF） 「ここを入って 行きましたよ」 運転手（OFF） 「ちょっと！お代！！」 ハナ（OFF） 「すぐ戻るわ！」	6+12
434		狭い路地。 ↓		

No.237

CUT	PICTURE	ACTION	DIALOGUE	TIME
	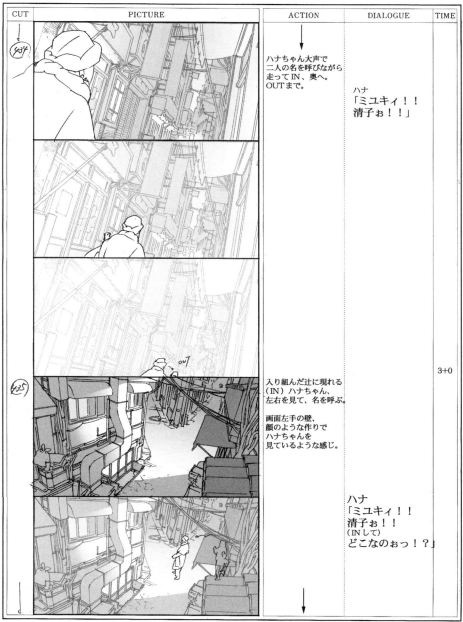	ハナちゃん大声で二人の名を呼びながら走ってIN、奥へ。OUTまで。	ハナ 「ミユキィ！！ 清子ぉ！！」	3+0
		入り組んだ辻に現れる（IN）ハナちゃん、左右を見て、名を呼ぶ。画面左手の壁、顔のような作りでハナちゃんを見ているような感じ。	ハナ 「ミユキィ！！ 清子ぉ！！ (INして) どこなのぉっ！？」	

( )

No.238　　　　　　　　　　　　　　　　　　　　　　　　マッドハウス

CUT	PICTURE	ACTION	DIALOGUE	TIME
		ハナちゃん、突然咳き込んで、よろよろと苦しげに壁にもたれ、さらに激しく咳き込む。		
		何とか咳が収まり、また走り出そうとして次カットへ。		12+0
436		A.C.奥へ走って行くハナちゃんの足元。OUT。	ハナ「清子ぉ！ミユキちゃん！」	
		壁を這うパイプの表面を血が流れ（INさせてください）、溜まって血がポトリ、ポトリと落ちる。血の落ちるリズム、次カットと合わせてください。		8+0

(　　)

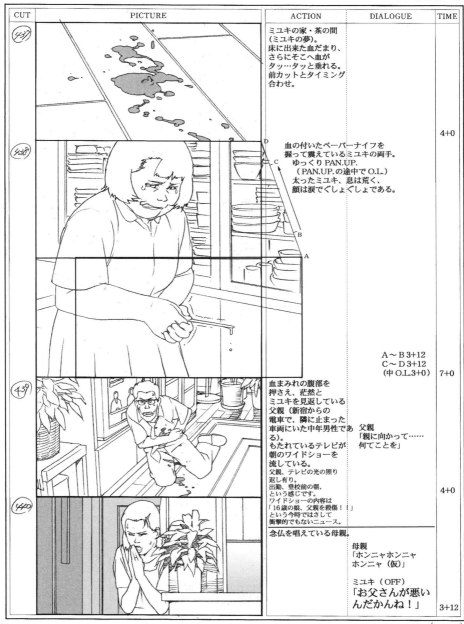

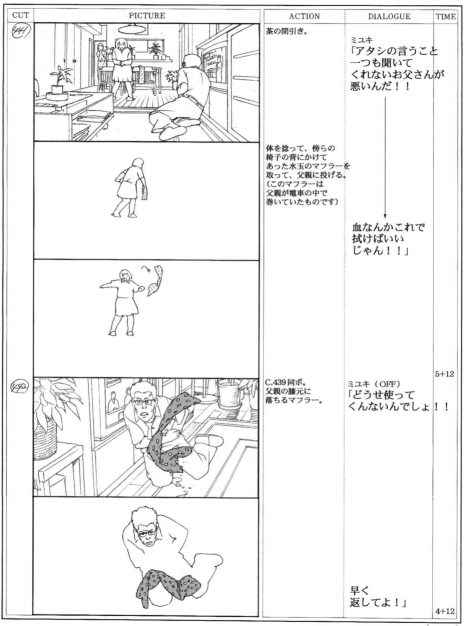

No.241

CUT	PICTURE	ACTION	DIALOGUE	TIME
㊽		涙を浮かべて叫ぶミユキ。	ミユキ 「どこにやったのよ！？ あたしのエンジェル！！」	
	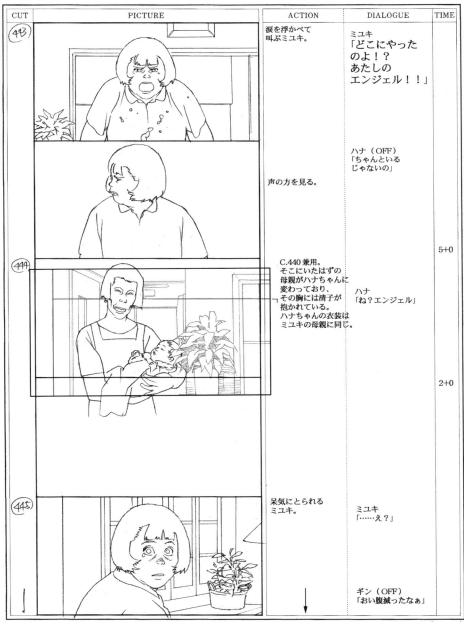	声の方を見る。	ハナ（OFF） 「ちゃんといるじゃないの」	5+0
㊹		C.440兼用。 そこにいたはずの母親がハナちゃんに変わっており、その胸には清子が抱かれている。 ハナちゃんの衣装はミユキの母親に同じ。	ハナ 「ね？エンジェル」	2+0
㊺		呆気にとられるミユキ。	ミユキ 「……え？」 ギン（OFF） 「おい腹減ったなぁ」	

マッドハウス

No.242　　　　　　　　　　　　　　　　　　　　　　　　マッドハウス

CUT	PICTURE	ACTION	DIALOGUE	TIME
445		その声に振り向く。		3+12
446		C.439兼用。父親の変わりにギンちゃんが座って、新聞を広げている。カット頭、新聞から顔を上げてセリフ。何故か首には水玉のマフラー。	ギン「飯にしてくれ」	2+0
447		C.443同ポ。困惑しているミユキ。ここからは現在の痩せた体型。	ミユキ「……何で？」	2+0
448		C.441同ポからT.B.モデルルームのような茶の間がダンボール製に変わって行く（O.L.）。言いつつ歩いてくるハナちゃん。	ミユキ「何であんたたちがうちにいるのよぉ！？」	

(　　)

No. 243

CUT	PICTURE	ACTION	DIALOGUE	TIME
448		↓	ハナ 「ミユキちゃん、 清子をお願い。 すぐご飯にするわ」	
449		清子をミユキに渡す。		7+0
		清子の方を見て 息をのむミユキ。 前カットの清子を 受け取る芝居の流れの 中で表情変化。 清子が光を放っている、 という解釈で 照り返しF.I. ※BGは443をぼかして 流用出来ると思います。		
450 A		清子の背中に小さな 羽が生えている。 羽を広げる感じで ちょっと動き有り。 ↓		1+18

( )

No.244

マッドハウス

CUT	PICTURE	ACTION	DIALOGUE	TIME
150A 150B 49		むずかり、泣き始める。		3+0
		顔を上げるミユキ。 OFFで清子と マリアの子供の泣き声。	※こんな感じで マリアの膝枕で 眠っていたのです。	1+0
		狭い路地、俯瞰。 路地に響く二人の 赤ん坊の泣き声。 走っていた ハナちゃんが その泣き声に気が付き、 立ち止まって振り返る。 手前の洗濯物の 陰からINです。	赤ん坊二人（OFF） 「ほんぎゃ あああああ ……」	
				2+0
151		マリアの部屋。 ベッドの上、並んで 盛大に泣く清子と マリアの息子。	赤ん坊二人 「ほんぎゃあ、 ほんぎゃあ、 ほんぎゃあ……」	2+12

（　　）

No. 245

CUT	PICTURE	ACTION	DIALOGUE	TIME
253		二人の子供を あやすマリア、 起きあがるミユキ。		
		ハナちゃんの 雄叫びが聞こえる。	ハナ（OFF） 「清子ぉぉ！！ ミユキちゃあぁん！！」	
		ミユキ、声に気が 付いてカーテンを開け、 さらに窓を開けようと するところまで。	ミユキ 「……（怪訝に）え……？」	
				6+0

(　)

No.246　　　　　　　　　　　　　　　　　　　　　　　マッドハウス

CUT	PICTURE	ACTION	DIALOGUE	TIME

ミユキが勢いよく
窓を開けると、
目の前に鬼のような
顔のハナちゃん。

ミユキ
「うわぁっ！」

驚いたミユキが後ろに
ひっくり返ってOUT。

OUT.

息の荒いハナちゃん。

ミユキ（OFF）
「オ…！」

3+0

（　　）

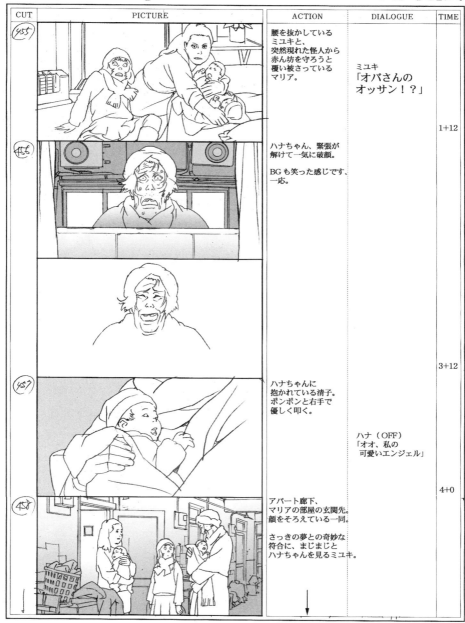

No. 248　　　　　　　　　　　　　　　　　　　　　　　マッドハウス

CUT	PICTURE	ACTION	DIALOGUE	TIME

マリア
「セラ・ラ・マードレ・
　オ・エル・パードレ？」
(この人が赤ちゃんの
ママ……？
それともパパかしら？)

ハナ
「母親って言いたい
　ところだけど、
　私はただのオカマなの」

ACTION: 異国の言葉を理解して
いるかのような
ハナちゃん、
それに驚くミユキ。

ACTION: ミユキの方を見て、
顔を近づける
ハナちゃん。

ハナ
「ミユキちゃん……」

ACTION: 二人の寄り。
ハナちゃんの言葉に
何だか照れくさくなる
ミユキ。

ハナ
「(しみじみと)
ホントに無事で
良かった……」

TIME: 11+0

(　　)

No. 249　　　　　　　　　　　　　　　　　　　　　　　マッドハウス

CUT	PICTURE	ACTION	DIALOGUE	TIME
45		照れ隠しにプイッと顔をそらす、と、何かに気が付く。		
46		洗濯機（二層式）の上にミユキのオーバーが掛けられており、その上にキャンディが二つ置いてある。		6+0
		ミユキがINしてキャンディを取り、手を戻すところで次カットへ。	(～2+0)	
				4+0

(　　)

No. 250　　　　　　　　　　　　　　　　　　　　　マッドハウス

CUT	PICTURE	ACTION	DIALOGUE	TIME
461		C.458同ポ。 (マリアの位置、 458と少し変わって いてかまいません。 絵になるように 適宜調整) 手に取った キャンディを少し見て から、ミユキ、 ふと気づいたように ハナちゃんを振り向く。	 ミユキ 「オッサンは？」	
462		ハナちゃん、 急にふてくされた 顔になって吐き捨てる。		3+12
463		路地の片隅に積まれた ビールケース。	ハナ 「あんな奴、 死んじまえば いいのよ！！」	3+0

（　　　）

No.251

CUT	PICTURE	ACTION	DIALOGUE	TIME
263		↓ ギンちゃんの右手が 弱々しくIN。 その手にはボロボロに なったのし袋が 握られている。	ギン（OFF） 「……し…… 死ぬ……」	
		血まみれになった ギンちゃんの顔がIN。 右手を支えにして 何とか立ち上がろうと するが、バランスを 崩して倒れる。		
264		A.C. 狭い路地に倒れる ギンちゃん。 奥に見える通りは 明るく、人が行き交う。 さらに奥には ライトアップされた 東京タワーが、 ビル越しに顔を 覗かせている。 ↓	※すいません。東京タワーの位置、 建物の間のセンターにして、 シルエットが欠けないように下さい。	7+0

(　　　)

No. 252

CUT	PICTURE	ACTION	DIALOGUE	TIME
464		↓ 仰向けに倒れて 動かなくなる。 カットいっぱいT.B.		6+0
465		C.344兼用…… 出来ると思います。 344の上の方を 描き足して、寄りです。 公衆電話前。 タクシーが止まり ドアを開けている。 ハナちゃん、 車内にいます。 傍らに立ったミユキが 辺りを見回す。	ミユキ　（〜2+0) 「オッサン…… 帰っちゃったの かな？」 ハナ 「どうでも いいわよ！」	6+0
466		タクシー車内、 料金メータ。 金額は一万円を 超えている。	ハナ（OFF) 「自分さえ良けりゃ いいのよ、 あのクズは」	3+0
467		一万円を握って 冷や汗をかいている ハナちゃん。		
468		視線をお札に落とす。	ミユキ（OFF) 「でもさぁ……」	3+0

(　　)

No. 253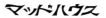

CUT	PICTURE	ACTION	DIALOGUE	TIME
468		ハナちゃんの方を見返しているミユキ。	ミユキ 「ホントは オッサンのこと 好きなんじゃないの？ ハナさん」	4+0
467		タクシー車内。 C.361の車内を流用。 激しく言い返す ハナちゃん。 嫌ぁな顔の運転手。	ハナ 「バカ言わない でよ！ あたしはもっと 男らしい男が 好きなの！	
		運転手の方を見て 料金を値切る算段を するハナちゃん、 その言葉に反応する 運転手。 ハナちゃんはなるべく 身振り大きく、 運転手は表情変化 だけに。	たとえば…… 日に焼けた肌に 角刈りが似合う 細身の中年男で、	
			ちょっと 困った顔しながらも 足りない料金を "ったく、しょうが ねぇなぁ" なんて、 気前よく 負けてくれる 江戸っ子みたいな 人が好き！」	
				18+0

( )

No. 254

CUT	PICTURE	ACTION	DIALOGUE	TIME
㊵		通りをトボトボと歩くハナちゃんとミユキ、俯瞰。清子はミユキを抱いている。歩く速度より遅いFOLLOW。少しパースついてます。	ミユキ　（〜3+0） 「これから、どうすんの？ハナさん」 ハナ 「さっきから何よ、その呼び方。オバサンのオッサンでいいわよ」 ミユキ 「長くて、呼びづらいんだよ」	
		道路脇は水道工事中で、明かりのついたカラーコーンが並んでいる。 カット頭サイレンを響かせて救急車がIN〜OUT。 立ち止まるハナちゃん。少し遅れてミユキが立ち止まって振り返る。		14+0
㊶		しみじみとミユキを見つめるハナちゃんと、不思議そうに見返すミユキ。 二人の奥に見えるのはギンちゃんが襲われた公園です。 C.404参考。同じ場所です。	（〜2+0）	
		ハナちゃん、ふと気が付いてポケットをまさぐり、		
↓		↓		( )

No. 255

CUT	PICTURE	ACTION	DIALOGUE	TIME
47		ミユキの帽子を取りだして被せる。	ハナ「良かった……」	
		またも照れくさくなって顔を背けるミユキ。二人の奥、救急車がIN～OUTする。奥の通りに回転等の照り返し。救急車がOUTした後も、照り返しだけは残ります。		
		工事関係者が通りかかりIN～OUT。	（〜7+12） 工事関係者A「行き倒れだって？」 工事関係者B「ああ、ホームレスがな」 ※以下、OFF。 A「明日は我が身かもなぁ」 B「仕事しよ、仕事」	
		血相を変え、慌てて走って行くハナちゃん、ミユキ。ミユキは清子を抱いているので小走り程度、ハナちゃんは鬼のような速度で、脱兎のごとく。		
			ハナ「ギンちゃん！」	14+0

(　　　)

No. 256

CUT	PICTURE	ACTION	DIALOGUE	TIME
422		救急隊員が ストレッチャーを 引いている。 俯瞰。 周りに警官、野次馬など。		
		野次馬の陰から ハナちゃんがIN (野次馬の一人二人、 リアクション有り) して、毛布を 掛けられた ストレッチャーに 飛びつく。		2+0
423		A.C. すがりつく ハナちゃん。 その勢いで ストレッチャーが 斜めにずれる。	ハナ 「ギンちゃん!! ギンちゃん!!」	
		動転している ハナちゃんを隊員が なだめる。	隊員 「落ち着いて ください! 落ち着いて!!」	

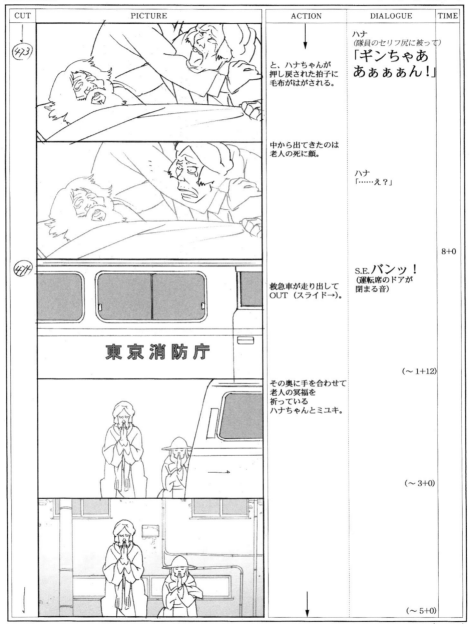

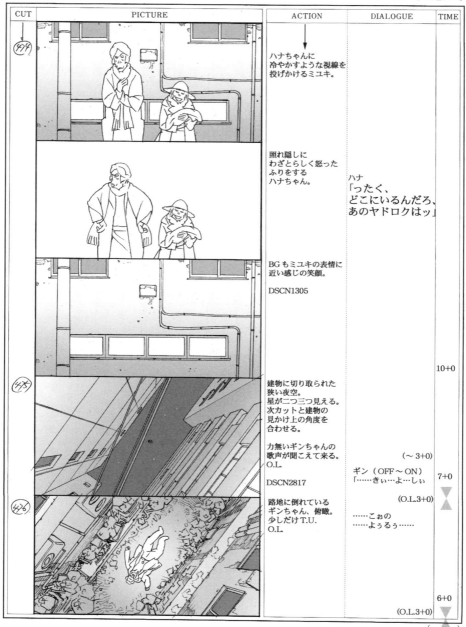

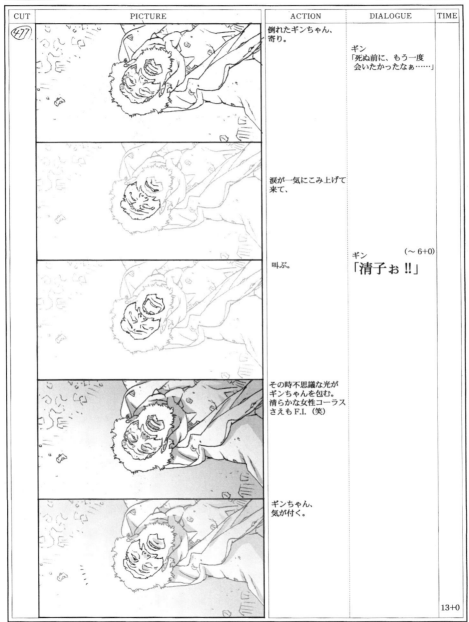

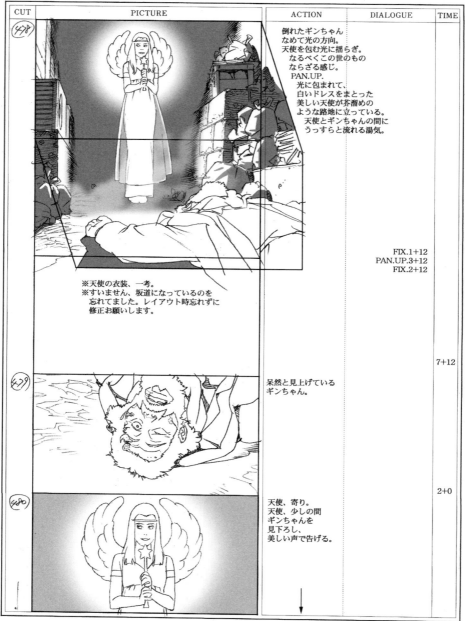

No. 261

CUT	PICTURE	ACTION	DIALOGUE	TIME
480			天使 「私の魔法と救急車、どっちが好き？」	
		マジカルなステッキにマジカルなエフェクト有り。		4+0
481		ギンちゃんと天使、引き。 ギンちゃんのセリフきっかけにBG短くO.L.してノーマルへ。	ギン 「……救急車」	
		オカマであった。	天使 「(一転してだみ声で) まぁ！失礼ね！」	4+0
482		カット頭、手前の車線を大型トラックがOUT。		

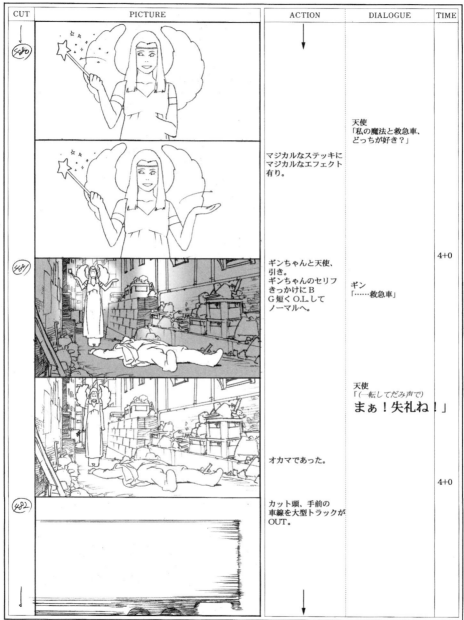

No. 262

マッドハウス

CUT	PICTURE	ACTION	DIALOGUE	TIME
482		高速道路の高架下に立ちつくしているミユキとハナちゃん。奥の車線にも車何台か。高速道路上にも車。車はすべてスライドです。行き交う車の流れの速さと往生している二人の対比です。	ミユキ「どうすんのさぁ！？清子に野宿はさせられないじゃん！」	5+12
483		ミユキとハナちゃん、寄り。	ミユキ「オッサンはいねぇし、寒いし眠いし、腹は減ったし、最悪じゃん」	
		※不平をたれるミユキ、こんな感じのリピートで。ロパクが面倒そうなので、ミユキの口元はマフラーに埋めてしまってください。		
		ふと上を見上げるハナちゃん。		6+0
484		ライトアップされた東京タワー。O.L.	ハナ（OFF）「……仕方……ないわね」	
				5+0
485		「Angel Tower」と書かれたネオンサイン。東京タワーと羽根が組み合わさった図柄。DSCN1685	（O.L.3+0）	
				5+0

(　)

No. 265

マッドハウス

CUT	PICTURE	ACTION	DIALOGUE	TIME
489		変な間。(2+12)		
		ぷるぷると震え出したかと思うと、		
		一転ダッと出てピョンとハナちゃんに抱きつく。		
			母さん「ハナちゃん！」	13+0
490		ひしと抱き合い感涙にむせる二人。	ハナ「お母さん！」 母さん「ハナちゃん！」	2+12

(　　)

No. 266

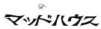

CUT	PICTURE	ACTION	DIALOGUE	TIME
491		二人の様子に思い切り"引いている"ミユキ。二人の雄叫びにも似た泣き声が聞こえる。	ハナちゃん、母さん（OFF） 「うおぉぉおぉい、うおぉぉおぉい」 （〜4+0）	
		と、ミユキが何かに気が付く。		
		驚きの表情に変わる。	ミユキ 「お……」	7+12
492		Angel Tower店内、包帯でグルグル巻きにされたギンちゃんがソファに横たわっている。その周りには不思議そうにこちらを見返しているオカマたち。例の"天使"の姿も見える。 ※ギンちゃんに毛布をかけることにします。	ミユキ（OFF） 「オッサン!?」	1+12
493		C.490兼用。気が付くハナちゃん。	ハナ 「え？」	1+0

(　　　)

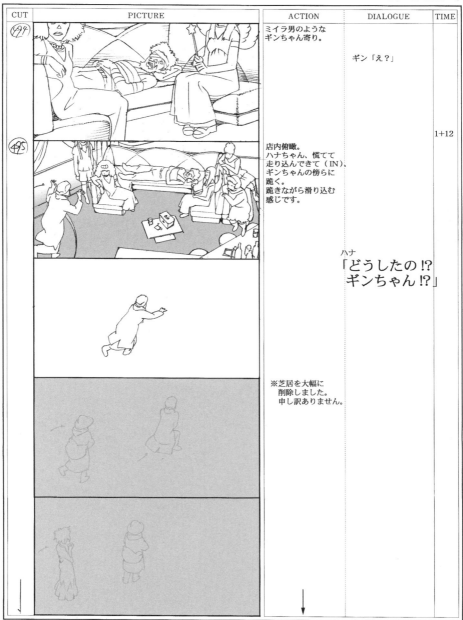

No. 268　　　　　　　　　　　　　　　　　　　　　　　　マッドハウス

CUT	PICTURE	ACTION	DIALOGUE	TIME
495				
		ハナちゃんが掴んだ場所が悪かったのか、ギンちゃんが悲鳴を上げる。		2+0
496		A.C. ハナちゃんなめてギンちゃん。		
			ギン 「ガキどもに襲われてよ……へ…… やっぱりアクション映画の柄じゃねぇぜ……」	9+0
497		泣き笑いのハナちゃん、安心した顔のミユキ。		2+12

（　　）

No. 269　　　　　　　　　　　　　　　　　　　　　　　　　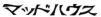

CUT	PICTURE	ACTION	DIALOGUE	TIME
497		原図、こんなんで。		
498		ソファで眠っている ギンちゃん。	母さん（OFF） 「ハナちゃんの 知り合いとはねぇ……」	4+12
499		カウンターを挟んで ハナちゃんと母さん。 奥に酔いつぶれて 寝ているオカマ一人。 ※すいません。 ハナちゃんの左手に 吸いかけのタバコを 持たせて下さい。 次カット参照。	母さん 「……けど（声ひそめて） ホームレスだって 言ってたわよ」 ハナ 「実は、私も……」	
		大仰に驚く母さん。	母さん 「エッ!? まさか!? どどどどど どどうして!?」	9+0

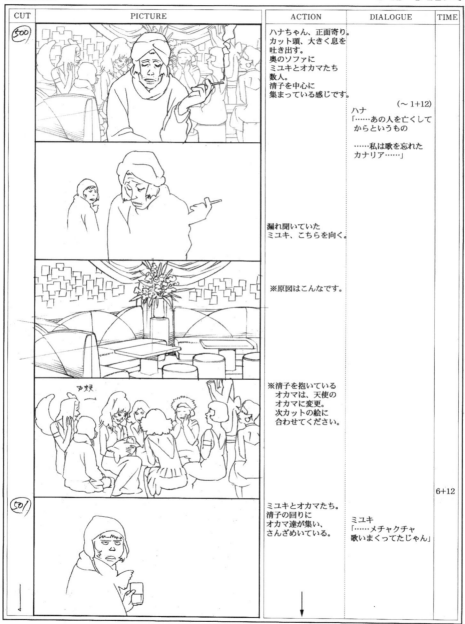

No.271

CUT	PICTURE	ACTION	DIALOGUE	TIME
501		清子がむずかって声を上げ、ミユキが気にして顔を向ける。が、特に清子に変化はない。	天使 「可愛いわねぇ」 オカマA 「生んでみたいわぁ」 FIX.6+0 残りPAN.	9+12
		ミユキ、視線を壁に貼られた数々の写真に向ける。 カメラ、ミユキの芝居に合わせてPAN。 O.L.	O.L.2+0	
502		壁に貼られたたくさんの写真。若き日のハナちゃんの姿などが見え、とりわけ大きくハナちゃんと彼氏（ケンちゃんと書かれている）の記念写真がある。	母さん（OFF） 「……そう…… ケンちゃん亡くなったの……」 ラストFIX.3+0	6+0

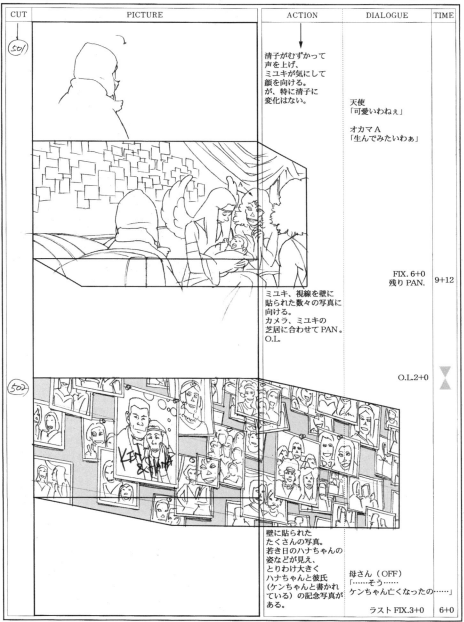

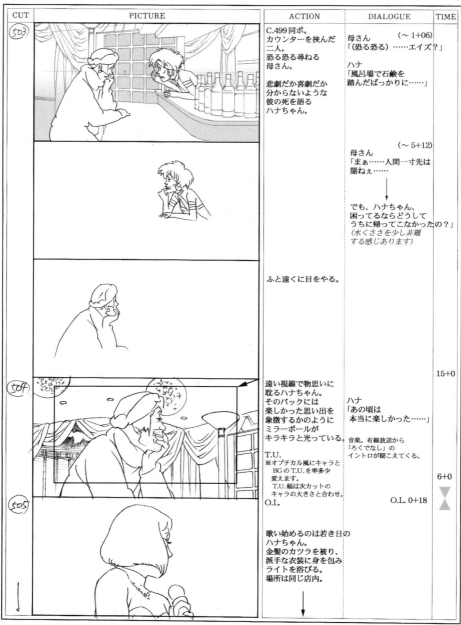

No. 273

CUT	PICTURE	ACTION	DIALOGUE	TIME
505			♪古いこの酒場で たくさん 飲んだから (酒を一気に呷る)	
		※C.505から510まで、歌が絡むカットはスポッティングの上、正確に尺を出しますので、コンテの尺はあくまで暫定です。ただ、大きく変わることはありません。	♪古い思い出は	10+0
		※すいません。この絵、不要でした。		
506		大勢の客で賑わう店内、スポットライトを浴びて歌うハナちゃん。歌詞に合わせて持っていたグラスを放る。 ↓	♪ボヤけてきたらしい ♪私は恋人に捨てられてしまった	

( )

No. 274　　　　　　　　　　　　　　　　　　　　　マッドハウス

CUT	PICTURE	ACTION	DIALOGUE	TIME
(508)				11+0
(509)		ハナちゃんの投げた グラスが一人の客に 当たる。 残っていたお酒が シャツにかかる。	酔客「アッ！」	0+18
(508)		色っぽい視線（笑）を 投げかけながら歌う ハナちゃん。 その奥にグラスが 当たった客。	♪人がこの私を ふだつきと 云うから	
			酔客「何すんだブス‼」 （歌に被ります）	7+06

（　　）

No.276

CUT	PICTURE	ACTION	DIALOGUE	TIME
51	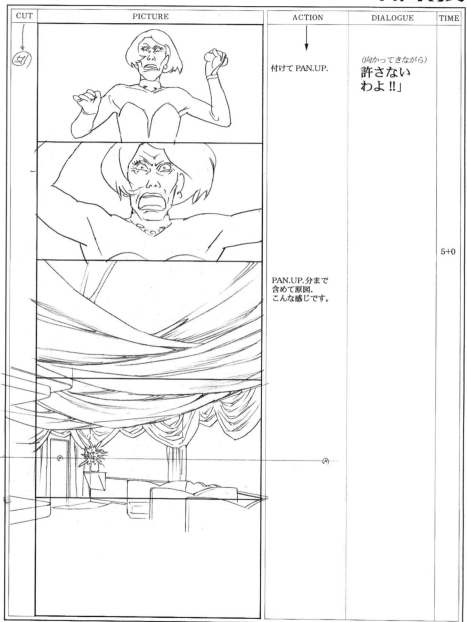	付けて PAN.UP. PAN.UP.分まで含めて原図、こんな感じです。	(向かってきながら) 「許さないわよ!!」	5+0

No. 277

CUT	PICTURE	ACTION	DIALOGUE	TIME
512		ハナちゃんの十六文キックが酔客の顔面にヒット。ストップモーション。Q.T.B.（あるいは何か変なカメラワーク有り）	S.E. ッカァァァァァァッ （現実音ではありません。映画の「ロッタちゃん」で使われていた音なのですが、どう説明すればよいのか……?）	1+12
513		絶叫するお母さんの顔。ストップモーション。Q.T.B.（512合わせ）	S.E. ッカァァァァァァッ	1+12
514		悪鬼のようなハナちゃんのアップ。ストップモーション。Q.T.B.（512合わせ）O.L.	S.E. ッカァァァァァァッ	4+0
515		しょんぼりとしたハナちゃん。C.500と同じようなアングルですが兼用は出来ません。背景とモブは若干アウトフォーカス。	O.L. 3+0 ハナ　　　（〜 1+12） 「帰れるわけないじゃない……あんな迷惑かけて」	5+0
		※すいません。画面内にミユキは不要でした。オカマに変えてください。		

No. 278

CUT	PICTURE	ACTION	DIALOGUE	TIME
516		カウンター内の母さん。	母さん「いいのよ、お金で解決できることだもの。」↓「あなたが無事でいてくれたのが何よりよ」	7+0
517		C.515同ポ。感涙がこみ上げるハナちゃん。こみ上げる感動と、涙を堪えようとするせめぎ合いで恐ろしい表情になる。	ハナ「……ウッ……ウググ……」	2+0
518		C.516同ポ。びびる母さん。	母さん「やめてよ、あんたの泣き顔、怖いんだから」	
		OFFで赤ん坊の声が少し聞こえ、目を向ける。		5+12

(　)

No. 279

CUT	PICTURE	ACTION	DIALOGUE	TIME
519		C.499同ポ。 カウンターを挟んだ二人。	母さん 「それより、 　あの赤ん坊は？ 　あの娘さんの子供？」 ハナ 「それが……」	6+0
520		浴槽代わりの流しで風呂に入れられている清子。		3+0
521		洗面所で清子をお風呂に入れているミユキ。 ※場所のモデルは 　横川ビル4F洗面所です。 ※すいません。流しの右上あたりに「育児BOOK」を広げておいてください。 「入浴のさせ方」のページです。	ミユキ 「あんたのお母さんは、どこにいるんだろうね……」 母さん（OFF） 「エエッ！？」	5+0
522		C.499同ポ。 カウンターを挟んだ二人。	母さん 「捨てられてた!?」	
		奥で突っ伏していたオカマがガバッと起き上がる。 このオカマは、ここで起き上がるまでずっと同じポーズで眠り続けています。	オカマB 「そうよ！ 　あたしは捨てられたのよ!!」	

(　　　　)

CUT	PICTURE	ACTION	DIALOGUE	TIME
522		バタリとまた寝入る オカマ。		
523		C.516同ポ。 カウンター内の母さん。 ハナちゃんの方に 顔を戻して、 しみじみと言う母さん。		6+0
			母さん 「なんだか…… 　因縁めいてるわね」	
524		C.515同ポ。 ハナちゃん、頬杖を ついて我がことに 重ね合わせて思いを めぐらせている。	ハナ 「まるで私かと 　思った……」　（〜1+06）	4+0

（　　　）

No. 281　　　　　　　　　　　　　　　　　　　　　マッドハウス

CUT	PICTURE	ACTION	DIALOGUE	TIME
⑤25		C.516同ポ。 カウンター内の母さん。 欠 母さん 「あんたらしいわ」		
※ C526は 欠番になります。		自分の世界に浸り、 段々と芝居がかって くるハナちゃん。		
			ハナ 「路の上で生まれて 　今になってまた 　路の上……	
			そんな私だからこそ、 あの子には 愛が一杯の家、 見付けてやりたい。	
			だって、 私が何より 欲しかったのは 「愛」だったんだ もの！」	
				19+0

（　　）

No.282

CUT	PICTURE	ACTION	DIALOGUE	TIME
27		翌早朝。 ソファで寝ていた ギンちゃんが、 清子の声に目を覚ます。 起きあがろうとして 体に痛みが走る。	（〜3+0） 清子 「ふぁ……ふんぎゃ……」 ギン「……っ痛……」	6+12
28		ギンちゃん、寄り。 あたりを見、 起き上がろうとして 何かに気が付く。 なるべく毛布で体を 隠しておいてください。 服が見えても 首元のスカーフと 肩くらいまで。		5+0

( )

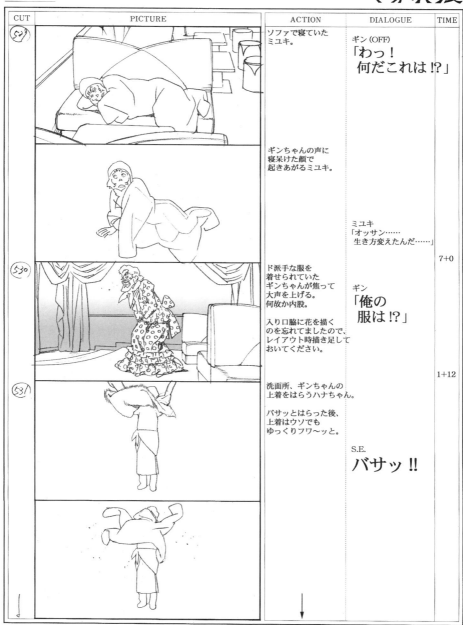

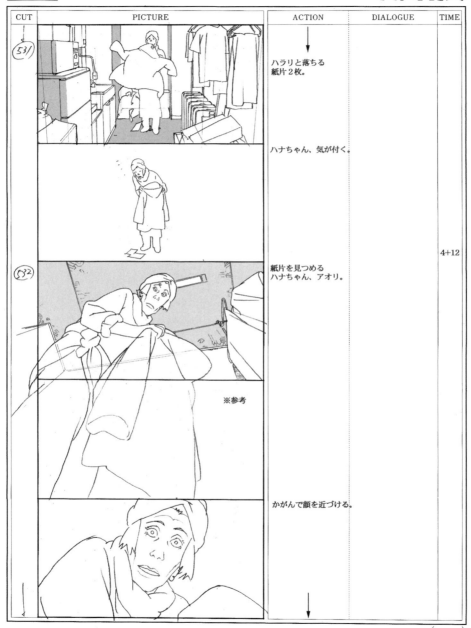

No.284 マッドハウス

CUT	PICTURE	ACTION	DIALOGUE	TIME
531		↓ ハラリと落ちる 紙片2枚。 ハナちゃん、気が付く。		
532		紙片を見つめる ハナちゃん、アオリ。 ※参考 かがんで顔を近づける。 ↓		4+12

( )

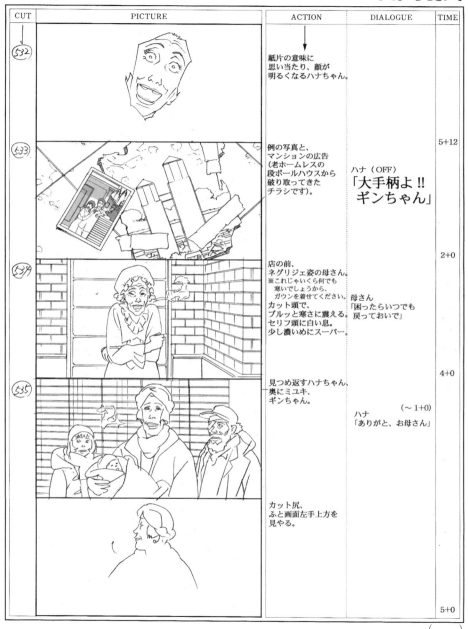

No. 286

CUT	PICTURE	ACTION	DIALOGUE	TIME
536		路地から見上げる東京タワー。ハナちゃんの俳句だか川柳だかよく分からない一句。	(～1+06) "旅立ちを 見送る母の 息白く"	
		句を台無しにするように最後、母さんのくしゃみを一発。	(～5+12) 母さん 「へぇ～っくしょい!!」	8+0
537		横断歩道を急ぐ人々。一行が呑気な足取りでIN～OUT。歩きは全てスライド。また、ハナちゃんたち一行、モブは他のカットにも流用します。	※以下、音楽。	
				7+12

No. 287

CUT	PICTURE	ACTION	DIALOGUE	TIME
538		正月のお飾り。		2+0
539		お飾りを売る屋台。 その前を歩いて行く 一行。 OUTまで。 ※モブ、一行ともに C.537を流用。		5+12
540		街角に貼られた ハンバーガーのポスター。 その前を歩いて行く 一行。 が、ポスターの前で ギンちゃんだけが 立ち止まり、物欲しげに ポスターを見上げる。 ハナちゃんとミユキは OUT。 ※このカットも歩きの リピートは537を 流用します。 キャラの大きさ、 調整必要です。		4+0

(　　)

No. 288 マッドハウス

CUT	PICTURE	ACTION	DIALOGUE	TIME
54		建物の合間の ゴミ置き場。 漁るギンちゃん。 奥にミユキ、 ハナちゃん。 通りを行き交う人々 有り。		
		収穫に喜んで 起き上がるが、		
		コンクリートの棚に 頭をしたたかに 打ち付ける。		
52		カット頭、車が画面を 覆うくらいからOUT。		2+0
		ビルの狭間の小さな祠。 弁当を食べる一行。 ↓		

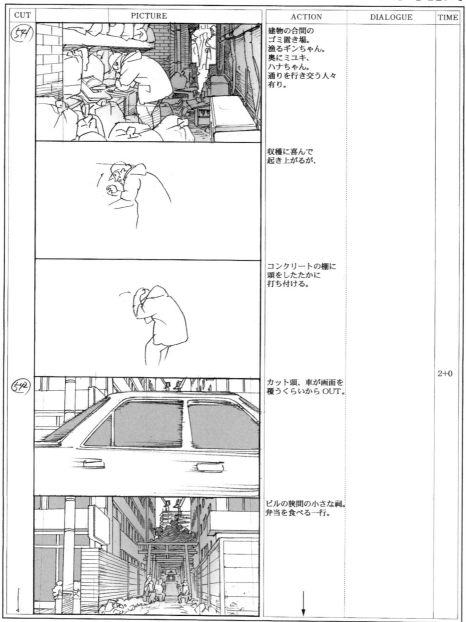

( )

No.289

CUT	PICTURE	ACTION	DIALOGUE	TIME
542		ハナちゃん、手を拭こうとでもしたのかポケットを探る。 と、何かに気が付いて取り出す。 カット頭の車が通過後、カットいっぱいT.U.		5+12
543		福沢諭吉が一人とお母さんの手紙。 "ハナちゃんへちょっと気の早いお年玉"		2+0
544		感涙のハナちゃん、その泣き顔に気色悪そうにしているギンちゃん。 カット頭、サッと手を合わせて拝む感じです。		2+0
545		ファミリーレストラン店内。 眠る一行。 窓の外を人々や車が早回しで流れて行く。		

(   )

No.290 マッドハウス

CUT	PICTURE	ACTION	DIALOGUE	TIME
6×5	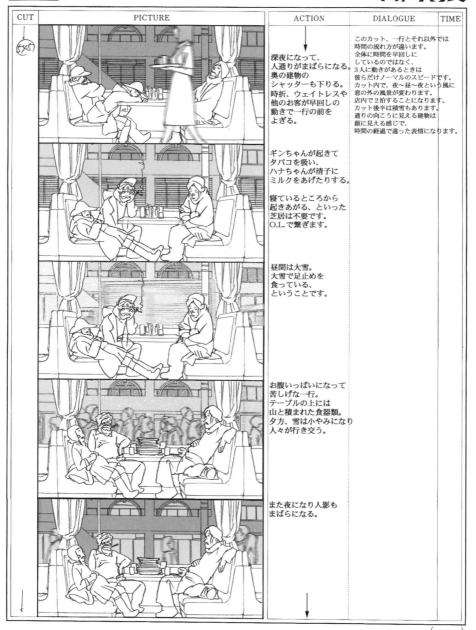	↓ 深夜になって、 人通りがまばらになる。 奥の建物の シャッターも下りる。 時折、ウェイトレスや 他のお客が早回しの 動きで一行の前を よぎる。 ギンちゃんが起きて タバコを吸い、 ハナちゃんが清子に ミルクをあげたりする。 寝ているところから 起きあがる、といった 芝居は不要です。 O.Lで繋ぎます。 昼間は大雪。 大雪で足止めを 食っている、 ということです。 お腹いっぱいになって 苦しげな一行。 テーブルの上には 山と積まれた食器類。 夕方、雪は小やみになり 人々が行き交う。 また夜になり人影も まばらになる。 ↓	このカット、一行とそれ以外では 時間の流れ方が違います。 全体に時間を早回しに しているのではなく、 3人に動きがあるときは 彼らだけノーマルのスピードです。 カット内で、夜～昼～夜という風に 窓の外の風景が変わります。 店内で2泊することになります。 カット後半は積雪もあります。 通りの向こうに見える建物は 顔に見える感じで、 時間の経過で違った表情になります。	( )

No. 291

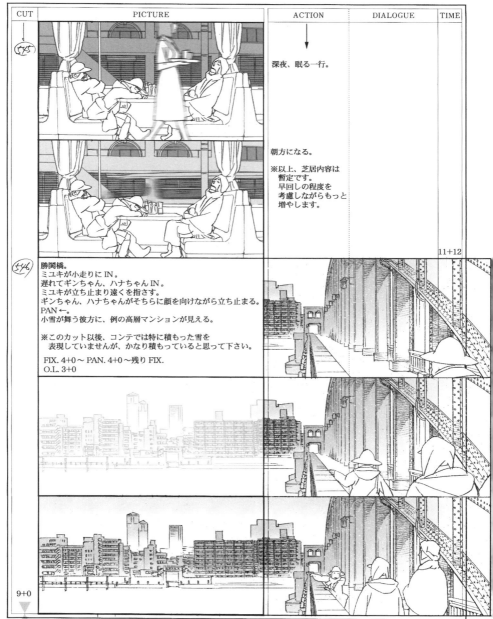

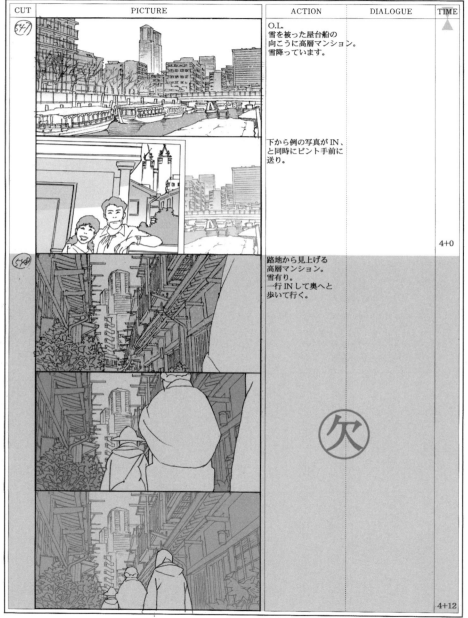

No.293

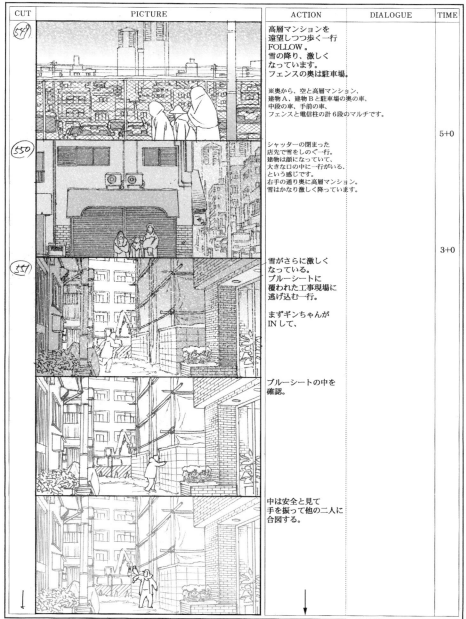

CUT	PICTURE	ACTION	DIALOGUE	TIME
549		高層マンションを遠望しつつ歩く一行 FOLLOW。雪の降り、激しくなっています。フェンスの奥は駐車場。※奥から、空と高層マンション、建物Ａ、建物Ｂと駐車場の奥の車、中段の車、手前の車、フェンスと電信柱の計６段のマルチです。		5+0
550		シャッターの閉まった店先で雪をしのぐ一行。建物は顔になっていて、大きな口の中に一行がいる、という感じです。右手の通り奥に高層マンション。雪はかなり激しく降っています。		3+0
551		雪がさらに激しくなっている。ブルーシートに覆われた工事現場に逃げ込む一行。まずギンちゃんがINして、ブルーシートの中を確認。中は安全と見て手を振って他の二人に合図する。		

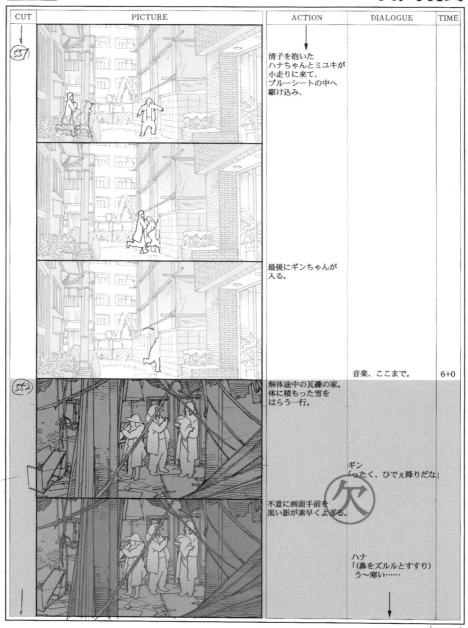

CUT	PICTURE	ACTION	DIALOGUE	TIME
554		室内の片隅、その溜まったような暗闇の中で無数の目が光る。少しだけPAN→。	ギン（OFF）「空き家みてぇだし、いっちょうキャンプファイアとしゃれ込むか」（カットに入らない分は次カットにこぼす）	
		闇の中から陰が二つほど飛び出す。		
555		怯えて一歩後退るミユキ。	ミユキ「……なんか……いる」	
		後ろの二人が顔を向ける。※原図こんなです。		4+0

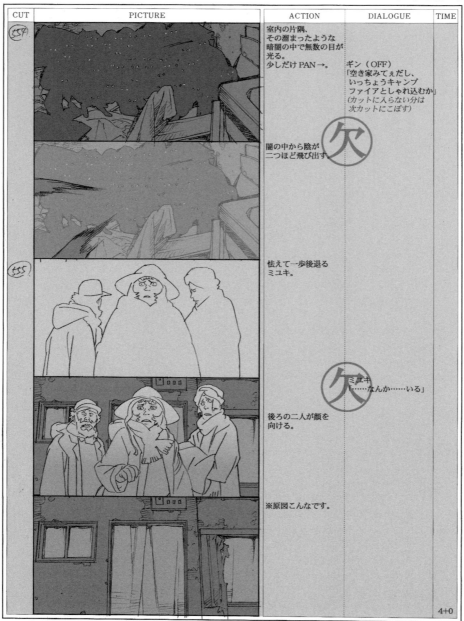

No. 297　　　　　　　　　　　　　　　　　　　　マッドハウス

CUT	PICTURE	ACTION	DIALOGUE	TIME
(556)		廃屋、室内。 急造の竈に赤々と 火が燃え、鍋が かけられている。 鍋から湯気あり。 猫が IN して 悠々と画面を横切る。	（〜 3＋0） ギン（OFF） 「やぁれやれ、	
	※すいません。 　カット内容を変更しました。 　その関係で次カットに 　この猫が描かれておりません。 　次カット頭、この猫の 　動きを繋げてください。 　1〜2歩歩いてミユキの 　そばに座らせて下さい。			5＋0
(557)		室内にさらに ブルーシートで覆いを して暖をとる一行。 周りにはたくさんの 猫たち。 急造の竈に焚かれた 火には鍋がかけられ、 お湯が沸き湯気が 上がっている。 腹の虫がグ〜ッと鳴り、 猫達に目をやる ギンちゃん。	ギン 「空き家はありがてぇが、 　とんだ先客だぜ」	5＋0

（　　　　）

No. 298　　　　　　　　　　　　　　　　　　　　　　　　マッドハウス

CUT	PICTURE	ACTION	DIALOGUE	TIME
558		目の前を横切る猫を物欲しげに見るギンちゃん。		
			ギン「腹一杯……肉を食いたいな」	
		バシッと、ギンちゃんの顔にいきなり鞄がヒット。ラスト、スローで溜まる（ワンパターンですいません）。	ギン「ングッ‼」	
				5＋0

（　　　）

No. 300　　　　　　　　　　　　　　　　　　　マッドハウス

CUT	PICTURE	ACTION	DIALOGUE	TIME
56/		ハナちゃんが部屋の中に入り、入れ替わりにミユキが出てくる。	ミユキ（OFF）「オッケー」	
			ギン（OFF）「少しばかり酒も頼むぜ」	
			ミユキ「いっぱいだけだかんね！」	
		ミユキ小走りに奥へ。 ※影の中から出る感じで、色が明るめになります。		
		※ここまで行かなくて良いです。前の絵くらいで繋がると思います。また、少し右側に走り出す感じにして下さい。次カット合わせ。		16+0

（　　　）

No. 301

CUT	PICTURE	ACTION	DIALOGUE	TIME
562		瓦礫の家、俯瞰。 走り出てきたミユキが、 残されたドアを回って 瓦礫から道路へ 軽くジャンプ。		
				2+0
563		A.C. 道路に着地して、 2〜3歩走って来る。 (付けて PAN.UP.)		

( )

No. 302   マッドハウス

CUT	PICTURE	ACTION	DIALOGUE	TIME
763				
		ふと右手に何か 気が付いて立ち止まる。		
		この絵の状態でしばし （3+0）固まってから セリフ。		
			ミユキ「……あ」	6+0
764		瓦礫の家の向こうに 高層マンション。 ここから雪は やんでいます。		
			（〜 3+0）	

CUT	PICTURE	ACTION	DIALOGUE	TIME
564		下から例の写真がIN。		6+0
525		茫然と佇む一行。	ハナ 「ウソ……」　(〜1+18) ミユキ 「……だといいけど」	
		やおらギンちゃんが 歩き出して、 ドアの向こうに消える。		
		何ごとかと視線を送る 二人。		
				10+0

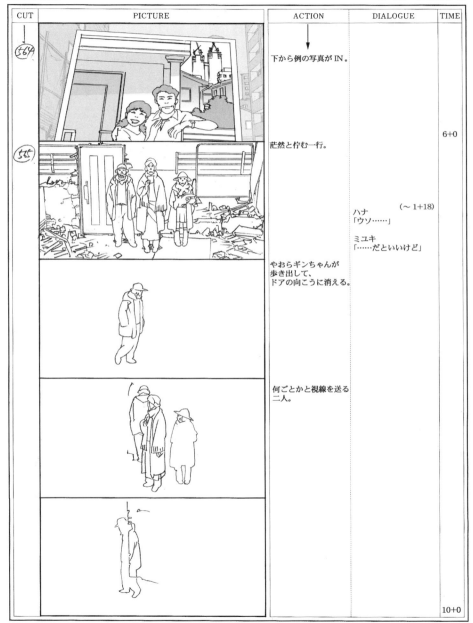

No. 304

CUT	PICTURE	ACTION	DIALOGUE	TIME
566		ドア、寄り。 画面外で鍵の音。 ギンちゃんの右手がIN、その手にはコインロッカーで手に入れた鍵の束。	(〜1+0)	3+0
567		C.565同ポ。 ガチャリ、と鍵が開く音が聞こえ、ドアが開く。 ↓	(〜2+0)	

(　)

No.305

CUT	PICTURE	ACTION	DIALOGUE	TIME
⑤⑥⑦		↓ うっそりと ギンちゃんが入って くる。 ギンちゃんの後ろで ドアが軋んだ音を 立てて閉まる。 変な間（3+0）。 奥を車が一台通過（←）、 その通過音を きっかけにする感じで ゆっくりとドアが 倒れて行く。	ギン 「……ただいま」 　　　　（〜8+12）	

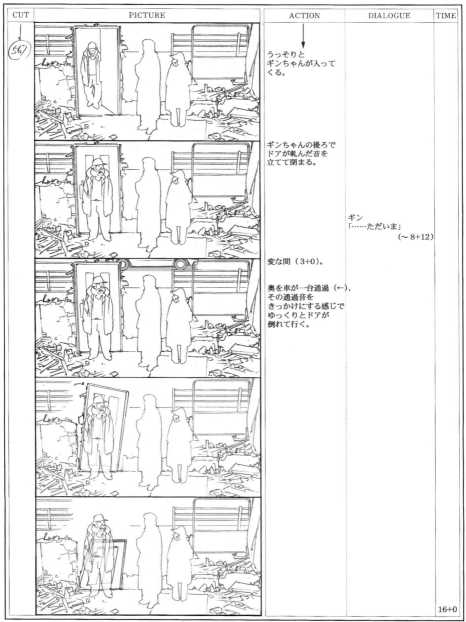

16+0

(　　　)

No.306 マッドハウス

CUT	PICTURE	ACTION	DIALOGUE	TIME
568	 　Bパート／終	C.562同ポ。 瓦礫の家、俯瞰。 倒れるドア。 ※前カットの倒れる 　ドアをスロー気味に 　解釈して、こちらの 　カットはそれが 　ノーマルに戻って、 　あっけなく倒れる 　感じです。 F.O.（5+0）		7+0

（　　　）

Commentary of Storyboard A Part
ビル顔の効果と背景の指示
『東京ゴッドファーザーズ』絵コンテⒷパート解説

文：藤津亮太（アニメ評論家）
text by Ryota Fujitsu

ビル顔が作品に及ぼす効果

　Bパートは、本格的に清子の両親を捜し始めた3人が、ヤクザの抗争に巻き込まれるという思わぬトラブルをきっかけに、いったんバラバラとなり、しかしやがてようやく目的としていた清子の両親の家に到着するまでを描く。

　映画の横長のフレームの特徴は、人物を画面内に配しても、周囲にかなりの空間が広がる、という点にある。その広がりは、大きなスクリーンに投影されると一層強調される。この広いスペースをうまく使うことで、画面内に空間感や臨場感が生まれてくる。大げさに言えば、このスペースにこそ「世界観」が潜んでいるのである。逆に言うと、画面全体が印象に乏しく"痩せた"印象がする場合は、このスペースの使い方に問題がある場合が多い。

　本作の場合、そうした基本的な背景スペースの効果に加えて、もう一つ別の使い方がなされている。それが"ビル顔"である。ビル顔、とは文字通り、ビルの外観がまるで人の顔のよ

●C-74

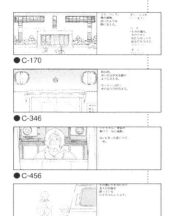

●C-170

●C-346

●C-456

●C-474

●C-363

うに見えている、というものだ。AパートのC-74にまず「驚いた顔」として登場し、C-170の「泣いた顔」のように登場人物の心理の一種の代弁者などとして、全編を通じてしばしば登場している。

Bパートでも、まずギンちゃんが派出所に出向くC-346で、赤い明かりが、まるで目のように見える"顔"が描かれている。この"顔"は目が赤いためちょっと化け物じみても見えて、派出所の前で少し躊躇するギンちゃんの気持ちが反映されている。一方、C-456では、無事、ミユキと再会して緊張が解けたハナちゃんの背後に、大きな口をあけたような"顔"が描かれている。ここではエアコンの室外機のファンが目に見立てられている。C-474でも、ミユキの表情と背景のビルの"表情"が重ね合わされている。

そんな"顔"の中でも、もっとも凝っているのがC-363に登場するものだろう。これは、ヒットマンに連れられたミユキが不気味な路地裏へと足を踏み入れた場面だ。

ここではまず手前に、室外機の目と換気扇の鼻を持ち、下にある割れた窓がまるでキバのように見える"顔"が描かれている。また奥の建物も、二つの窓がまるで目のようで、そこに映った人影が、ちょうど瞳となって、ミユキを見つめているように見える。

今監督はここの"顔"についてインタビューで、「昔話の絵本なんかで、暗い森に入っていくと、その子の主観で枯れ木がお化けに見えるという古典的手法」と同じだと語っている。それを、現代的な題材でアップトゥーデートしたのだという。

ここで注意したいのは、かなりリアリズムよりの背景美術であるにもかかわらず、そこで描かれるものに登場人物の「主観」や「感情」が投影されている、という点だ。通常、背景美術で登場人物の心理をフォローする場合は、色のトーンを変えたり、あるいは画風そのものを変化させるなどの手法が多い。

Bパート解説 ビル顔の効果と背景の指示

341

そういった方法を使わずに「主観」や「感情」を目に見える形に
してみせた"ビル顔"には、本作の美術のスタイルの一端がよ
く現れている、ということがいえる。

本作の表現のスタイルを語る場合、しばしば「実写を思わ
せるような」という言い回しで、そのリアリズムの側面ばか
りが強調される。しかし、それは一面的なものの見方にしか
すぎない。このビル顔の群を見ればわかる通り、リアリズム
だけでは到達できない、「リアルとマンガの融合」こそが、本
作の基調をなしているトーンなのである。"ビル顔"は、その
象徴ということができる。

また、物語を語っていく上で、この"ビル顔"はもう一つ大き
な働きをしている。それは、登場人物の「主観」や「感情」を、か
なり記号的な顔で端的に表現してしまうため、そうした「主観」
や「感情」に対して、一定の距離感が生まれる、ということだ。

たとえばC-363。ミユキは、当然ながらかなりの恐怖を感
じている。そして、おそろしい顔が浮かび上がって見える路
地裏の風景は、その恐怖の投影である――というのは、既に
見た通りである。しかし、その"ビル顔"は、単純な「恐怖」の象
徴ではない。そこにはどこか、なんてことはない風景が怖く
見えるおかしさが漂い、観客がミユキの恐怖に寄り添いすぎ
ず、あくまでもコメディの中の一つの味付けとして、その恐
怖を受け取れるようになっている。

それはAパートC-170の「泣いた顔」も同様で、ともすると
類型的な「不幸な生い立ちの告白」になりがちなシーンを、「泣
いているビル顔」を、その背景に配することで、おかしみすら
感じられる場面としている。

先に、映画の横長フレームのスペースは「世界観」であると
書いた。"ビル顔"は一見、こうした「世界観」とは縁遠い、一種
のお遊びにも見える。だが最終的には観客が、コメディ――
コメディの基本は観客が登場人物をやや突き放して見るとい

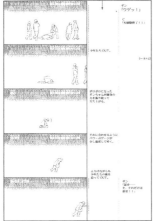
●C-414

うところにある。でなければ、ドジを踏むシーンで笑うことはできない——としての立ち位置をとるのに大きな役割を果たしている、といえる。

また"ビル顔"ではないが、C-404から始まるホームレス狩りの場面では、画面上部にある窓の明かりが、格闘ゲームの「ライフゲージ」の役割を果たしている。ギンちゃんがダメージを受けると、ギンちゃんサイドの明かりがどんどん減っていくのである。これもまた、どうしても陰惨な感じが漂うホームレス狩りの印象を、弱める役割を果たしている。

これは、C-409の段ボールハウスから老人の死体をひっぱり出すカットで「あまり真面目に描くとただ陰惨な感じになるので、老人の表情をとぼけた感じにして、ポーズの付け方も少々ふざけたくらいの感じにしてください」という注意書きの発想とも通底している。

こうした手法は、さらに広告ポスターを、その場の状況に対して皮肉を言っているように見える状況で挿入するという、本作でもしばしば使われている方法とも同心円上にあるのは、いうまでもない。

背景の指示と兼用

ところで、ここまで見たように本作のコンテは、背景の部分もかなり細かく描き込んである。これは、コンテを拡大コピーすることでそのままレイアウトの下書きとして活用しよう、という狙いがあるためだという。そのためか、本作のコンテでは非常にしばしば、背景のみの参考画面や、前カットで使った背景をどのように流用するか、などについて細かく指示が書かれている。

Bパートでは、C-274のホテルのロビー、C-321〜C-323のホテルのドアの外部分などで美術スタッフに雰囲気を伝え

Bパート解説 ビル顔の効果と背景の指示

■ C-43 より
■ C-74 より

■ C-550 より
■ C-396、420、428、430 より

る背景のみの絵、あるいはラフな原図が描かれている。

そもそも今監督は、初めてアニメに携わった『老人Z』で美術設定、『機動警察パトレイバー 2 the Movie』などでレイアウトを担当している。いずれの作品も、普段見慣れているわりにはアニメの中ではちゃんと描かれたことのない、日常風景を中心に担当したという。そういう意味でこうしたカットの絵はいわば自家薬籠中のもので、絵コンテ段階から、背景、レイアウトの要素を押さえていくのは、効率化という点からも理解できる方法である。しかし現状、ここまで自ら絵を描いて指示をするアニメ映画の演出家はほとんどおらず、今監督の独自のスタイルといってもいいだろう。

また本作のコンテでいて気付くのが、背景の兼用の指示が各所に書かれているということである。これは同じ場所、同じアングルの場合、多少画面サイズを変えるなどして、同じ背景を使うという指示だ。たとえばBパートでは、C-377に「このBG（筆者注：BackGround、背景のこと）、たぶんC-373を大きめに作成すれば兼用できると思います」とある。また、ミユキがヒットマンに連れられて入ったマリアの部屋では、C-396の背景を、C-420ではまったくそのまま、C-430ではひとまわりアップになったサイズで兼用している。

このほかAパートでは、C-93で「このレイアウトは後々何度も使用することになるので、背景に余裕をもたせてレイアウトしてください。またこのカットも実際のレイアウトを、"ハナちゃんの段ボールハウスの設定"ということにするつもりです」という指示も見られる。

もちろん背景の兼用そのものは、特に珍しいことではない。さまざまな作品でも「C-×と同ポ（同ポジション）」という指示がある多くの場合、背景は兼用されている。

本作の場合は、もととなる背景をある程度大きく描いたりすることで、兼用時にカメラのサイズを多少変えるなどのア

● C-396

● C-420

● C-430

Bパート解説　ビル顔の効果と背景の指示

345

Bパート解説 ビル顔の効果と背景の指示

レンジをほどこせるように、コンテの段階から明確に指示しているところに特徴がある。

アニメーションは、労働集約型の産業のため、不要な労力を省き、その分の力をほかへ注ぐことで、クオリティの底上げを図ってきた。兼用がコンテの段階から明確ということは、それだけ効率的な現場の運営が可能になるといううことでもある。

コンテだから確認できる細部

本編では細かくて気づくことができなかった部分を、読み込むことができるのもコンテ本の楽しさである。

たとえば本作では、クリスマスから始まる物語、ということを踏まえて「1225」の数字が繰り返し登場している。

まずAパートで、清子とともに捨ててあったコインロッカーのカギが「1225」。Bパートでは、ミユキとヒットマンが乗ったタクシーのナンバーが「12-25」。またこのタクシーに乗り込んだハナちゃんが支払わなくてはならなくなった運賃が「12250円」だ。さらにCパート、C-580には「12:25」を指したデジタル時計が登場、さらに清子の"両親"の引っ越し先住所の末尾が「1-2-25」とある。

また、斜視のホームレスの老人の命は、その段ボールハウスを飾る風車にたとえられている。ろうそくなどのバリエーションのひとつといえる。老人が死にそうになると、風車はほぼ停止してしまい。意識を取り戻すと、風車は再び回り始める。

そのほか、本編ではスペイン語だけで語られていて、ミユキと同様まったく意味が通じなかったマリアのセリフだが、コンテでは、そのセリフの一つ一つにちゃんと日本語訳が添えて描かれており、コンテを読むと、二人の会話のぎくしゃくした感じがより一層つたわってくる。

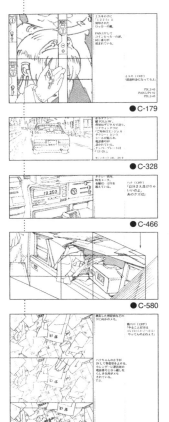

●C-179

●C-328

●C-466

●C-580

●C-592

346

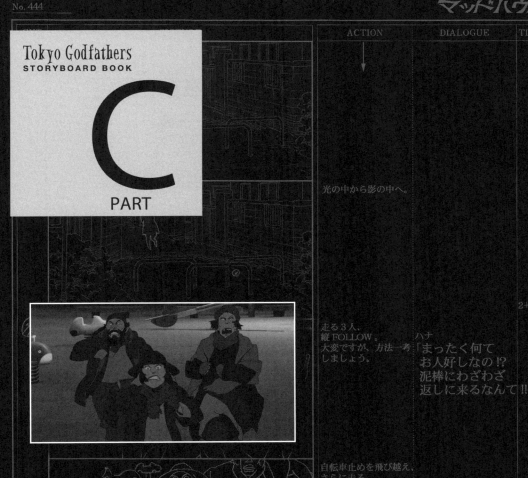

No.307 マッドハウス

CUT	PICTURE	ACTION	DIALOGUE	TIME
569	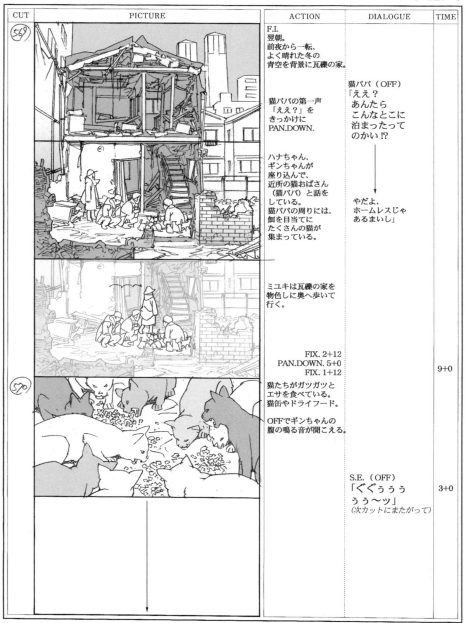	F.I. 翌朝。 前夜から一転、 よく晴れた冬の 青空を背景に瓦礫の家。 猫パパの第一声 「ええ?」を きっかけに PAN.DOWN. ハナちゃん、 ギンちゃんが 座り込んで、 近所の猫おばさん (猫パパ)と話を している。 猫パパの周りには、 餌を目当てに たくさんの猫が 集まっている。 ミユキは瓦礫の家を 物色しに奥へ歩いて 行く。 FIX. 2+12 PAN.DOWN. 5+0 FIX. 1+12	猫パパ (OFF) 「ええ? あんたら こんなとこに 泊まったって のかい!?」 ↓ やだよ、 ホームレスじゃ あるまいし」	9+0
570		猫たちがガツガツと エサを食べている。 猫缶やドライフード。 OFFでギンちゃんの 腹の鳴る音が聞こえる。	S.E. (OFF) 「ぐぐぅぅぅ ぅぅ〜ッ」 (次カットにまたがって)	3+0

( )

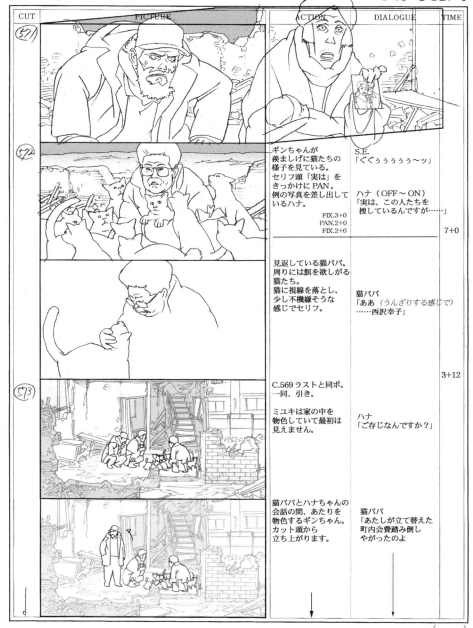

No. 309 マッドハウス

CUT	PICTURE	ACTION	DIALOGUE	TIME
573		立ち上がって、ポケットから酒瓶を取り出し、一口呷って奥へ。	（ハナを見て）あんた、あの女の身内かい？」	
		瓦礫の家の中、ミユキがちらっと見える。	ハナ「いえ……幸子さんの身内の知り合いというかなんというか」	
		瓦礫の片隅、棚らしき残骸のそばにしゃがみ込んでギンちゃんが何かを拾い上げる。		13+0
574		ギンちゃんの手元、寄り。競輪の予想紙。埃まみれで汚れている。	猫パパ（OFF）「女房も女房なら亭主も亭主さ」	2+12

(　　)

No. 310

No. 311　マッドハウス

CUT	PICTURE	ACTION	DIALOGUE	TIME

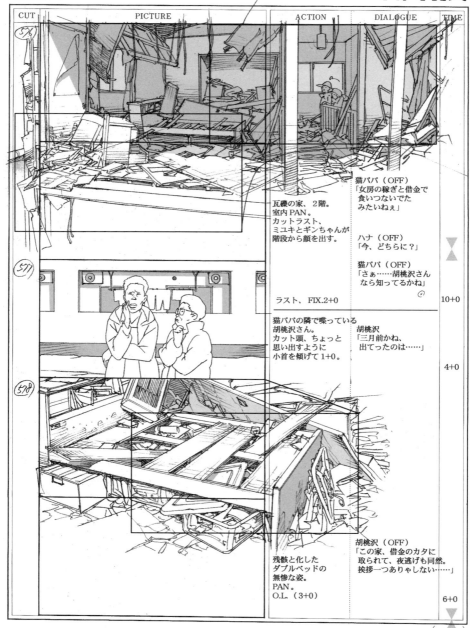

576

瓦礫の家、2階。
室内PAN。
カットラスト、
ミユキとギンちゃんが
階段から顔を出す。

猫パパ（OFF）
「女房の稼ぎと借金で
　食いつないでた
　みたいねぇ」

ハナ（OFF）
「今、どちらに？」

猫パパ（OFF）
「さぁ……胡桃沢さん
　なら知ってるかね」

10+0

577

ラスト、FIX.2+0

猫パパの隣で喋っている
胡桃沢さん。
カット頭、ちょっと
思い出すように
小首を傾げて1+0。

胡桃沢
「三月前かね、
　出てったのは……」

4+0

578

残骸と化した
ダブルベッドの
無惨な姿。
PAN。
O.L.（3+0）

胡桃沢（OFF）
「この家、借金のカタに
　取られて、夜逃げも同然。
　挨拶一つありゃしない……」

6+0

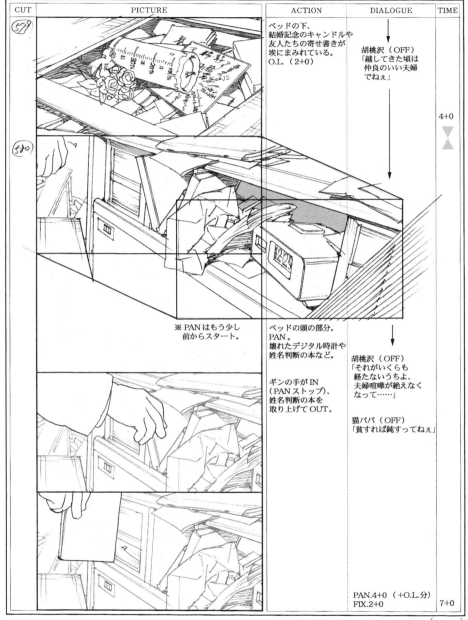

No. 313

CUT	PICTURE	ACTION	DIALOGUE	TIME
581		C.576BG 兼用。壊れたベッドに腰を下ろして、姓名判断の本を読み始めるギンちゃん。 ミユキは手前で棚の引き出しを物色している。 と、派手な色の下着を見つけ、バッグに入れながら右へOUT。	胡桃沢（OFF） 「借金しか作れないくせに、えらそうな亭主でさ。尻拭いする女房もたまったもんじゃないわよ」	8+0

（　　）

No.314

CUT	PICTURE	ACTION	DIALOGUE	TIME
582		C.577 同ポ。 胡桃沢さんと猫パパ。	胡桃沢 「時々顔に 痣つくってたわよ」 猫パパ 「気の毒ねぇ、あの女も」 胡桃沢 「逆、逆。 痣は亭主の方」 猫パパ 「あっら〜」	8+12
583		元は押入と思われる 場所。 雑誌や古新聞、漫画本、 ビデオテープ類が 乱雑に積まれている。 PANすると漫画本を 読んでいるミユキ。 バッグにしまおうと して、ふと何かに 気づく。	胡桃沢（OFF） 「けど姑が 何かっちゃあ 加勢してたから、 女房は旗色 悪かったみたいよ」	

No. 315　　　　　　　　　　　　　　　　　　　　マッドハウス

CUT	PICTURE	ACTION	DIALOGUE	TIME
583			FIX.1+12 PAN.4+0 残り FIX.	7+0
584		驚いた顔で一点を 見つめているミユキ、 ふと悲しげな表情に なり、大きく鼻を すする。 胡桃沢（OFF） 「ここも親が建てた 　家だしさ」 ハナ（OFF） 「ご実家、分かります？」		
				5+0
585		C.583同ポ。 583ラストの ポジションから。 胡桃沢（OFF） 「山之内さんなら 　知ってるかね？」		

(　　　)

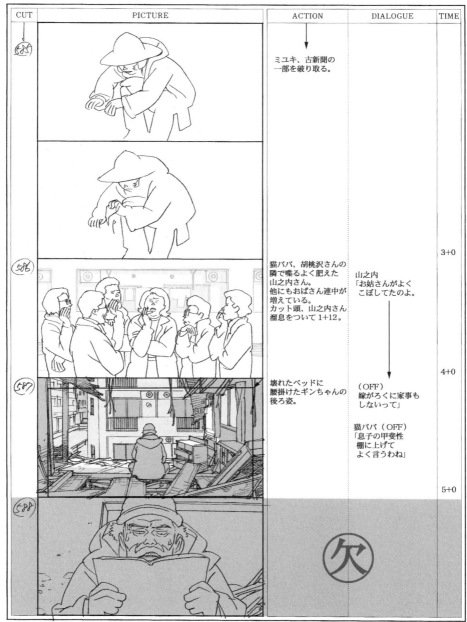

No.317 マッドハウス

CUT	PICTURE	ACTION	DIALOGUE	TIME
589	数のあなたは、ら凶数となり生活が破綻す意志の弱さかべき組み合わば、牧名を本	姓名判断の宣告。	山之内（OFF） 「でしょ？ だからあたし言って やったのよ、 孫の顔見たいなら、 嫁に夜の仕事はさせるな ってさ」	3+0
590	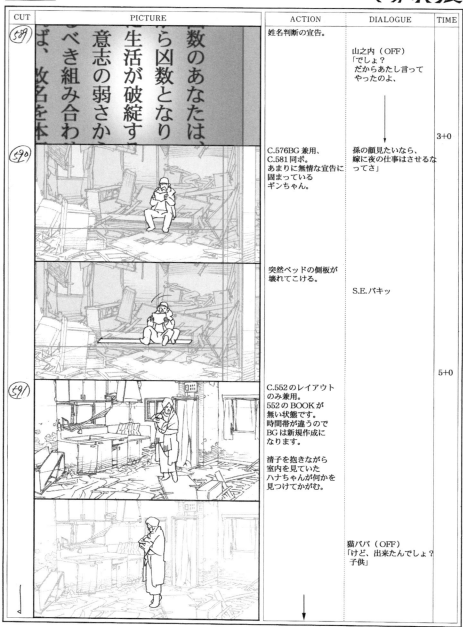	C.576BG兼用、 C.581同ポ。 あまりに無情な宣告に 固まっている ギンちゃん。 突然ベッドの側板が 壊れてこける。	S.E.パキッ	5+0
591		C.552のレイアウト のみ兼用。 552のBOOKが 無い状態です。 時間帯が違うので BGは新規作成に なります。 清子を抱きながら 室内を見ていた ハナちゃんが何かを 見つけてかがむ。	猫パパ（OFF） 「けど、出来たんでしょ？ 子供」	

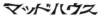

CUT	PICTURE	ACTION	DIALOGUE	TIME
591			山之内（OFF） 「男と女ってのはね〜」	6+0
592		散乱した督促状などの下に何かのメモ。	猫パパ（OFF） 「やることだけは (以下何人かでハモる) やってんのよねぇ!!」	
		ハナちゃんの左手がINして督促状をよける。カレンダーに運送屋の電話番号と引っ越し先らしき住所がメモされている。 T.U.		
		FIX.2+12 残りT.U. （O.L.中いっぱい） O.L.（3+0）		
593		通過する（→）地下鉄（対向車両です）。	S.E. ガァァァァァァッ!! （〜1+0）	6+0

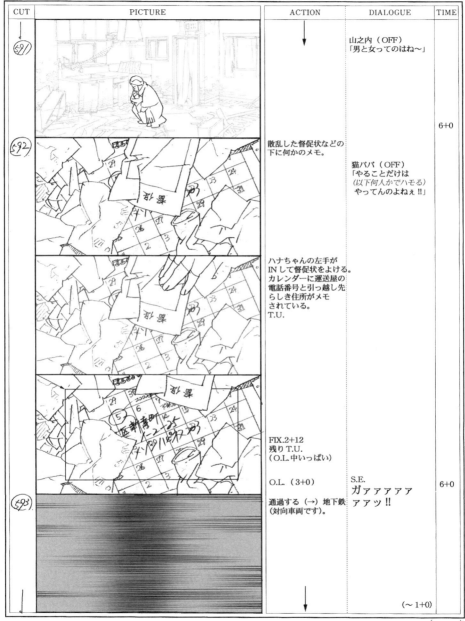

No. 319

CUT	PICTURE	ACTION	DIALOGUE	TIME
523		地下鉄車両内、座っている3人。BG置き換えです。進行方向は←です。※3枚の置き換えだと寂しい感じがするのでテストしてみます。	ギン　　（〜1+12） 「越した先も夜逃げしてんじゃねぇのか？」 ハナ 「まったく何てひどい男かしら。幸子が可哀想よ。亭主の借金背負って働かされるなんて」	
		言いつつ、メモをポケットにしまうギンちゃん。		
		ギンちゃん、ハナちゃんのセリフにギクッとする。		
			ギン 「(狼狽して)……ま……まったくだ！」	
524		我が身を重ねて、つい弁解めいたことを口にするギンちゃん。グッと腕を固く組む。	ギン 「……だからって子供を捨てるなんて一遍だって考えたこたぁねぇぞ！」	14+0

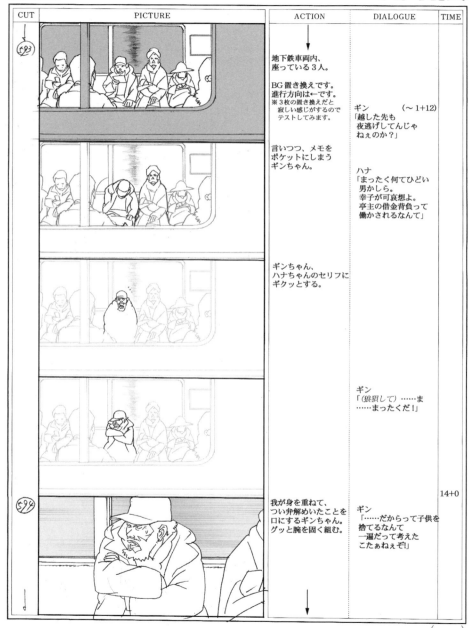

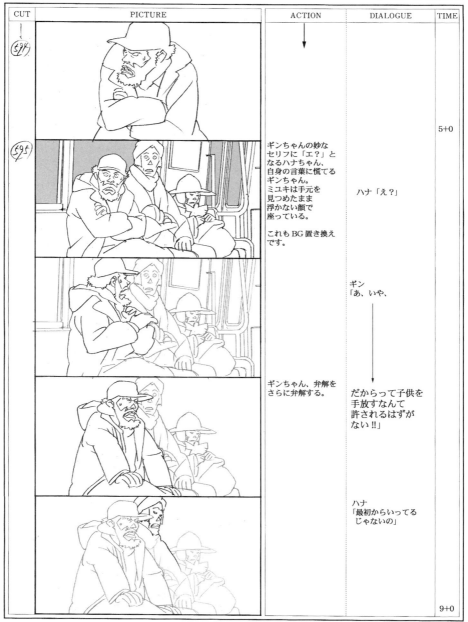

No. 321

CUT	PICTURE	ACTION	DIALOGUE	TIME
596		浮かない顔のミユキ、寄り。		3+0
597		ミユキの手に破り取られた新聞。尋ね人の欄に、【美由紀へ エンジェルは家に帰った。父】親指でゆっくりと紙片をさする動作、繰り返し。カットラストにかけて地下鉄の走行音高まって次カットへ。		4+12
598		地下鉄出口、大雪を避けている人々。皆、携帯電話を耳に当てたりメールを打っている。駆け足で出て行く人や手前通行人有り。車道はまたも渋滞中、という解釈です。芸がありませんが仕方がありません。一行が出てきて空を見上げる。	欠	6+0
599		降りしきる雪。		5+0

( )

No. 322

CUT	PICTURE	ACTION	DIALOGUE	TIME
600		コンビニエンスストア店内、夜。ガラス部分に「年賀状印刷承ります」などの、季節ものの広告貼ります。休憩コーナーに座って、恨めしげに外を見上げているハナちゃん、ギンちゃん。ミユキはやはり浮かない様子で座っている。	ハナ「飽きもせずよく降るわねぇ」	
		奥のレジに子供を抱いた若い夫婦。店長がタバコを取って袋に入れている、感じ。		
		咳き込むハナちゃん。	ハナ「ゲホッ、ゲホッ、ゲホッ」	6+0
601		レジ、寄り。店長が袋を渡す。代金は前のカットですでに払ってある、ということにしましょう。	ハナ（OFF）「ゲホッ、ゲホッ、ゲホッ」（このカット内、間欠的にハナちゃん、咳をします）	
		亭主が一行の方を見て「臭くない？」という感じで、鼻に手をやる。初老の店長も「困ってるんですけどねぇ」という感じの表情で答える。	※この店長は脱サラして店を始めた、という感じで、サラリーマン時代の"制服"が忘れられず、店のジャンパーの下に白いYシャツとネクタイを着用しています。※客の若夫婦の方はいかにも小市民的幸福を体現してる感じ。亭主は少々インテリ気味、女房は比較的美人、お母さんに抱かれた可愛い子供は、暖かそうな服を着せられて眠っている。	3+12

( )

No. 323

CUT	PICTURE	ACTION	DIALOGUE	TIME
(602)	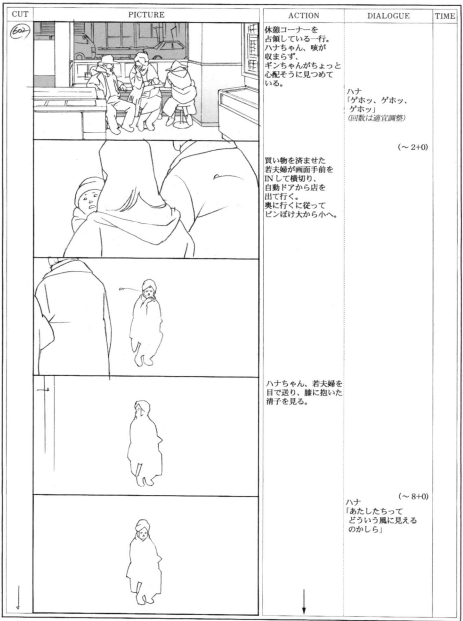	休憩コーナーを占領している一行。ハナちゃん、咳が収まらず、ギンちゃんがちょっと心配そうに見つめている。	ハナ「ゲホッ、ゲホッ、ゲホッ」(回数は適宜調整)　　(〜2+0)	
		買い物を済ませた若夫婦が画面手前をINして横切り、自動ドアから店を出て行く。奥に行くに従ってピンぼけ大から小へ。		
		ハナちゃん、若夫婦を目で送り、膝に抱いた清子を見る。		
			(〜8+0) ハナ「あたしたちってどういう風に見えるのかしら」	

(　)

No. 324 マッドハウス

CUT	PICTURE	ACTION	DIALOGUE	TIME
602			ギン 「ホームレスとオカマと 家出娘と捨て子」	14+0
603		ハナちゃんに抱かれた 清子、寄り。	ハナ（OFF） 「清子は神様の使い。 私たちはそのしもべ なの」 ギン（OFF） 「け、	5+0
604		沈んだ表情のミユキを 手前に、一行。	日銭も出ないしもべ かよ。 罰当たりな親のせいで いい迷惑だぜ」 ハナ 「まったくよ。 ちゃんとした親元に 生まれていれば、 こんな辛い目に 遭わなかったのに」	
		ハナちゃんのセリフに また我が身を思い返し、 視線を逸らすギンちゃん。		12+0

(　　)

No. 325　　　　　　　　　　　　　　　　　マッドハウス

CUT	PICTURE	ACTION	DIALOGUE	TIME
605		シリアスな顔の ギンちゃん、寄り。		
			ギン　　　　　（〜 1+12） 「……ちゃんとしてねえ 親だって……子供の ことは忘れるもんじゃ ねぇよ」	
		世間的には“ちゃんと した”親元に生まれた ミユキが、立ち上がり 歩き出して左へ、 OUT気味。 ミユキは少しボケ加え ます。	（〜 6+12）	
				8+0
606		C.602同ポ。 ミユキ、手前に歩いて きて、左に折れ、 画面上からはOUT、 自動ドアを通って出て ゆく。	ミユキ 「ちょっと出てくる」	

（　　　）

No. 326

マッドハウス

CUT	PICTURE	ACTION	DIALOGUE	TIME
606		↓		
		ギンちゃんが目で追ってセリフ。	(～6+0) ギン 「何だよ、あいつ。さっきから」	
		見返すギンちゃん。	ハナ 「子供だって、親のことを忘れるわけないのよ」	13+0
607		通りに立つ電話ボックス。中でミユキが手元を見つめて立っている。 奥に見える建物、顔っぽい感じです。シャッターは閉まっており、年末年始休業のお知らせが貼ってある。DSCN1112等カット頭、車一台通過。IN～OUT。		4+12

(　　)

No. 327　　　　　　　　　　　　　　　　　　　　　　　　マッドハウス

CUT	PICTURE	ACTION	DIALOGUE	TIME
608		電話ボックス内の ミユキ。 切り抜きをじっと 見つめている。	ギン (OFF) 「俺だって、いつも 思ってるさ……」	4+0
609		コンビニ内、 うなだれている ギンちゃん、寄り。	（〜 1+06) ギン 「一目娘に会いてぇ」	
610		ギンちゃんと ハナちゃん。	ハナ (OFF) 「じゃ、 ↓ 生きてるのね？」 ギン 「……ああ」 ハナ 「奥さんも……？」	4+12
		外に目をやる ギンちゃん。	ギン 「今頃は再婚でも 　して…… ↓	8+0
611		住宅会社のライト アップされたポスター が見える。 まさに絵に描いた ようなマイホームと 家族のイメージ。 "いい家、いい夢、 いい家族。住まいの ことなら第一ハウス"	幸せに暮らしてるさ」 次カットの受話器を 取り上げる「ガチャッ」 という音、先行。	4+0

(　　　)

No. 328

CUT	PICTURE	ACTION	DIALOGUE	TIME
612		C.608同ポ。 ミユキ、受話器を 取り上げつつ、 テレホンカードを挿入。 プッシュボタンを 押しながら、最初の 言葉を練習している。		
			ミユキ 「(つぶやく感じで) もしもし……私 ……美由紀」	7+0
613		C.610同ポ。 コンビニ内。 ハナちゃんと ギンちゃん。	ハナ 「どうして別れちゃった の？」 ギン 「……酒とギャンブル」	
			ハナ 「そ……！ (一瞬大きく驚くが、 ちょっと落ち着いて) それじゃまるで……」	
		さらにうなだれる ギンちゃん。	ギン 「いや面目次第もない」	11+0

( )

No. 329　　　　　　　　　　　　　　　　　　マッドハウス

CUT	PICTURE	ACTION	DIALOGUE	TIME
614		C.609同ポ。 頭を上げてセリフ。 言いつつ、ポケットの 中を探り、何か 取り出す。	ギン　　　　　（〜1+0） 「けど、こんな俺でも、 何かひとつくらい 父親らしいこと したくてよ、 ほんの少しずつ だけど……」	8+0
615		ギンちゃんの手に ボロボロのお祝い。	（〜1+0） ギン（OFF） 「ギャンブルしてるときゃあ 紙切れ同然だったのが ……」	4+12
616		C.610同ポ。 ハナちゃんと ギンちゃん。	ギン 「今じゃ諭吉3枚集める にも血が出る苦労だ」	

No. 330　　　　　　　　　　　　　　　　　　　　　マッドハウス

CUT	PICTURE	ACTION	DIALOGUE	TIME
616		照れるギンちゃん。	ハナ 「偉いわ、 ギンちゃん……」 　　　　　　（〜5+12）	
			（〜6+18） ハナ 「これでたらふく 食べれるじゃない！」	
			（ハナちゃんのセリフ尻に 被るくらいから） ギン 「バカタレ!!」	
		突然泣き始める清子。		
617		C.608同ポ。 電話ボックス内、 受話器を耳に 当てているミユキ。 長い呼び出し音。		11+0

（　　　　）

No. 331　　　　　　　　　　　　　　　　　　　　　　　　マッドハウス

CUT	PICTURE	ACTION	DIALOGUE	TIME
617		ガチャッと相手が出て、ミユキが何か言おうとするが、その寸前、父の声。	（〜8+0） ミユキの父 (OFF) 「ハイ、石田です」	10+0
618		ミユキ、寄り。 父の声に息をのむ。		
		息を飲み込んだまま、少しの間 (2+12) 固まる。		
		ゆっくり息を吐き、2回ほど大きく呼吸。父親、その気配で感じ取る。		
		驚く、ミユキ。	（〜8+0） ミユキの父 (OFF) 「……ミユキか？」	

(　　)

No. 332

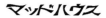

CUT	PICTURE	ACTION	DIALOGUE	TIME
618		↓ 感情が高ぶり、何も言えなくなる。	ミユキの父 (OFF) 「ミユキだな？ ↓ 元気なのか？」	
		歯を食いしばって泣くのを堪えるが、堪えきれず、受話器を放す。		
			S.E. ガチャッ!!	18+0
619		C.607同ポ。電話を切って、ボックス内でズルズルとしゃがみ込むミユキ。	S.E. 「(テレカの返却音) ピーッピーッ ピーッピーッ……」	
			ミユキ 「(こもった大声で) ごめんなさい！ ごめんなさい!! ごめんなさい……」	10+0

(　　　)

No. 333　　　　　　　　　　　　　　　　　　　　　　　　マッドハウス

CUT	PICTURE	ACTION	DIALOGUE	TIME
600		C.600 同ポ。 コンビニ内。 清子は泣いています。 初老の店長が近づいて きて、迷惑顔で話し かける。 奥のレジ前に酔った 中年サラリーマンが、 カウンターにもたれ かかっている。 中年サラリーマンが 体を起こして喚く。	店長 「恐れ入りますが そろそろ……」 ギン 「出てけってか？」 店長 「他のお客様もご利用に なりますので」 ギン 「ろくに客なんかいねぇ じゃねぇか」 サラリーマン 「くせぇんだよ！」	 13+0
601		C.601 同ポ。 中年サラリーマンが 赤い顔でからむ。 かなり酔っています。 カット頭、頭が少し ユラユラしてセリフ。 ※このオジサンの顔、ちょっと ミユキの父親っぽくなって しまったので、もう少し デザイン変えます。 このオジサン（福原　猛／54歳） にも事情があるんです。 単身赴任で長野から東京に出て来て いて、年末も30日だというのに 仕事が片づかなくて自分の家に 帰れない、と。 一人暮らしの寂しいアパートに 帰るのも何だかわびしくて、 会社帰りに景気づけにちょっと いっぱい、のつもりがついつい 酒を過ごして酔っぱらって しまったわけです。 アパート近くまで帰ってきたら お腹がすいてきて、コンビニで 弁当を買って温めてもらって いると、またもやわびしさが こみ上げてきた。 見れば彼の嫌いなホームレス らしき者達がいて、つい八つ 当たりしたくなったんです。 彼は毎日毎日毎日仕事が 忙しくて、昼間っから寝て ばかりいるようにしか見えない ホームレスは大嫌い……と、 まぁそういうオジサンです。	（〜 1+0） サラリーマン 「おめぇたちゃあれか、 ホームレスだろ、え？」	 4+12

(　　　)

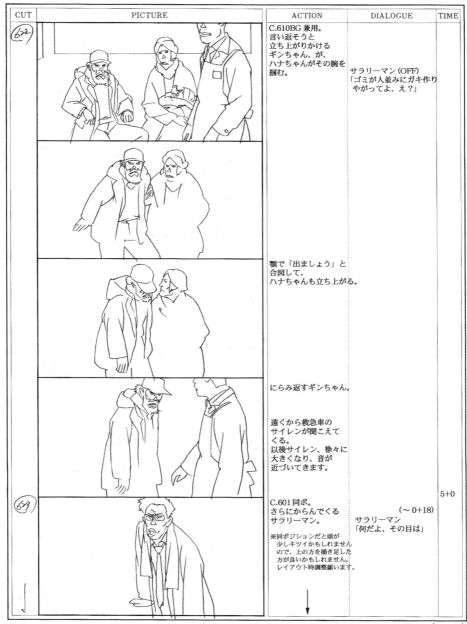

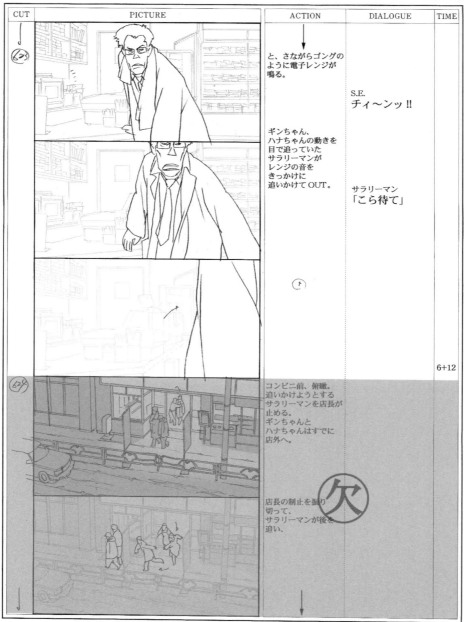

No. 336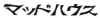

CUT	PICTURE	ACTION	DIALOGUE	TIME
624		ギンちゃんを捕まえる。		5+0
625		戻ってきたミユキが異変に気づく。 OFFでギンちゃんたちの揉みあう声。アドリブで適宜。 もう少し手前まで来てから気が付くようにしてください。 ※この芝居は不要。	店長（OFF） 「ダメですよお客さん!!」 サラリーマン（OFF） 「待てっっってんだ、こらゴミ!!」	4+0
626		コンビニ前で揉みあう4人。		

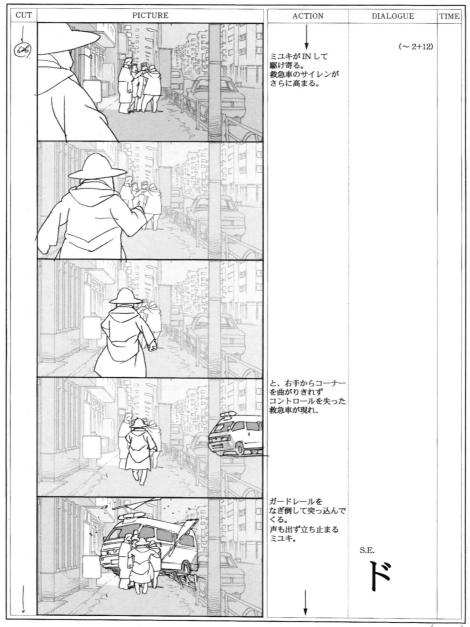

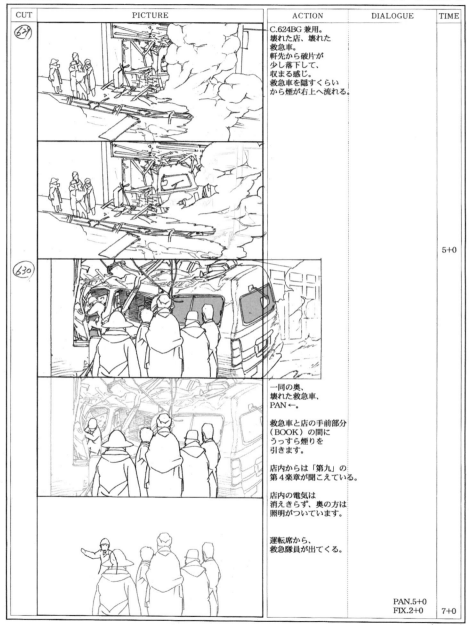

No. 340

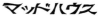

CUT	PICTURE	ACTION	DIALOGUE	TIME
631		救急隊員、寄り。隊員と店の瓦礫の間に煙り、引き。	（〜1+0） 隊員 「……救急車を ……早く!!」	
632		見返していた一同。店長が我に返り、走り出してOUT。	店長「は、はい！」	3+0
		酔いの醒めたサラリーマンも遅れて左へOUT。		
		ハナちゃん、驚きの目で清子を見、天を仰いでセリフ。	（〜6+0） ハナ 「やっぱり…… **清子は神様の 使いなんだわ!!**」	

No. 341　　　　　　　　　　　　　　　　　　マッドハウス

CUT	PICTURE	ACTION	DIALOGUE	TIME
632		と、口にした途端、 気が遠くなり倒れる ハナちゃん。		
		※こんな感じです。		
		危うくハナちゃんを 抱き留めるギンちゃん。	ギン 「おい!?」	
633		雪の上にこぼれる鮮血。 前のカットから A.C.風に。 雪面に落ちる影 （薄めのダブラシ） に動き有り。	ミユキ（OFF） 「ハナさん!!」 ギン（OFF） 「ハナ!! 　しっかりしろ!」	13+0
		F.O.5+0	ミユキ「ハナさん!!」 ギンちゃん「ハナァッ!!」	8+0

(　　)

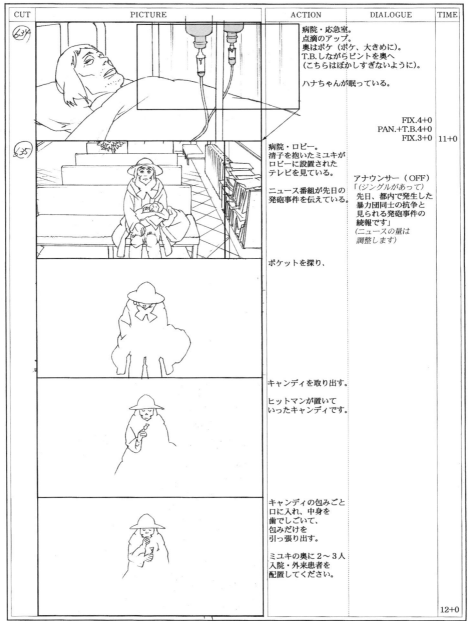

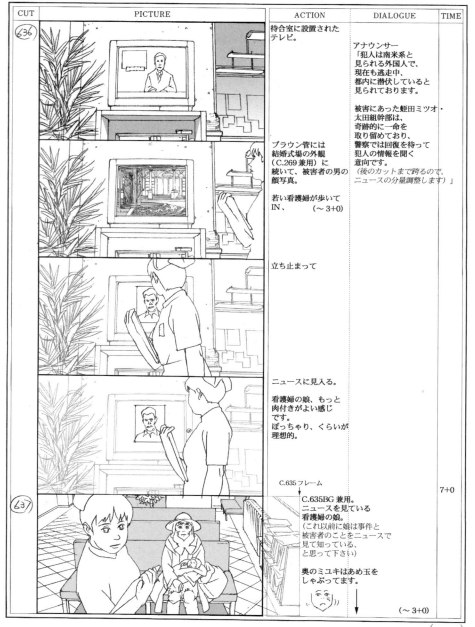

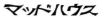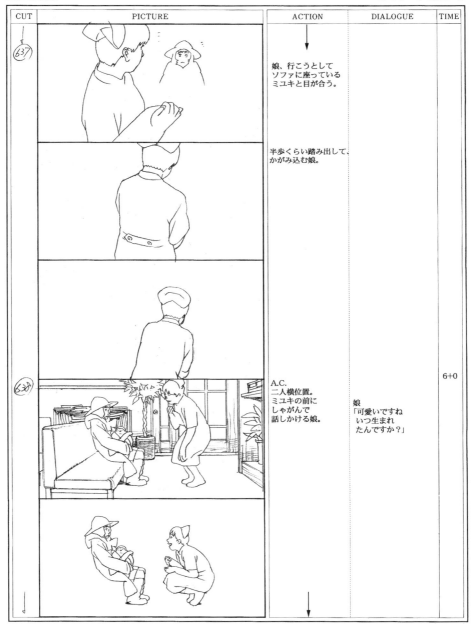

No. 345　　　　　　　　　　　　　　　　　　　　　マッドハウス

CUT	PICTURE	ACTION	DIALOGUE	TIME
638		にこやかだった 娘の顔が、ミユキの 不審な受け答えに ちょっと怪訝な 表情に変わる。	ミユキ 「最近かな……」 （〜 4+18） 娘 （〜 6+12） 「?……お母さん……」 ミユキ 「……じゃあ……ない」 （〜 8+18） 娘 （〜 10+12） 「??……名前は何て いうの？」 ミユキ 「清子」	
		娘、やっと話の接点が 見いだせて明るい顔に 戻る。		
639		しゃがんで見返して いる娘。 ※この看護婦の娘を 印象づけるために バックに緑を配する ようにしてます。 背景作成時、 観葉植物の緑を 印象的にしてください。	娘 「あら!? 私も清子っていうのよ。 偶然ね」	14+12 3+0

（　　　）

No. 346

CUT	PICTURE	ACTION	DIALOGUE	TIME
640		病院・診察室。ギンちゃんが医者の話を聞いている。	（〜2+0） 医者 「お連れさん、 だいぶ弱ってます。 とにかく安静にして 栄養のあるものを 取ってください」 ギン 「（乗り出して） 先生…… 俺たちは こう見えても歴とした ホームレスだ」	10+0
641		医者なめてギン。 木で鼻をくくったような対応に鼻白むギンちゃん。	医者 「私はただの医者です」 （〜4+18） （〜6+12） ギン 「我々の生活はね、 安静にも栄養にも ほど遠いんですよ。 分かります？」	

No. 347　　　　　　　　　　　　　　　　　　　　　　　　　　マッドハウス

CUT	PICTURE	ACTION	DIALOGUE	TIME
641		ペンを置いて、振り返る医者。		
				11+0
642		A.C. ギンちゃんに似た風貌だが、ほど遠いほど堂々とした態度の医者。 ※右のセリフを借りれば、与えられた中で最善を尽くしてきたのがこの医者で、与えられた中で逃げまくって生きてきたのがギンちゃん、ということです。	（〜 0+18） 医者 「私は病気を治す手助けは出来ます。生活の改善は自分でするのです。与えられた中で最善を尽くすより他に何が出来ます？」	10+0
643		C.641 同ポ。 言い返す言葉が見つからず不満げなギンちゃん。		
		医者、立ち上がる。	（〜 2+0） 医者 「呉々もお大事に」	
		その足元に気が付くギンちゃん。		4+12

（　　）

No.348

CUT	PICTURE	ACTION	DIALOGUE	TIME
644		医者の足元。 右足は、障害があるのかサポートの器具が付いている。 不自由そうに歩いてOUT。		3+12
645		病院ロビー。 会計カウンターの前に立っているギンちゃんとハナちゃん。 ミユキは清子を抱いて行ったり来たりしている。 通り過ぎる看護婦、患者一人ずつくらい。	(〜1+12) 会計の女性の声 「保険証をお持ちいただけば精算いたしますが、本日のところは…… 2万9千830円になります」	9+0

( )

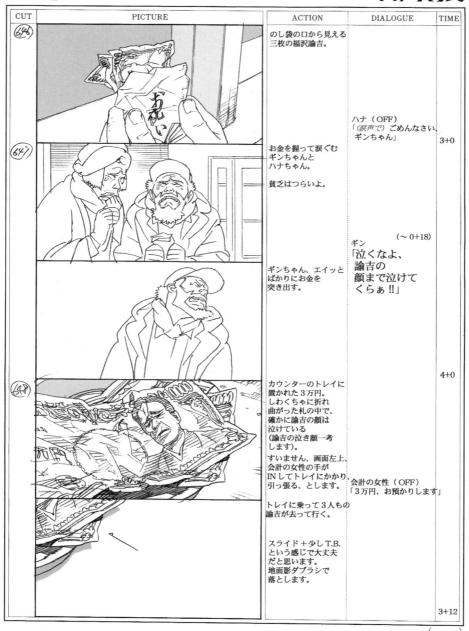

No. 350　　　　　　　　　　　　　　　　　　　　　マッドハウス

CUT	PICTURE	ACTION	DIALOGUE	TIME
649		泣いている ギンちゃんの背。 顔を覆って泣く ハナちゃん。 ああ、やだやだ貧乏は。 ミユキは左へ OUT。 入れ替わりに カウンターの奥、 先程ミユキに話し かけた看護婦が受付に 入ってきて、 ふとギンちゃんを 見て固まる。 ギンちゃん、 少し遅れてその気配に 顔を上げる。		8+0
650		ゆっくりと驚愕する ギンちゃん。		4+0

(　　　　)

No. 351　　　　　　　　　　　　　　　　　　　　マッドハウス

CUT	PICTURE	ACTION	DIALOGUE	TIME
651		見返している 看護婦の娘。		2+0
652		呆然とした顔で 見返している ギンちゃん。	ギン　　　（〜2+0） 「‥‥‥‥清子？」	
		ハナちゃんと、 INしてきたミユキが 立ち止まって顔を上げ、		
		ミユキに抱かれた 清子を見やる。		
		それから怪訝な顔で ギンちゃんを見る。 "清子ならこっちに いるじゃないの？" という感じです。		6+12

（　　　）

No. 352

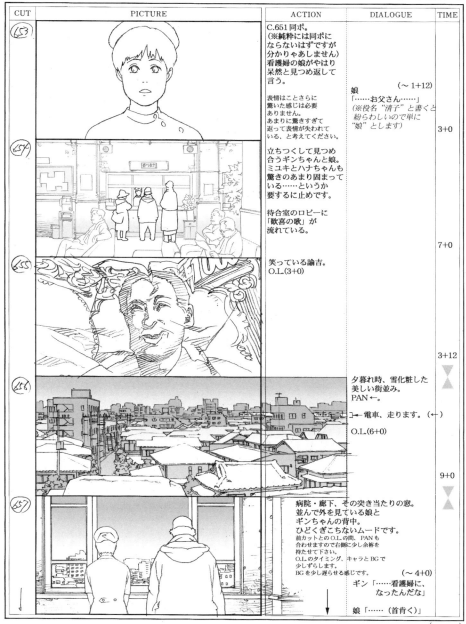

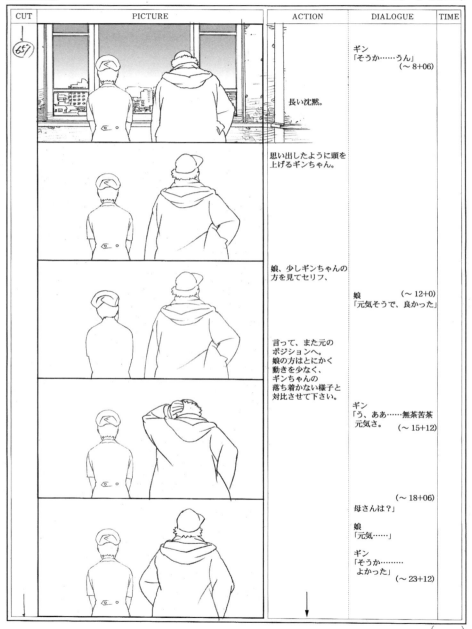

CUT	PICTURE	ACTION	DIALOGUE	TIME
657		娘、さっきよりはもう少しギンちゃんの方を振り向く感じで、セリフ。	娘　　　　（〜26+0） 「お父さん、今は……？」	
		沈黙。	ギン 「ああ……か回収業って言うか…… 今日は届け物があってこっちの方までな ………うん」 　　　　　（〜33+0）	35+0
658		顔を伏せたギンちゃん。まともに娘の顔は見られない、と。 原図はこんな感じです。	ギン　　　（〜2+0） 「……恨んでるだろうな」 （それまでのごまかすような口調ではなく、心からの言葉です）	4+0
659		俯いている娘。	娘「………」 ギン（OFF）（〜1+12） 「お前には何一つ親らしいことをしてやれなかった……」	5+12

No. 355

CUT	PICTURE	ACTION	DIALOGUE	TIME
660		C.658同ポ。 ギンちゃん、 俯いている。 顔を上げて何とか 気持ちだけは 伝えようとするが、 やっぱりいつもの 自分の嘘にしか 聞こえないような 気がして、 また俯いてしまう。	何一つ親らしいことを してやれなかった…… けど、実はな…… おまえのこと思って、 ほんのちょっとだけど、 金を貯めてたんだ。 （～5+0） （～7+0） 信じねぇだろうけど……」	9+0
661		病院・廊下、引き。 突き当たりに娘と ギンちゃん、手前の ベンチにハナちゃんと、 清子を抱いたミユキが 座っている。 後でBG兼用があり ますので、下の方 長めに下さい。		

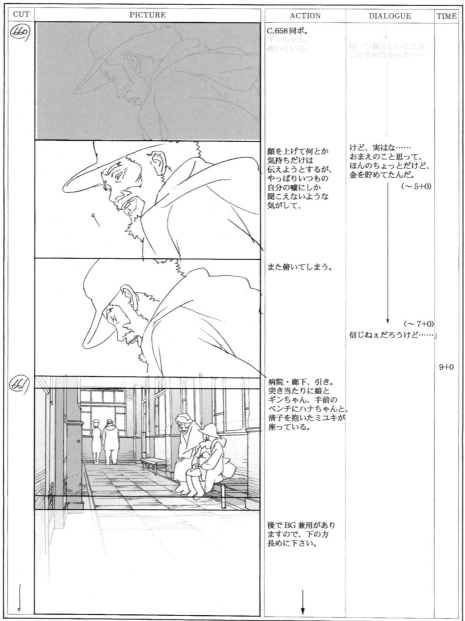

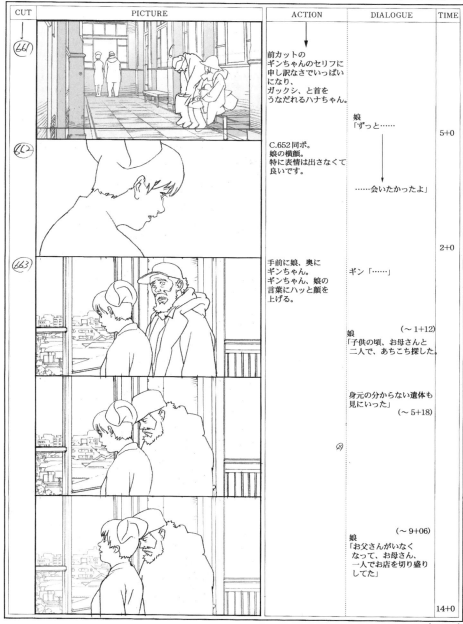

No. 357　　マッドハウス

CUT	PICTURE	ACTION	DIALOGUE	TIME
664		ベンチのハナちゃん、ミユキ。娘のセリフに怪訝な顔を上げる。	（～1+06） ハナ「……お店？」	2+06
665		C.657同ポ。 後ろ姿の娘とギンちゃん。 肩をすくめ、娘はつとめて明るい声で話す。 その気遣いが分かるだけ余計ギンちゃんは辛くなる…… のですが、特にこのカットではそういう芝居は要りません。 感情の流れの参考までに。	娘　（～0+18） 「女手一つで自転車屋を続けるのは大変だったみたい……」	4+18
666		C.664同ポ。 唖然とした顔のハナちゃん、悪戯っぽい顔で茶化すミユキ。	ミユキ　（～0+12） 「競輪の選手とは随分違うんじゃない？」 ハナ 「……」	4+0
667		C.657同ポ。 娘、ギンちゃんの方を見て、話題を転じる。 娘、頷く。	娘　（～0+12） 「知ってる？、あの頃借金の取り立てに来てた人、この間鉄砲で撃たれて重傷だったんだって」 （娘のセリフ尻にかかってスタート） ギン 「助かったのか!?」 （～6+12）	

（　　）

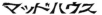
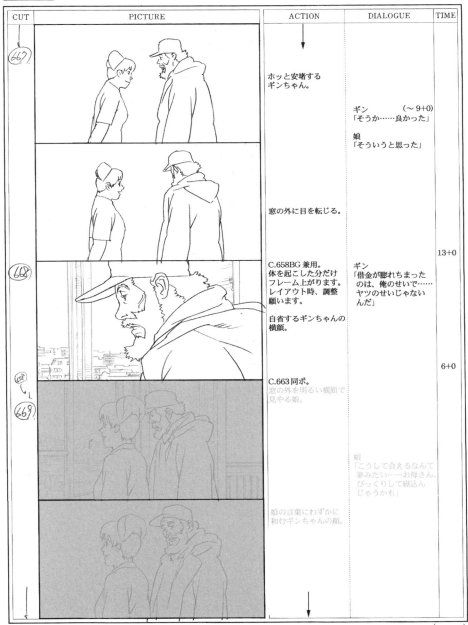

No. 359　　　　　　　　　　　　　　　　　　　　　　　　マッドハウス

CUT	PICTURE	ACTION	DIALOGUE	TIME
㊷		カット頭、ギンちゃん 少し顔を上げてセリフ。	ギン　　　（〜 1+12） 「あの医者に、 礼を言っといてくれ。 ……何かいい人だな」 　　　　　　（〜 6+0）	
		娘、首肯き、 はにかんだ感じで セリフ。 すいません、絵を描き 忘れましたが、娘の 「結婚するの」という 言葉を受けて、 ギンちゃん、ちょっと 驚いて娘の方を見る ようにしてください。	娘　　　　（〜 8+06） 「私、結婚するの」 ギン 「！…… 　　　　　（〜 12+12） ……そりゃあ 良かった」 娘 「あの先生と」 ギン 「そりゃあいい…… （愕然と）って、 俺と同い年くらいじゃ ないのか？」 　　　　　（〜 18+12）	
			娘　　　（〜 20+0） 「バツイチなの。 娘さんを難病で 亡くして…… 奥さんも、後を追う みたいに……」 　　　　　（〜 25+0）	
		どこかで聞いたような 話に複雑な顔になる ギンちゃん。	ギン　　　（〜 27+0） 「…………へぇ」	
				28+12

（　　　）

No. 360

CUT	PICTURE	ACTION	DIALOGUE	TIME
670		C.664 同ポ。 震えているハナちゃんと、優しい顔で父と娘の姿を見ているミユキ。		
			ハナ　　　　（〜 3+0） 「(震えて吐き捨てるように)……呆れたわ、あの男」 ミユキ 「(驚いて)感動してんじゃないの？」	7+0
671		C.657 同ポ。 娘、ポケットからメモを取り出す。		
			娘　　　　　（〜 0+18） 「これ、住所と電話番号」 ギン 「……お前の？」 娘 「前のうち、もう無いし……（目を伏せて）今すぐは無理でもいつか……」（〜 9+12）	
		感極まるギンちゃん。 感情が盛り上がったその時、ハナちゃんの地の底から這い上がってくるような恐ろしい声が聞こえてくる。 「冗談じゃないわよ」の「冗」の部分です。	ギン　　　　（〜 13+0） 「………清子ぉお……」 ハナ（OFF） 「じょぉおおおお	18+0

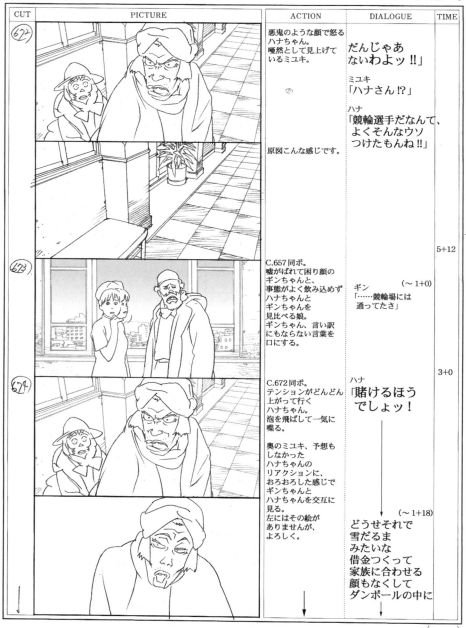

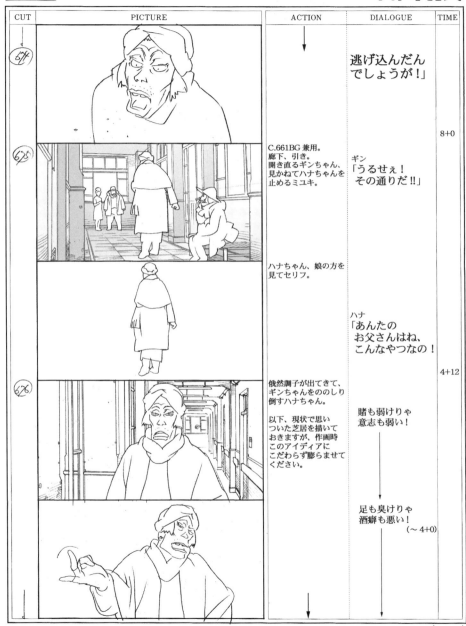

No. 363

CUT	PICTURE	ACTION	DIALOGUE	TIME
676		↓	重ねた嘘は 東京ドーム 3杯分！ ひとの同情 買うためなら 女房娘も 勝手に殺す！ あんたなんか 難病で 死んだことに なってるんだから！ 　　　　（〜11+12） こんなのが 父親じゃ いくつ命があっても 足りゃしない。 同情しちゃうわ!!」	
				16+12
677		C.657同ポ。 唖然としている娘、 怒りに打ち震える ギンちゃん。	（〜1+0） ギン 「てめぇ恩を仇（あだ）で………」	
				3+12

（　　）

No. 364

CUT	PICTURE	ACTION	DIALOGUE	TIME
678		C.676 同ポ。 ハナちゃん、全開で喋りまくる。	ハナ 「恩？ 恩!? あら聞き間違いかしら！ (〜3+18) 恩ならこっちがお釣りを返してもらいたいくらいよ!! どうせ恩も仇も漢字知らないくせに！	

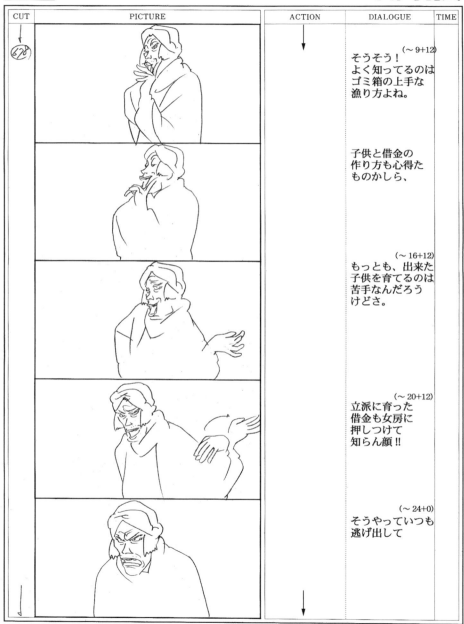

No. 366　マッドハウス

CUT	PICTURE	ACTION	DIALOGUE	TIME
62A			何一つ満足に 出来やしない！ (〜 27+12)	
			逃げ足の速さ だけは競輪選手 並みね！	
			(〜 31+06) ミユキちゃん！	
			私たちも まくらせて もらいましょ‼」	
		クルリと振り返って、 次カットへ。		34+0

(　　　)

No. 367　　　　　　　　　　　　　　　　　　　　マッドハウス

CUT	PICTURE	ACTION	DIALOGUE	TIME
677		C.661BG 兼用、 C.675同ポ。 早足に去って行く ハナちゃん、 OUT。 ギンちゃんのことを 気にしながらも ハナちゃんを 追いかけて、	ミユキ 「ハナさん！」	

(　　)

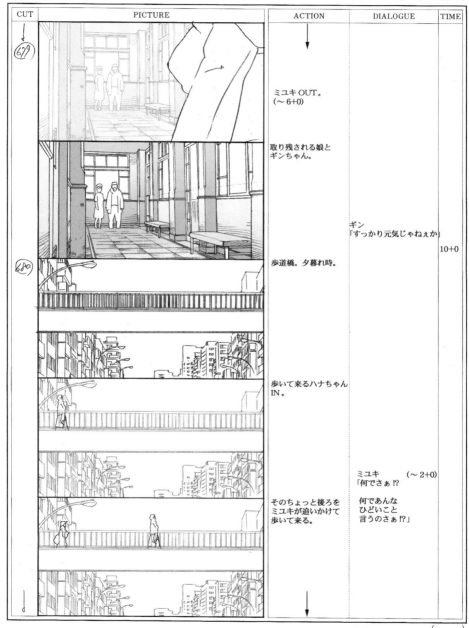

No. 369

CUT	PICTURE	ACTION	DIALOGUE	TIME
680		ハナ立ち止まる。		
		ミユキも少し離れて立ち止まる。	ハナ　　（〜7+12） 「あれでも、許せたら……きっと本物よ」 ミユキ　　（〜11+6） 「え？」	
		ミユキの方を少し振り返る。 90度回った感じです。		
681		ハナちゃんの背中。 BG空です。	ハナ 「正直にさ、何もかも見せあって、それでも愛せるのが血の繋がりってヤツじゃない？」	13+0
682		清子を抱いて ハナちゃんを見返しているミユキ。	ハナ（OFF）　（〜2+0） 「願望かしらね」	6+12

No. 370　　　　　　　　　　　　　　　　　　　　　　　マッドハウス

CUT	PICTURE	ACTION	DIALOGUE	TIME
682		鼻をすする。	ミユキ 「ズスゥゥゥッ」	5+0
683		C.680同ポ、寄り。 歩道橋の上の二人。 寄ったサイズが フルビスタです。	ミユキ 「やっぱ…… 　惚れちゃったんだ」 ハナ 「バカ言わないの‼ ……泣いた赤鬼よ」	
684		C.681同ポから。 ちょっと空を仰いで 語るハナちゃん。 PAN.UP. 右のセリフは このカットに収まり 切らなくて良いです。 O.L.(5+0)	ミユキ 「へ？」 ハナ　　　　　（～1+0） 「アタシの大好きな 　お話よ。 あるところに 人間と仲良くしたい、 一人の赤鬼さんが いたの。 FIX.2+12 PAN.UP.+O.L.残り	7+0 7+0

（　▼　）

No.371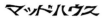

CUT	PICTURE	ACTION	DIALOGUE	TIME
685		画面、絵本のようになる。 誰も訪れない茶屋で寂しそうにしている赤鬼(ギンちゃん)。遠巻きに眺めている村人たち。 絵のスタイルは一考します。	「だけど人間は怖がって誰も赤鬼さんに近づこうとしない……」 ラストFIX.3+0 (O.L.1+0)	6+12
686		青鬼(ハナちゃん)と赤鬼。 ハナちゃん青鬼がギンちゃん赤鬼に何ごとか知恵を授けている。 バックに吹き出しのようなモヤモヤがF.I. PAN.UP. 村人を追いかけ回して暴れるハナちゃん青鬼。 FOLLOW →。 このシーンで動くのはこのカットだけですが、絵柄に合わせて動かし方も一考します。パカパカと動く感じを想定しています。 画面右手から、棍棒を構えたギンちゃん赤鬼がINしてくる。	ハナ(OFF) 「……それを知った友達の青鬼さんが一計を案じるの。 青鬼さんがわざと人間に乱暴をふるって、それを赤鬼さんが助ける……」 FIX.3+12 PAN.DOWN.2+12 FIX.4+12	10+12

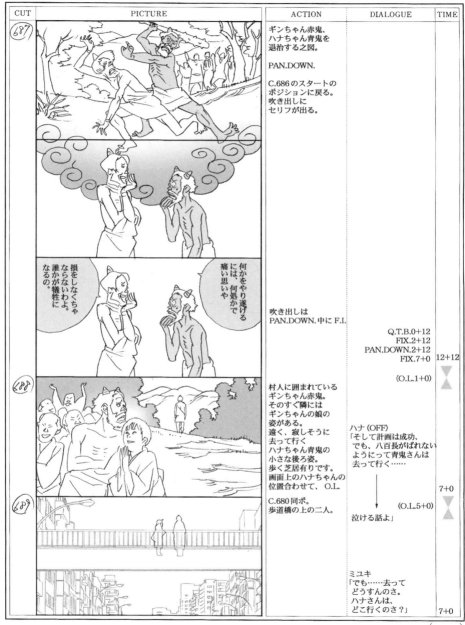

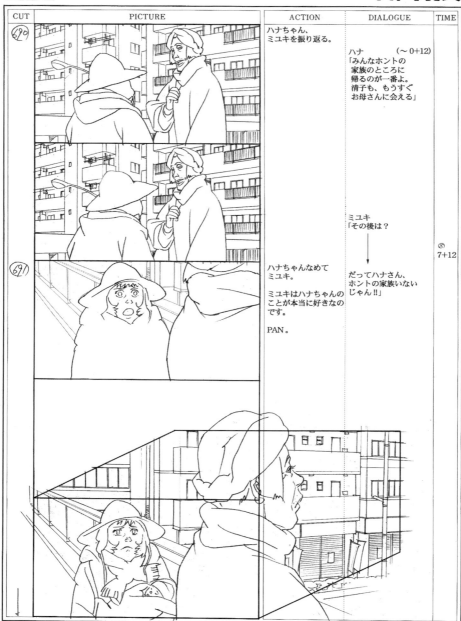

No. 374

CUT	PICTURE	ACTION	DIALOGUE	TIME
591		冷たい風に吹かれる ハナちゃん。	FIX.4+0 PAN.3+12 FIX.5+0	12+12
592		病院、ロビーのテレビ。 ブラウン管の中では 年末ジャンボ宝くじ、 抽選の風車盤が 回っている。 スポットライトが よぎる。 会場のドラムロールが 聞こえ、モニタの隅に テロップF.I.、 「珍しい!!"1"並びの 一等」。 T.B. ニュース番組の ジングルが流れ、 アナウンサーの画面に 切り替わる。 モニタ内の映像は それぞれ1+0の O.L.で。 最初の映像が6+0、 次が5+0、 最後が5+0。	アナウンサー 「恒例の年末ジャンボ 宝くじの抽選会が 行われました。 1等の当選番号は 非常に珍しい数字となり、 (以下、次カットへこぼれて) 十組一十一万一千百十一。 一等2億円の前後賞は 五千万円。組違い賞は 十万円です。 (ニュース原稿はアフレコまでに) FIX.2+12 T.B.4+0 残りFIX.	16+0
593		病院・ロビー。 ぼんやりと長椅子に 座っているギンちゃん。 奥に見えるテレビでは ニュース番組が続いている。 ※モニタ内の画面、 数種類必要。		

マッドハウス

( )

No.376

CUT	PICTURE	ACTION	DIALOGUE	TIME
694		西沢幸子の住所が書かれたメモ。BGややボケ。 カット尻に少し動きを付けて次カットへ繋ぐようにします。		1+12
695		C.693同ポ。	ギン「……あ!?」	
		慌てて腰を上げかけるが、急に動きが止まる。		
		少しの間(4+0)、固まる。		
		ドカッと座り直し、		

( )

No. 377　　　　　　　　　　　　　　　　　　　　マッドハウス

CUT	PICTURE	ACTION	DIALOGUE	TIME
⑥⑨⑤			ギン「……け」	
		視線を奥へ外す。		10＋0
⑥⑨⑥		怪訝な顔に変わる ギンちゃん。	ギン「……あ？」	3＋0
⑥⑨⑦		C.692同ポ。 映っている赤ちゃんの イラスト。 "行方不明の赤ちゃん" というテロップ。 眉間にほくろ。		3＋0

※すいません‼清子の設定若干変更です。
　額に黒子有りです。
　他に目印を思いつきませんでした。
　すでに上がっている原画については
　作監様、宜しくお願いします。
　しかしまぁ、前作といい本作といい、
　黒子に頼ってバッカリ（笑）

（　　　）

No. 378

CUT	PICTURE	ACTION	DIALOGUE	TIME
678	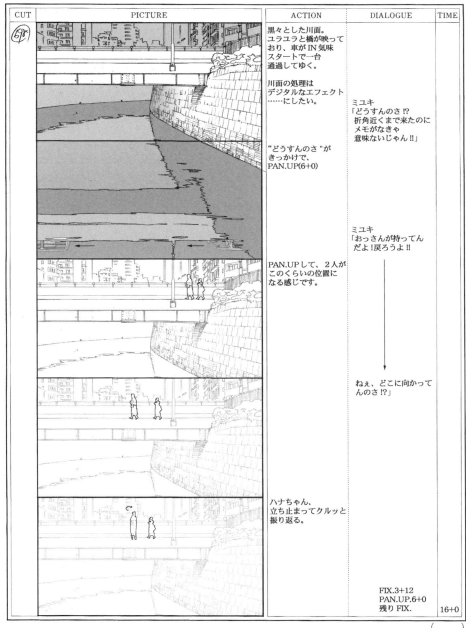	黒々とした川面。ユラユラと橋が映っており、車がIN気味スタートで一台通過してゆく。 川面の処理はデジタルなエフェクト……にしたい。 "どうすんのさ"がきっかけで、PAN.UP(6+0) PAN.UPして、2人がこのくらいの位置になる感じです。 ハナちゃん、立ち止まってクルッと振り返る。	ミユキ 「どうすんのさ!?折角近くまで来たのにメモがなきゃ意味ないじゃん!!」 ミユキ 「おっさんが持ってんだよ!戻ろうよ!!」 ↓ ねぇ、どこに向かってんのさ!?」 FIX.3+12 PAN.UP.6+0 残りFIX.	16+0

(　　　)

No. 379　　　　　　　　　　　　　　　　　　マッドハウス

CUT	PICTURE	ACTION	DIALOGUE	TIME
⑥⑨⑨		二人、寄り。 きっぱりと言い放つ ハナちゃん。	ハナ **「警察よ」** ミユキ 「エエッ？あんなに 　嫌がってたじゃん!!」	
				4+12
⑦⑩⑩		ハナちゃん、寄り。 芝居がかるハナちゃん。 本当に困っているのだ けれど、雰囲気が暗く ならないようにという ハナちゃんの心配り、 だと思って下さい。	ハナ　　　　（〜 0+12） 「（フッと笑い）みんな、 　あたしのエゴだった 　わ……	
			（〜 3+0） 今はせめて、 清子の両親に、 一言謝りたい…………	
			（〜 6+18） 今この間にも眠れぬ 思いで報せを待ってる かもしれないわ!」	
		言いつつ、サッと 左へ動き出して 次カットへ。		11+0

（　　）

No. 380　　　　　　　　　　　　　　　　　　　　マッドハウス

CUT	PICTURE	ACTION	DIALOGUE	TIME
⑳①		C.699同ポ。 ササッとOUTして 行くハナちゃん。 思い切り呆れるミユキ。 ピョンピョンと跳ね つつ、クルクル回り ながらついてゆく ミユキ。	ミユキ　　（〜1+0） 「最初に そう 言った じゃ ああ あん!!」	4+12

（　　　）

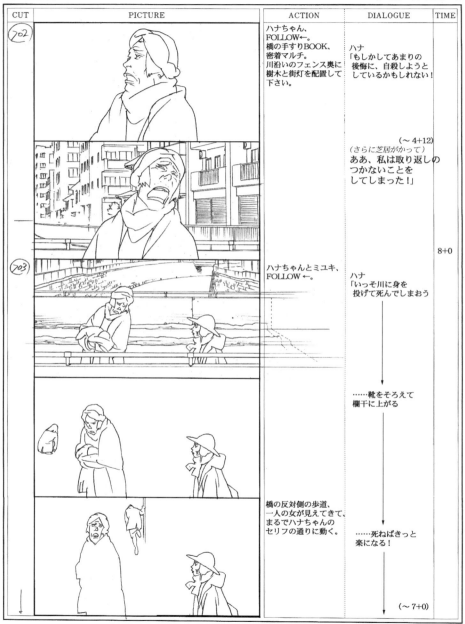

No. 382   マッドハウス

CUT	PICTURE	ACTION	DIALOGUE	TIME
703			でもその時川面に 赤ちゃんの顔が 一瞬浮かぶ……	
			ああ、だめ！ この子の顔を見るまで 死ぬわけには行かな ……	
		一旦、女 OUT。 FOLLOW ストップ。	（〜 15+0） って、	
		ダッシュする二人。 付けて PAN →。	ちょっと !?」	
				17+0

（　　　）

CUT	PICTURE	ACTION	DIALOGUE	TIME
707		橋から飛び降りようとしている女。 女がフラッと前のめりになった瞬間、ミユキがINして女を掴んで引っ張り戻す。 ここまで倒れなくて良いです。 二人、フェンスの陰にOUT。	ミユキ 「ダメェッ!!」	3+0

No. 384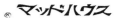

CUT	PICTURE	ACTION	DIALOGUE	TIME
705		歩道に引き戻される女（以下、幸子）。暴れる幸子を掴んでいるミユキ。	幸子「放して!!」	
			ハナ「早まっちゃダメよ!!」	
			幸子「お願い！死なせて!!」	
		清子が泣き出す。	清子「ホギャアァァ」	
		その泣き声にハッと振り返る幸子。		6+0
706		ハナちゃんに抱かれた清子、泣いている。	清子「ホギャアァァ、ホギャアァァ」	3+0

(　　)

No. 385

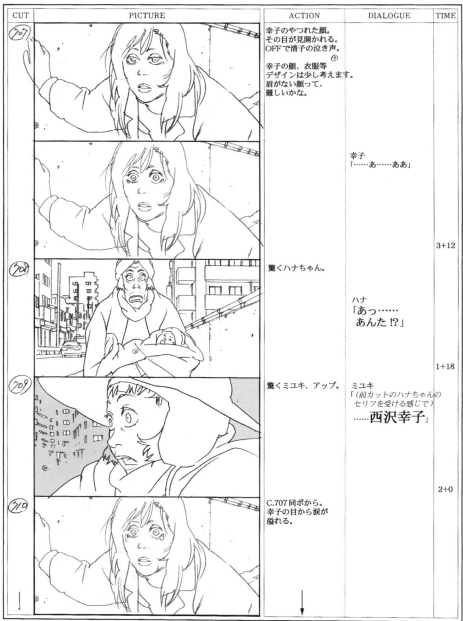

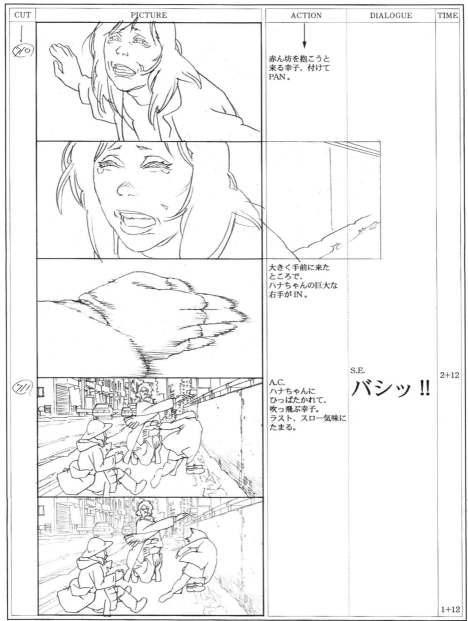

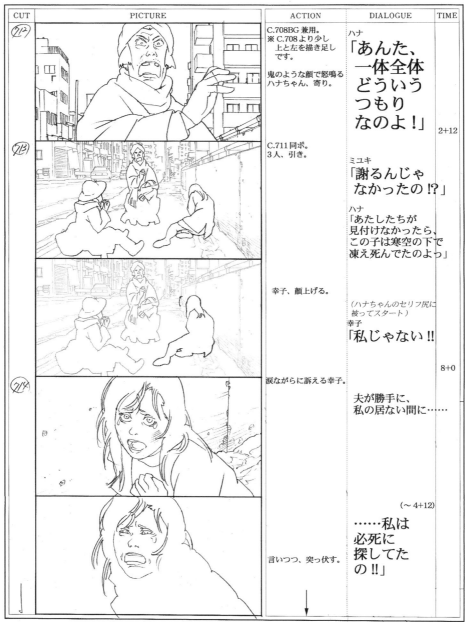

No. 388

CUT	PICTURE	ACTION	DIALOGUE	TIME
214				7+12
215		C.711同ポ。 A.C.で。 地面に突っ伏して大声を上げて泣く幸子。 3人、引き。 しばらく泣く。		
		顔を見合わせるハナちゃんとミユキ。		
			(〜 7+0) ハナ 「(優しく)ホントなの？」	
		幸子、ひどく重そうに上体を起こす。		11+0

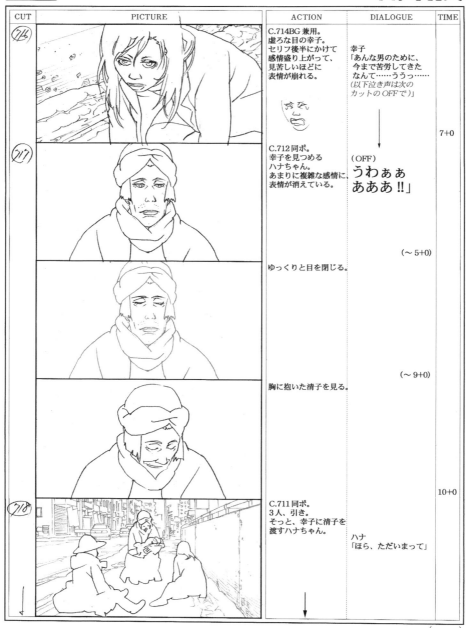

No.390

CUT	PICTURE	ACTION	DIALOGUE	TIME
718A		慌てて奪うように清子を抱き取る幸子。		
		そのまま座り込んで清子を抱きしめる。不意に清子の重みがなくなって両手が宙を抱いているようなハナちゃん。		5+12
719		C.714BG兼用。清子を抱きしめている幸子。清子は泣いている。		2+12
720		C.712同ポ。見つめるハナちゃん。このカットも表情出ません。		

( )

No. 391　　　　　　　　　　　　　　　　　　　　　　　　マッドハウス

CUT	PICTURE	ACTION	DIALOGUE	TIME
220			(〜 3+0) ハナ 「……この子は、本当に 神様に愛されてる子よ…… あなたも、たくさん たくさん愛してあげて ちょうだい」	10+0
221		ミユキ、寄り。	ミユキ 「こんな赤ちゃん 粗末にしたら、 バチが当たるよ」	3+06
222		C.719同ポ。 清子を抱きしめて 謝る幸子。	幸子 「(清子に) ごめんなさい、 ごめんなさい、 ごめんなさい ……」	3+0
223		橋の上の一同、俯瞰。 T.B.	幸子 「(嗚咽のように) ごめんなさい、 ごめんなさい……」	9+0
224		ぼろアパート。 メモを見ながら階段を 上がって行く ギンちゃん。 ※デザイン自体が普通に なってしまった……か というか普通のしか 思い浮かばなかった……が 水平、垂直の線の歪みか 質感等でボロさ加減を 出して下さい。	5+0

(　　　)

No. 393

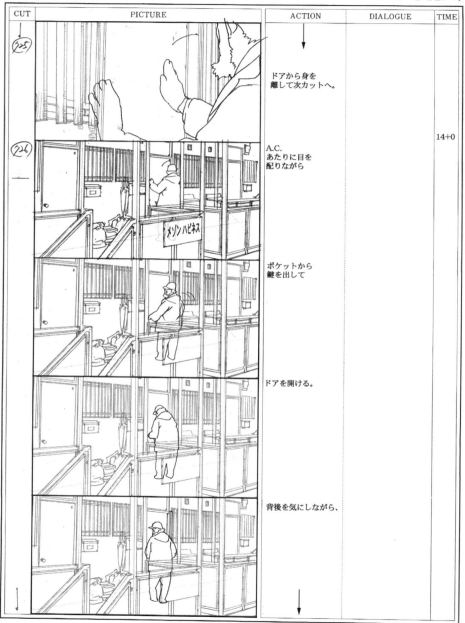

ドアから身を
離して次カットへ。

14+0

A.C.
あたりに目を
配りながら

ポケットから
鍵を出して

ドアを開ける。

背後を気にしながら、

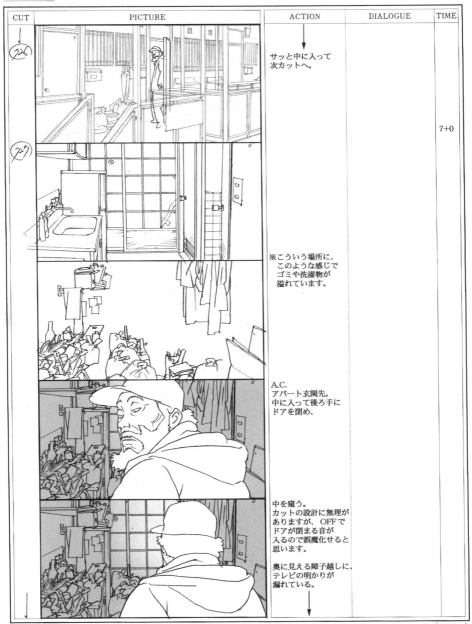

No. 395

CUT	PICTURE	ACTION	DIALOGUE	TIME

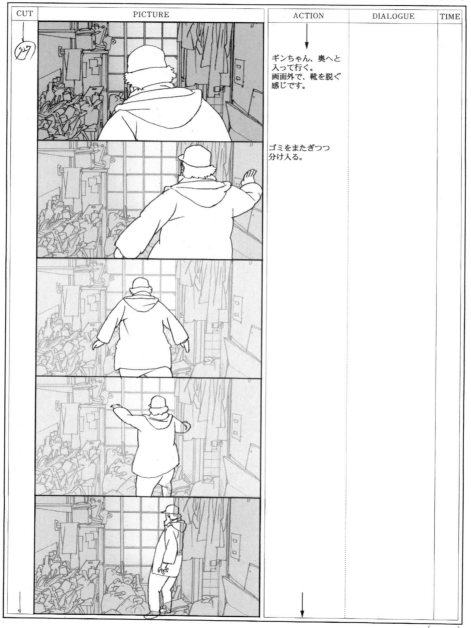

227

↓

ギンちゃん、奥へと入って行く。
画面外で、靴を脱ぐ感じです。

ゴミをまたぎつつ分け入る。

↓

( )

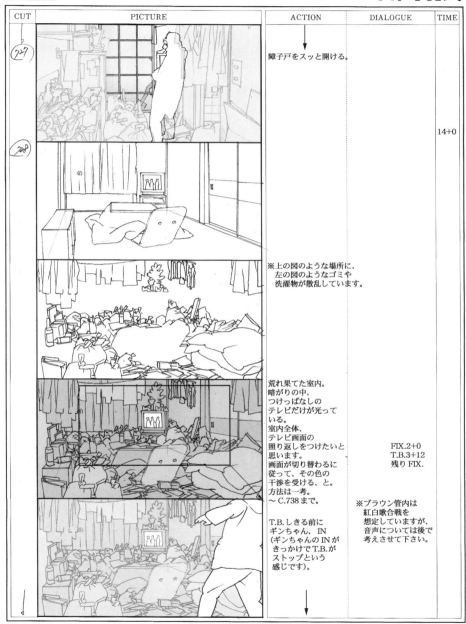

No. 397　　　　　　　　　　　　　　　　　　　マッドハウス

CUT	PICTURE	ACTION	DIALOGUE	TIME

228

誰もいないことに
少し安心した
ということで、
前のカットよりは
少し大胆に奥へ
分け入る。

コタツの布団の端を
踏んだ途端、
悲鳴が上がり、
コタツ布団が
跳ね上がる。
地雷でも踏んだ
ごとく（笑）

泰男
「ギャッ!!」

ギン
「ウワッ!!」

慌てて飛び退く
ギンちゃん、泰男。

壁に背を付けて
悲鳴を上げる二人。

この芝居で3+0
くらい。

ギン・泰男
「ワーッ！
ワーッ！
ワーッ！
ワーッ！
ワーッ！」

12+0

（　　）

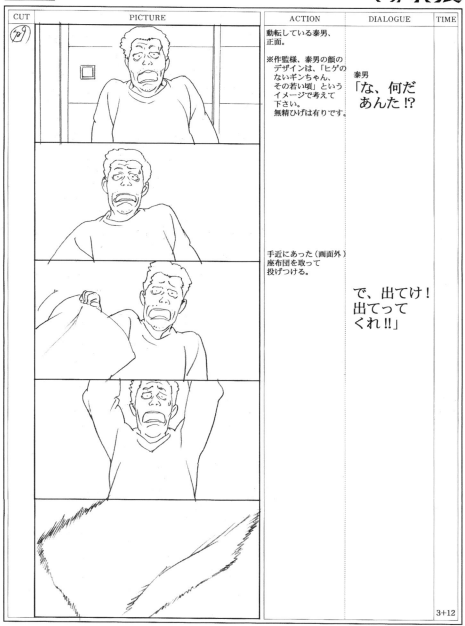

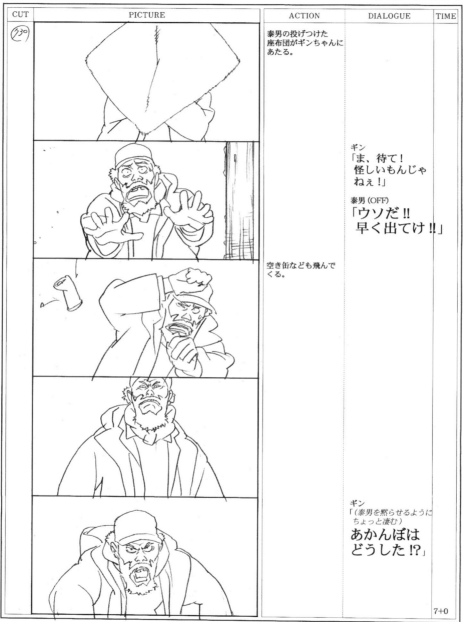

No. 401 　　マッドハウス

CUT	PICTURE	ACTION	DIALOGUE	TIME
732			（〜 1+18） ギン 「来なかったか、 オカマとガキが あかんぼ返しに」	
			（〜 5+18） 泰男 「意味が分かん ねぇよ！」	
		泰男に負けない大声で 返すギンちゃん。	（泰男のセリフ尻に 被ってスタート） ギン 「あんたが 捨てたん だろ！? あかんぼ を！?」	9+0
733		返答に詰まる泰男、 寄り。		1+12
734		C.732同ポ。 室内、引き。 余裕が出てきて、 ベテランの刑事を 気取り出すギンちゃん。	ギン　　　　（〜 1+0） 「ネタは上がってんだぜ」 泰男　　　　（〜 3+12） 「（観念して）あんた…… 警察か」	

（　　）

No. 402　　　　　　　　　　　　　　　　　　　　　　　　　　マッドハウス

CUT	PICTURE	ACTION	DIALOGUE	TIME

234

ギン
「なぁに、俺はな……
ただの通りがかりの
ホームレスよ」

（〜9+12）

変な間（3+0）。

泰男
「頭がおかしいんじゃ
ねぇのか？」

（泰男のセリフ尻に
ギン　被ってスタート）
「おかしく
なりそう
だぜ、
まったく
よ!!」

16+0

235

一気にまくし立てる
ギンちゃん。

カット頭、上体を
戻してセリフ。

「だいたい
お前が捨てた
赤ん坊が、

（　　　）

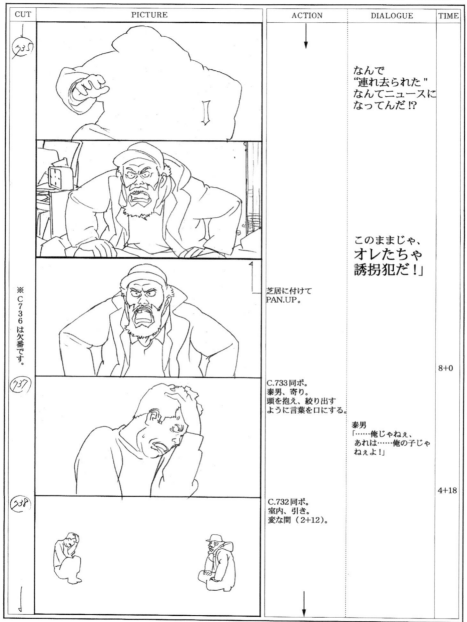

マッドハウス

CUT	PICTURE	ACTION	DIALOGUE	TIME
738			ギン「……はい？」	3+12
739		幸子に抱かれている清子、寄り。泣いている。		
	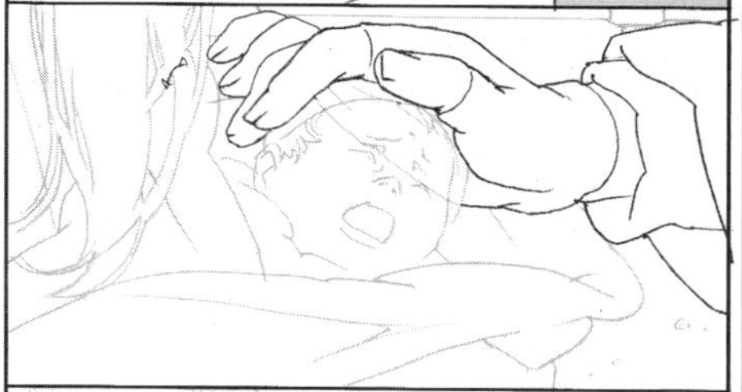	ハナちゃんの巨大な右手がINして、清子の頭を優しく撫でる。	（INまで2+0） ハナ（OFF）「よしよし、泣かない泣かない」	
	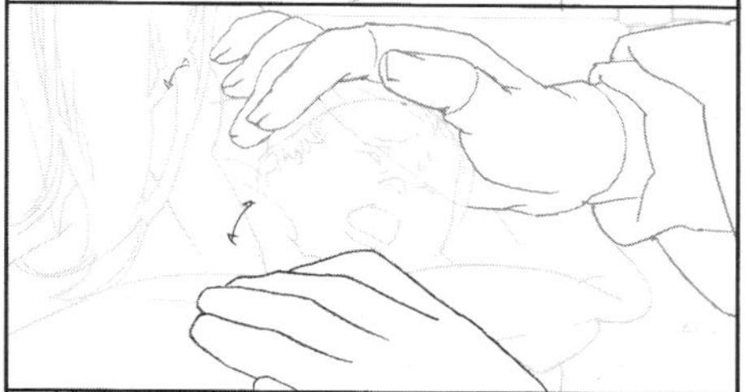	ミユキの右手もINして体を撫でる。	ミユキ（OFF）「元気でね」	5+12
740		清子を抱いた幸子、清子との別れを惜しむハナちゃん、ミユキ、引き。	ハナ「いい子に育つのよ」 ミユキ「いつかまた会えるよね」	

（　　）

No. 405　　　　　　　　　　　　　　　　　　　　　　　マッドハウス

CUT	PICTURE	ACTION	DIALOGUE	TIME
		清子から顔を離し、涙を堪え鼻をすするハナ、ミユキ。ハナ、幸子に向かってセリフ。	ハナ「もう、決して、離しちゃ駄目よ」	
		お辞儀をする幸子。		10+0
		C.723同ポ、寄り。見送るハナちゃんとミユキ。頭を上げ、幸子が去って行く。		
		手を振る二人。		

(　　　)

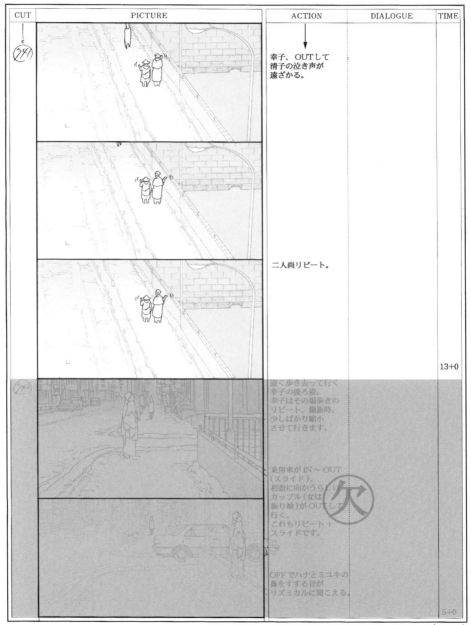

No. 407   マッドハウス

CUT	PICTURE	ACTION	DIALOGUE	TIME
743		涙を流しながら手を振っているハナちゃんとミユキ。二人、交互に大きく鼻をすする。それぞれ2回。	ハナ「ズス〜ッ」 ミユキ「ズス〜ッ」 ハナ「ズス〜ッ」 ミユキ「ズス〜ッ」	
		除夜の鐘が聞こえてくる（画面外左手）。 鐘の音にハッと顔を上げるハナちゃん。	鐘の音 「ゴォォォ〜ン」	7+12
744		橋の上の二人、引き。ハナ、一句詠む。 "人生の貸し借り 　済ませ大晦日"		
	人生の貸し借り済ませ大晦日		ハナ　　　（〜1+06） 「人生の 　貸し借り済ませ 　大晦日」 鐘の音「ゴォォォ〜ン」	9+0

(　　)

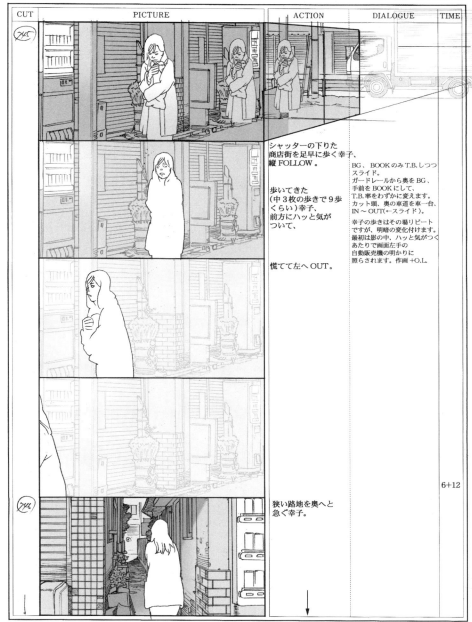

No. 409

CUT	PICTURE	ACTION	DIALOGUE	TIME
74	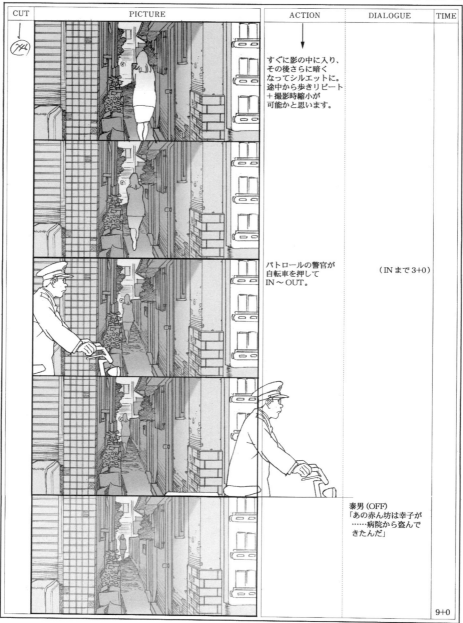	すぐに影の中に入り、その後さらに暗くなってシルエットに。途中から歩きリピート＋撮影時縮小が可能かと思います。		
		パトロールの警官が自転車を押してIN〜OUT。	（INまで3+0）	
			泰男 (OFF)「あの赤ん坊は幸子が……病院から盗んできたんだ」	
				9+0

( )

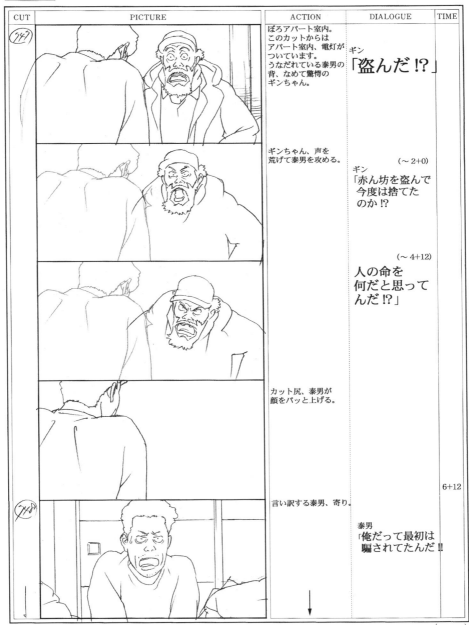

No. 410　　　　　　　　　　　　　　　　　　　　　　　　マッドハウス

CUT	PICTURE	ACTION	DIALOGUE	TIME

468

↓

(〜 3+0)
こんなことがばれたら
エライことになっちまう。

(〜 6+12)
俺はもう関わりたく
ねぇ…………

(〜 8+18)
あんたらで警察でも
どこでも連れてって
くれ」

469

殴りかかるギンちゃん。

11+0

0+18

(　　)

No. 412

CUT	PICTURE	ACTION	DIALOGUE	TIME
250		A.C. C.708同ポ。 カット内容に応じて 座椅子の位置等、 調整してください。		
		ギンちゃん怒りの 鉄拳が炸裂、泰男が 見事にひっくり返る。	泰男 「デッ!!」	
		ギンちゃん、殴った後 そのままの勢いで 立ち上がり、 次カットへ。		
251		A.C. 怒るギンちゃん、 アオリ。 ↓		1+18

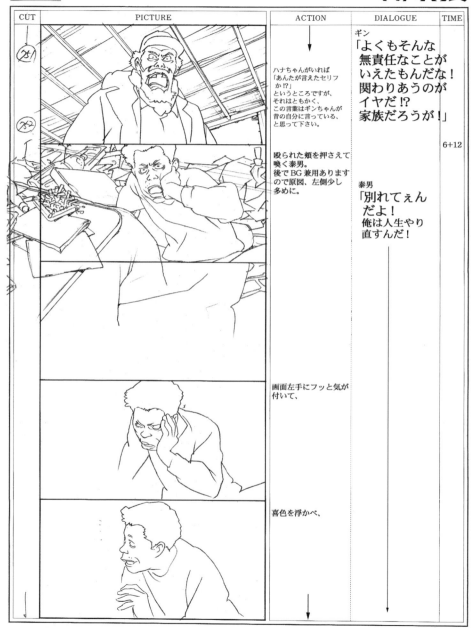

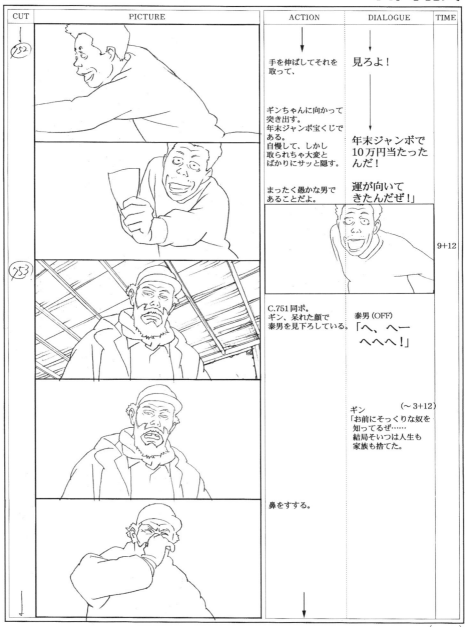

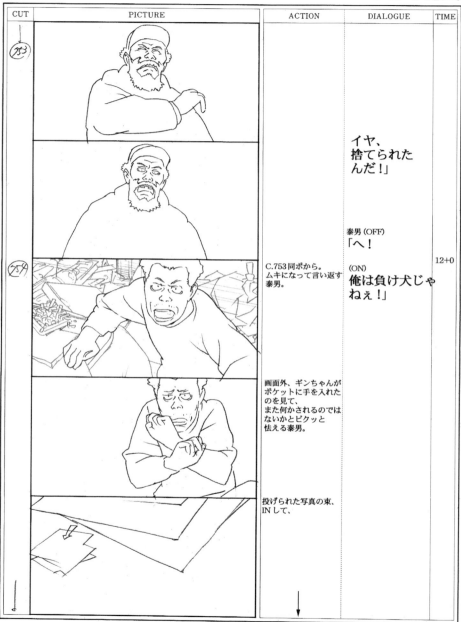

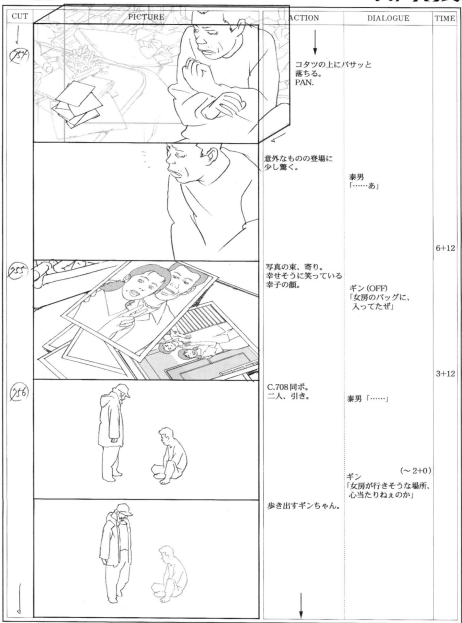

No. 419   マッドハウス

CUT	PICTURE	ACTION	DIALOGUE	TIME
259		ヒラリと跨って走り出す。		10+0
260		A.C. ギンちゃん、自転車に跨り走ってくるが、		
		急にブレーキ。		
		肝心なことにはたと気がつき、自転車のペダルを猛烈に空回り（逆回転）させる。	（〜1+12） ギン 「どこ探しゃいいんだ!?」	
		が、何かに気がついて不意に止める。遠くで微かに赤ん坊の泣き声が聞こえる。	（〜4+12）	6+12

（　　）

No.420

CUT	PICTURE	ACTION	DIALOGUE	TIME
961		深夜の住宅街。BGオンリー。奥の方から赤ん坊の泣き声が、一つまた一つ聞こえてくる。 絵を入れる場所を間違えたせいで、ここは空きスペースになってしまいました。まぁ、こうして折角「×」を書いたことですし、ここを消失点として原図を取ってやってください。両側に伸びる二本の線は道路の幅のつもりです。いい加減にでっち上げた街並みで申し訳ありませんが、電柱と電線はこのカットでは重要なので、印象的に描写してください。電柱と電線、そのネットワークがすなわち、ギンちゃんを導く「乳児たちの泣き声によるメタフィジカルなネットワーク」の象徴なのです！……ってどこまで本気なのでしょうか。半分くらいです。		5+0
962		ミユキの左手に乗せられた5円玉。 御縁（5円）がありますように、というよりホントに金がないのです。 カット尻、ポン放り上げる。	ユキ (OFF) 「な～あ（溜息）」 欠	
963		神社、初詣の列に並んでいるハナちゃんとミユキ。画面左手、奥の方屋台が出ていて、焼きそばだかたこ焼き屋だか出ている湯気やけむりを加えます。ミユキ、前カットで放り上げた5円玉をキャッチしてセリフ。	ミユキ 「たった5円じゃたいしたお願いも出来ないね」 「〜までお金に汚くない〜と祈りましょう！」 欠	9+0

No. 421　マッドハウス

CUT	PICTURE	ACTION	DIALOGUE	TIME
264		揺すられる鉦。 DSCN00027	S.E. 「ガランッ！ 　ガランッ、ガラン‼」	2+0
265		柏手を打って お祈りするハナちゃんと ミユキ。 二人とも手袋は外して います。 奥の方、煙上がって ます。		7+0
266		がむしゃらに自転車を 走らせるギンちゃん。 こぎまくる足元から PAN.UP. 自転車はオンボロで キーコキーコと 軋む音が激しい。 路面は雪ですが、車が 通った場所だけ アスファルトが 露出していて、 そこをトレスする 感じで走っています。	ギン（OFF～ON） 「ハナぁ‼ 　ミユキぃ‼ 　清子ぉ‼」 FIX.2+0 PAN.UP.2+0 FIX.2+0	6+0

(　)

No. 422

CUT	PICTURE	ACTION	DIALOGUE	TIME
82	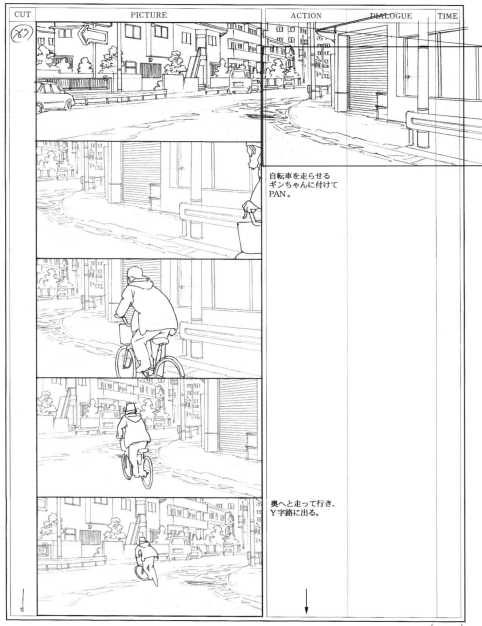	自転車を走らせるギンちゃんに付けてPAN。 奥へと走って行き、Y字路に出る。		

No. 423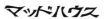

CUT	PICTURE	ACTION	DIALOGUE	TIME
167		行き先に迷って 急ブレーキで止まる。		
		左右見回す。 ギンちゃんが一旦 止まるあたりの奥に 見える建物、左手を 見ているような顔に します。 ついでに分かりやすく 矢印も (笑)。 ファミレスの看板と でも思って下さい。		
		画面外左手から 赤ん坊の泣き声が 聞こえる。 左手へと走り出して OUT。		
				5+0

( )

No. 424

CUT	PICTURE	ACTION	DIALOGUE	TIME
768		神社の入り口、多くの初詣客が長い列を作っている。ハナちゃんとミユキが境内から出てくる。	ミユキ「この時期だけは神様も大忙しだね」 ハナ「一年中暇よりましだわよ」	
		二人のすぐ横をものすごい勢いでキーコキーコと通り過ぎる自転車のギンちゃん、IN〜OUT。		
		一瞬、間があって。		
			ミユキ「おっさん!?」	8+0

(　　　)

No. 425

マッドハウス

CUT	PICTURE	ACTION	DIALOGUE	TIME
269		境内脇の道路、急ブレーキをかけて滑って行く自転車。 止まりきらずにステンと転び、自転車ごと滑って行くが、 ギンちゃんは滑りながらも立ち上がり、		

( )

No. 426

マッドハウス

CUT	PICTURE	ACTION	DIALOGUE	TIME
269		鬼のような形相で 一目散に走ってくる。		
				8+0

( )

No. 427　　　　　　　　　　　　　　　　　　　　　マッドハウス

CUT	PICTURE	ACTION	DIALOGUE	TIME
⑦⑦⓪		三人横位置。 ギンちゃんIN気味。		
		ゼーゼーと息が 上がっている ギンちゃん。 少し皮肉を込めた 口調でハナちゃん。	ギン 「(ゼイゼイ言っている)」 ハナ　　　　　(〜1+0) 「一足遅かったわね。 感動の対面はとーっくに 終わったわよ」 ミユキ 「どうしたのさ？ おっさん」　　(〜6+12)	
		息が苦しく言葉を 口に出来ない ギンちゃん、 もどかしげに何事か ジェスチャーで伝える。 怪訝な顔になる ミユキとハナちゃん。		
		赤ん坊を抱き、 あやすような仕草。		

No. 428

CUT	PICTURE	ACTION	DIALOGUE	TIME
970		↓ 正解にブンブンと大きく頷くギンちゃん。	（〜 10+12） ミユキ「清子!?」	
		胸の膨らみを表現。	（〜 15+12） ハナ「……胸?」	
		ギンちゃん、忙しく両手を振って否定。		
		女性の身体を表現する曲線を両手で描く。		
		↓	（〜 19+0） ミユキ・ハナ 「母親!!」	

(　　)

CUT	PICTURE	ACTION	DIALOGUE	TIME
550		ハナちゃんの「置いといて」に乗せられる感じでジェスチャー。	ハナ「……は置いといて、	
		もどかしさでいっぱいになる。	って分かんないわよ」	
		大きく息を吸って、次カットへ。		
22		C.769同ポ。※同じサイズになるはずはありませんが、大丈夫でしょう。BG少しボケを加えます。		23+12
		衝撃の事実を大声で叫ぶギンちゃん。	ギン「ニセモンだ!!母親!……幸子はニセモンなんだ!」	3+12

( )

No. 430

マッドハウス

CUT	PICTURE	ACTION	DIALOGUE	TIME
772		C.770同ポ。 三人横位置。 変な間（3＋0）。		
			ハナ・ミユキ 「……はい？」	
		遠くから赤ん坊の 泣き声が聞こえる。 気がつき、弾かれた ように走り出す ギンちゃん、		
		OUT。		
		顔を見合わせる ハナちゃん、ミユキ。		

(   )

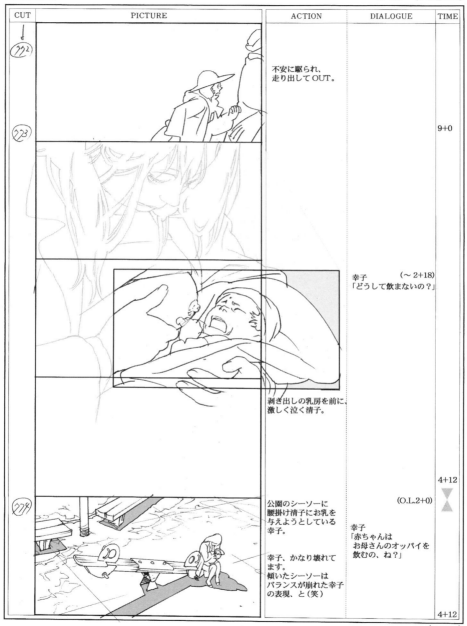

No. 432　　　　　　　　　　　　　　　　　　　マッドハウス

CUT	PICTURE	ACTION	DIALOGUE	TIME
475		虚ろな目で清子を見下ろしているサイコな幸子。	幸子「お乳を飲まなきゃ、ちゃんと親子になれないじゃないの」	
		次カットの赤ん坊Aの声が清子の泣き声に先行して被ってくる。		4+12
476		泣く赤ん坊のアップ。	赤ん坊A「んぎゃあああ」	
				1+12
477		同じく泣く赤ん坊、アップ。	赤ん坊B「うぇぇぇあああ」	
				1+12
478		さらにまた別な赤ん坊が泣き声を上げている。	赤ん坊C「ほんぎゃあほんぎゃあ!!」	
		そこへヌッと現れるハナちゃんの恐ろしい顔。		

（　　）

No. 434

CUT	PICTURE	ACTION	DIALOGUE	TIME
㉘⓪		走るハナちゃん。 FOLLOW →		
		ミユキがINして続き、		
		手前からギンちゃんが 走りながらINして 続く。	（〜 2+0） ハナ 「まだ遠くには 行ってない 筈よ！」	
		↓	ギン 「けど 探しようが ねぇぜ！」	

( )

No. 436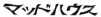

CUT	PICTURE	ACTION	DIALOGUE	TIME
281		三者それぞれに見渡し、逡巡する。		
		ハナちゃんが口元に手を当てて「シッ……」、荒い息を潜める一行。	(〜3+0) ハナ「シッ……」	
		と、赤ん坊の泣き声が聞こえてくる。		6+12
282		住宅街の通り。彼らを導くように、奥へと向かって赤ん坊の声が繋がって行き、それに伴って明かりの消えた窓にポツポツと灯がともる。		
		こんな感じです。	(〜4+12)	

CUT	PICTURE	ACTION	DIALOGUE	TIME
282		大きくINして奥へと駆けて行く。	三人「清子だ!!」	6+0

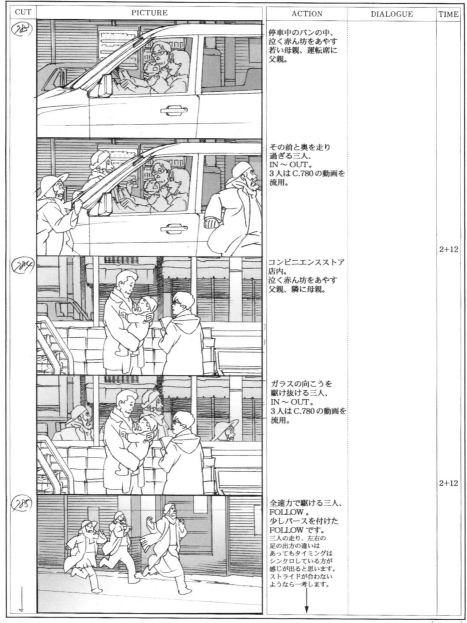

No.440

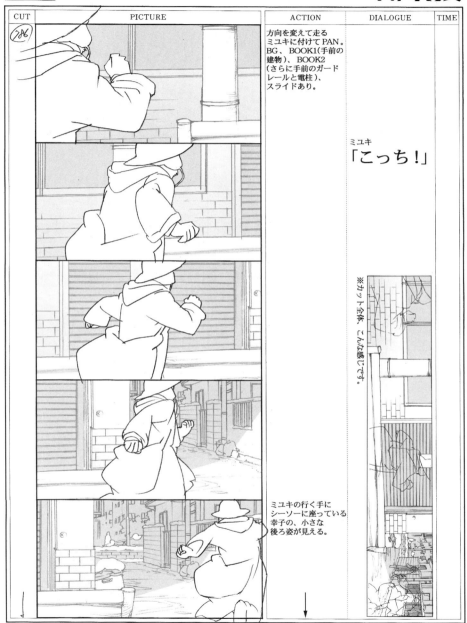

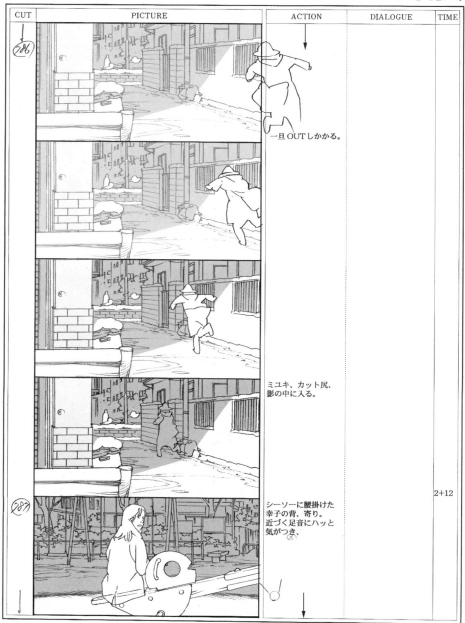

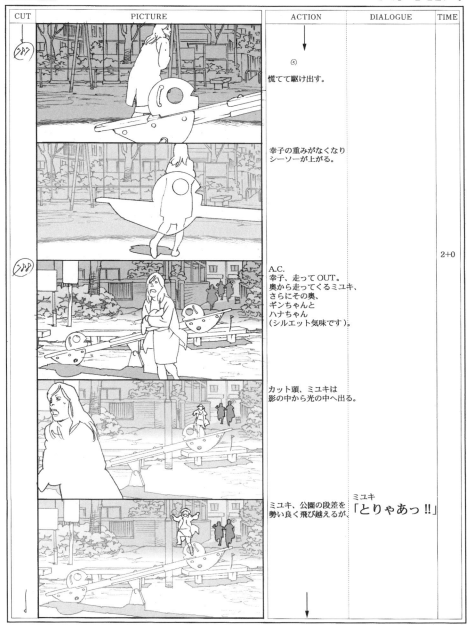

No. 443

CUT	PICTURE	ACTION	DIALOGUE	TIME
288		積もった雪に足を取られる。	ミユキ「うわっ、たっ、と！」	
		その間にギンちゃん、ハナちゃんが追い付いてくる。		
				4+12
289		公園の自転車止めの間を通って住宅街へと逃げる幸子。		
		↓		

No. 446

CUT	PICTURE	ACTION	DIALOGUE	TIME
591		※Y字路正面の建物、 右を向いたような 表情です。 カラあって、 ミユキが左手から 大きくINして奥へ。 続いてハナちゃん、 ギンちゃん。		

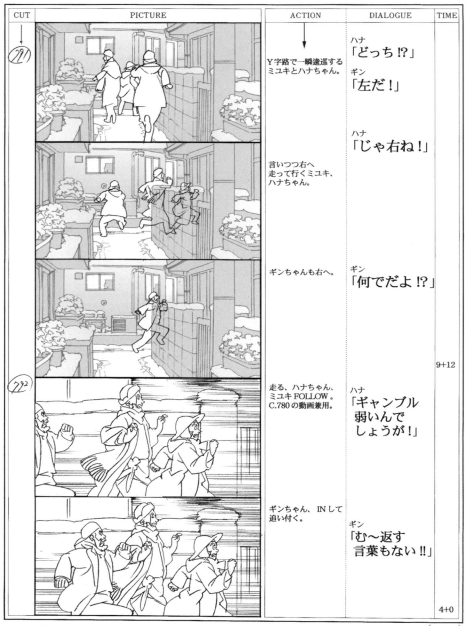

No. 449 マッドハウス

CUT	PICTURE	ACTION	DIALOGUE	TIME

CUT 299

太った男がバットを
構えている。
ドアにぶつかるミユキ。
さらにハナちゃんが
ドシンッ!!

ミユキ
「むぎゃっ!!」
ハナ
「ギャッ!!」

少し遅れて走ってきた
ギンちゃんが
ジャンプ一発、辛くも
かわしてすり抜ける。

ギン
「ハッ!!」

バランスを崩しつつも
持ちこたえ、

ギン
「ヨッ!」

走って、OUT。
ドアの奥でへなへなと
崩れるミユキと
ハナちゃん。

6+12

( )

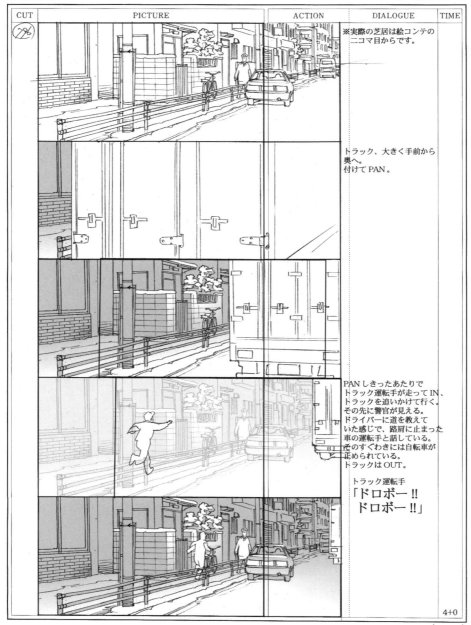

No. 452

CUT	PICTURE	ACTION	DIALOGUE	TIME
399		乗用車の奥の警官。トラックの運転手がIN気味に走り込む。	警官「どうしました!?」	
			トラック運転手「女が！ 俺のトラックをかっぱらいやがった!!」	
		そこへギンちゃんが走ってINし、		
		警官の自転車にサッとまたがり走り出す。		
		ギンちゃん、右へスライドしてOUT。		

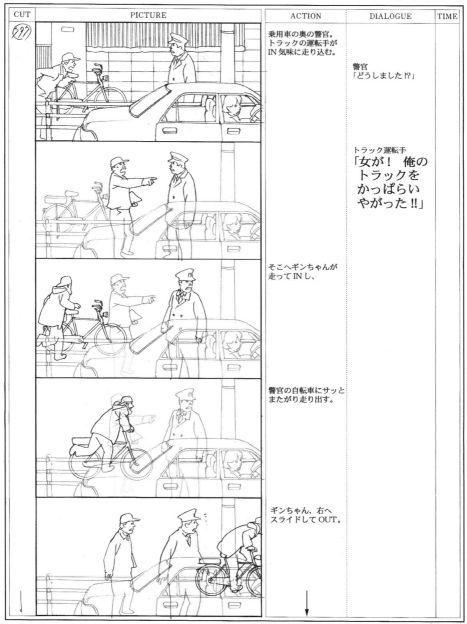

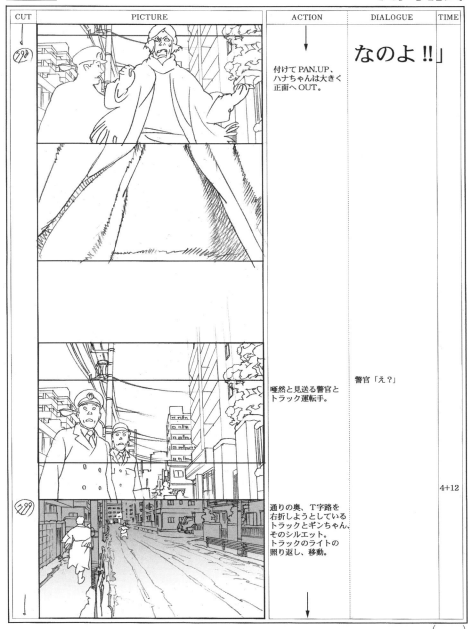

No. 455 マッドハウス

CUT	PICTURE	ACTION	DIALOGUE	TIME
⑲		↓ ミユキとハナちゃんも道路を右へ横切り、BOOKの陰へOUT。		
⑳		表通りに走り出るハナちゃんとミユキ。 ↓		4+0

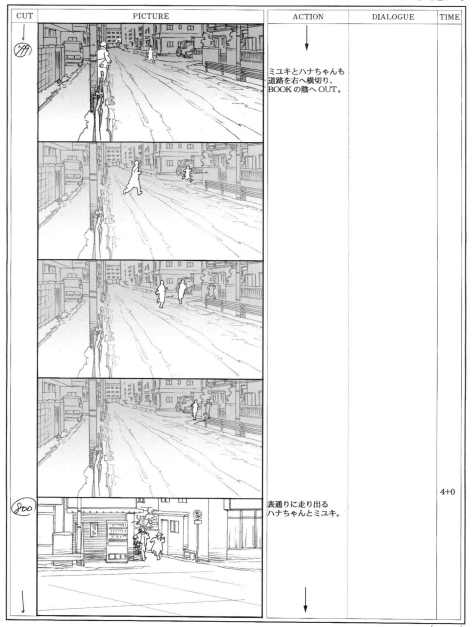

( )

No. 456

CUT	PICTURE	ACTION	DIALOGUE	TIME
300		二人の目の前を トラックと自転車の ギンちゃんが 駆け抜けて行く。		
		慌ててハナちゃんが 車道に飛び出し両手を 広げてタクシーを 止める。 ハナちゃん、 タクシーのライトに 照らされます。		
		手前で止まりかける タクシー。		5+0

(   )

No. 457

CUT	PICTURE	ACTION	DIALOGUE	TIME
201		タクシーの主観風、ハナちゃんに作画でT.U. BGは単純にT.U. ハナちゃん、タクシーのライトに照らされてます。		
		気がつくハナちゃん。	ハナ「あ」	2+0
202		タクシーの運転手は先日の中年男である。やはり気づく。	タクシー運転手「え？」	2+0
203		走るトラック、FOLLOW(←少しパースついてます)、トラックのみT.U.+スライド。		
		↓		

( )

No. 458

CUT	PICTURE	ACTION	DIALOGUE	TIME
203		泣きやまない清子（見えません）、焦る幸子。	幸子「静かにしてちょうだい!!お願い!!いい子にしてよ!!」	
		対向車線、スライドで一台車通過。		4+12
204		雪の消えたタイヤ後をトレースするように疾走するギンちゃんの自転車。縦FOLLOW。前カットでIN〜OUTした車が奥へ。	ギン「はっ、はっ、はっ、はっ、はっ……（荒い息づかい）」	
				2+0
205		トラックと自転車、俯瞰FOLLOW。	↓	

No. 459

CUT	PICTURE	ACTION	DIALOGUE	TIME
205		前方の信号（画面外）に引っかかり、トラックのスピードが落ちる。		
206		自転車とトラックの距離が縮まる。		3+0
		近づくトラック（作画）。縦FOLLOW。		
		そこへ手前からギンちゃんがIN。		
		ギンちゃんの動きに合わせてPAN(→)。		

( )

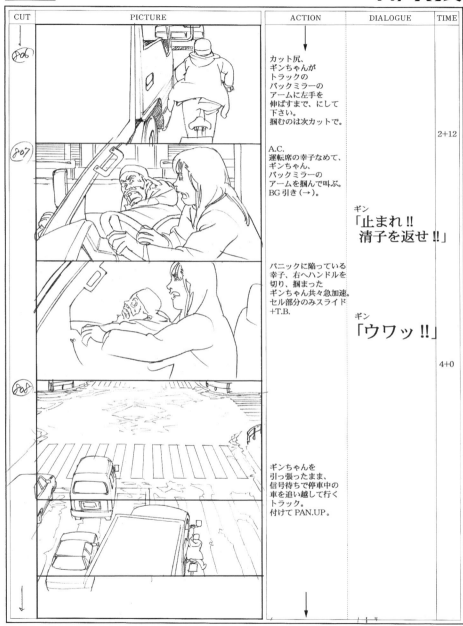

No. 461

CUT	PICTURE	ACTION	DIALOGUE	TIME
808				
		右からINしてきた乗用車が暴走トラックの手前で急停車。		
		追って、タクシーがINして奥へ。		
				4+12

（　　）

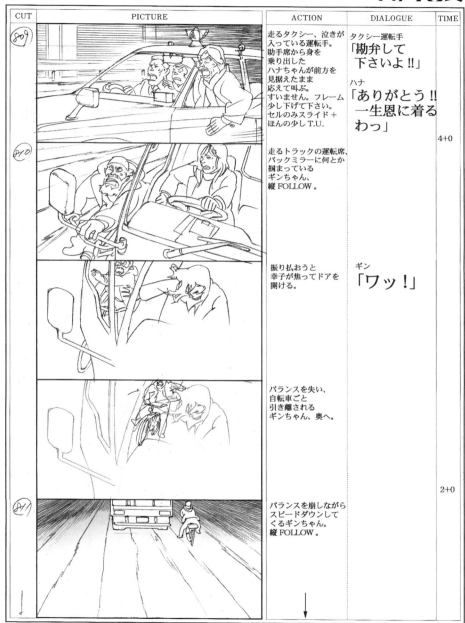

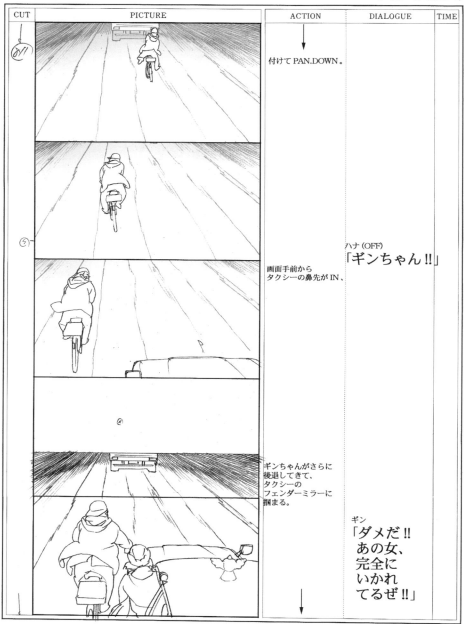

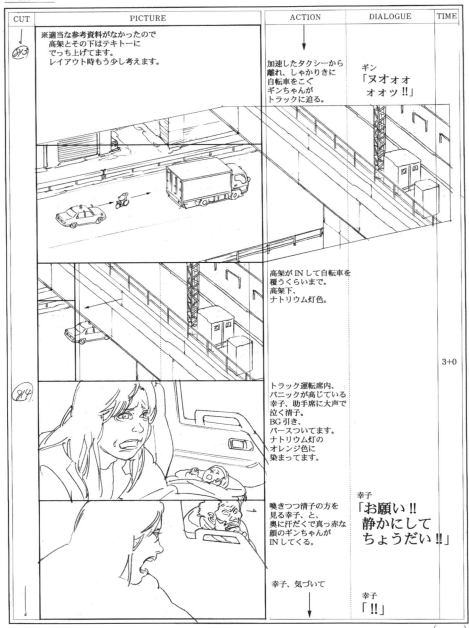

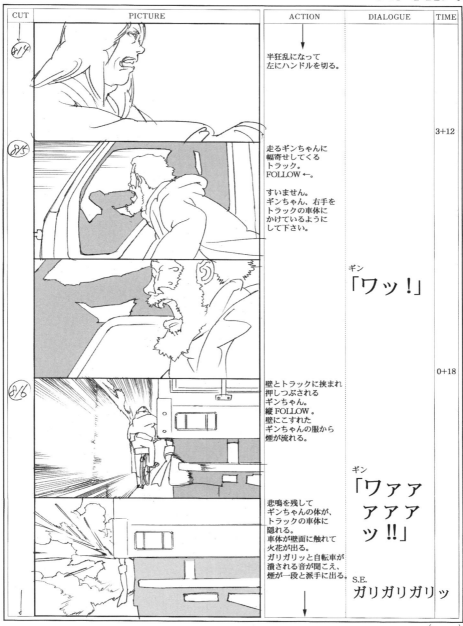

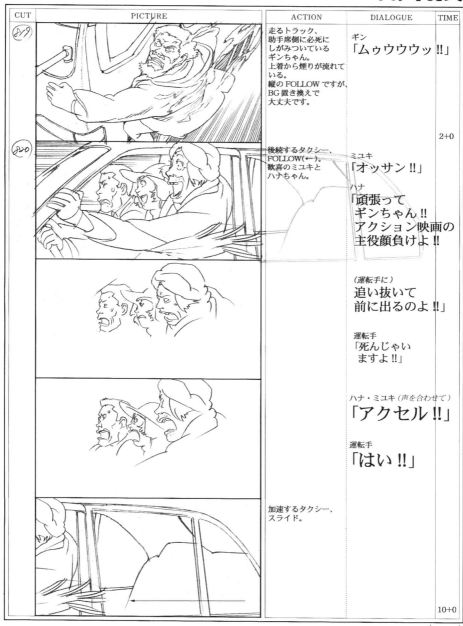

No. 469　　　　　　　　　　　　　　　　　　　　　マッドハウス

CUT	PICTURE	ACTION	DIALOGUE	TIME
881		交差点を駆け抜ける トラック、続いて タクシー、 IN～OUT。 対向車線に一台。 いずれもスライドです。 BG奥、うっすらと 夜明けが近い感じです。 時間の経過、かなり いい加減ですが、 勘弁して下さい。		2+0
882		走ってくるトラック、 タクシー、俯瞰FOLLOW。 走っている車は 全てスライド＋拡大で 何とかなると思います。 トラックとタクシーの軌道、 交差します。 対向車、先行車有り。		8+0
883		助手席のシートの上、 泣き続けている清子。 画面微振動。	幸子（OFF） 「泣かないで！」	2+12

（　　　）

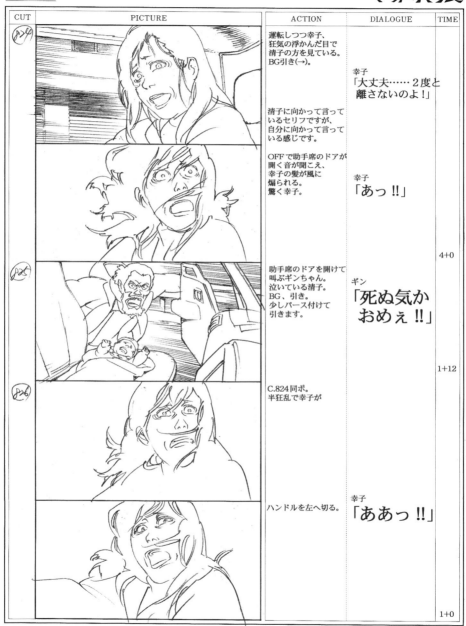

No.471

CUT	PICTURE	ACTION	DIALOGUE	TIME
329		画面手前から トラックが左へ カーブを切り、 ビルのエントランスへ 向かって突っ込んで 行く。 手前をタクシーが INして奥へ。 歩道の段差で トラックが大きく ジャンプする。 ジャンプを印象的に したいので、 ラスト少しスローで 溜まる感じです。		2+12
330		ギンちゃんが 清子に覆い被さる。 BG引き。 ↓		

( )

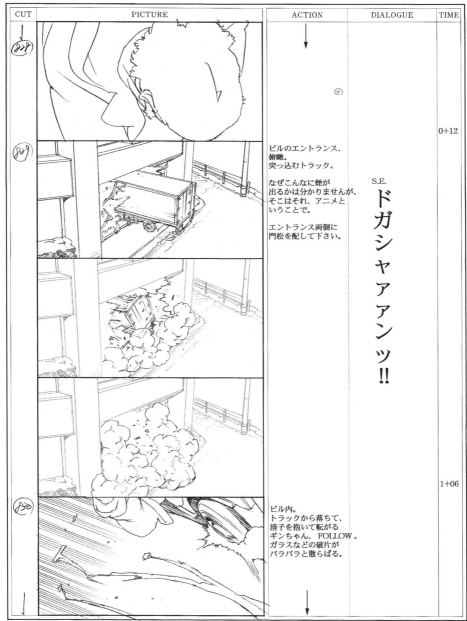

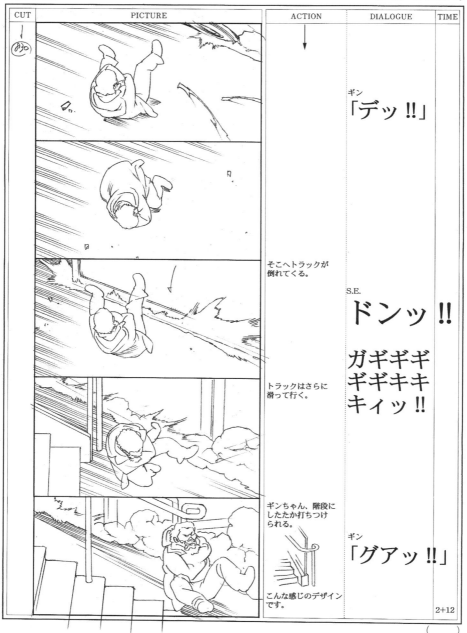

No. 474　　　　　　　　　　　　　　　　　　　　マッドハウス

CUT	PICTURE	ACTION	DIALOGUE	TIME
②31		トラックは勢いを失わず、吹き抜けになったロビーを滑って来る。	S.E. ガ ガ ガ ガ ガ ガ ガ ガ ガ ガ ガッ	
		少し回転してきます。		
		画面いっぱいにエフェクト来る。景気良く行きましょう。		
		BG、こんな感じです。		1+0
②32		ロビー俯瞰。場所の設定、こんなです。実際の芝居は次の絵からです。		

(　　　)

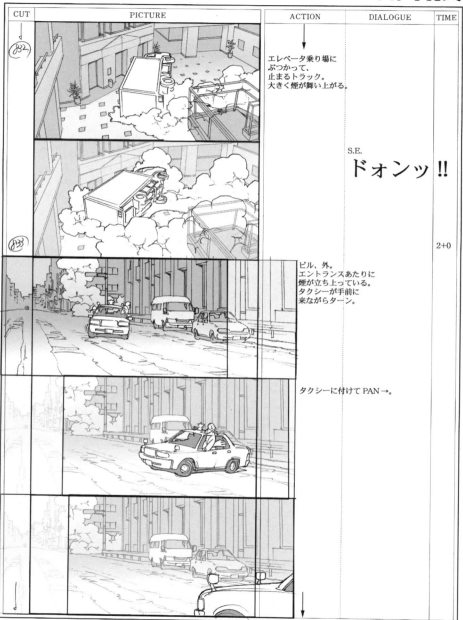

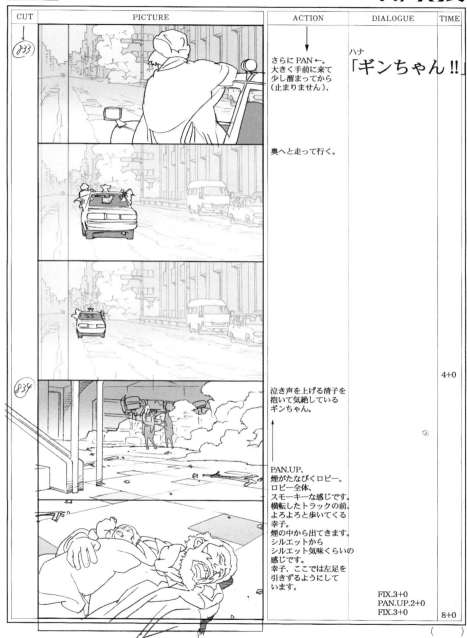

No. 477　　　　　　　　　　　　　　　　　　　　　　　　マッドハウス

CUT	PICTURE	ACTION	DIALOGUE	TIME
235		幸子、寄り。 左腕を押さえ左足を 引きずる感じで		
⌐		三歩ほど手前へ来て、 前方に気付く。 幸子の左腕、血を 滲ませて下さい。	ハナ（OFF） 「ギン 　　ちゃ～ん!!」	3+12
236		C.831BG兼用。 831BGの122％拡大、というより、 このカットを大きめに作って 831に兼用するようにします。 831は尺が短く、見える 面積も少ないですので。 壊れたエントランス、 ゆるゆると入ってくる タクシー。 ライトは点灯してます。		
237		ロビー内に何層か煙が たなびいています。 タクシーは煙の奥に いてシルエット気味です。 スライド＋拡大で少し 手前に来る感じは 出ると思います。 幸子がIN気味で 倒れている ギンちゃんのそばへ 駆け寄る。		1+12
⌊		泣いている清子を奪う。		

（　　　）

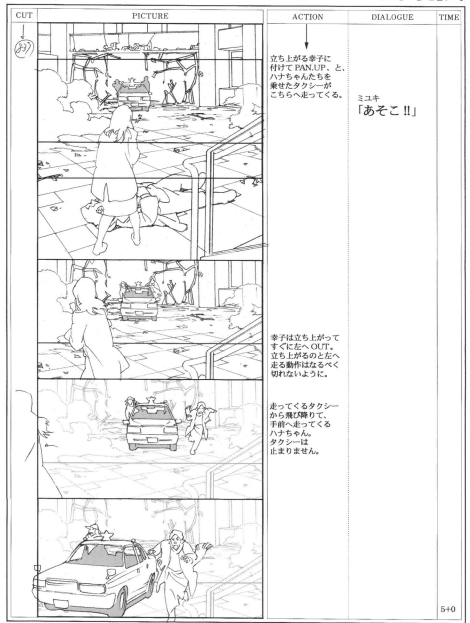

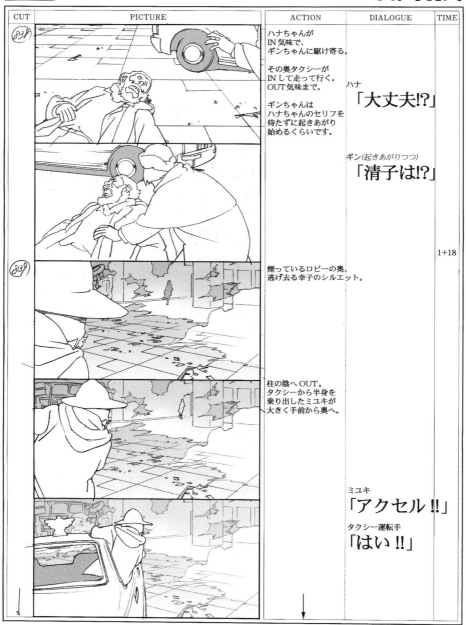

No. 480

マッドハウス

CUT	PICTURE	ACTION	DIALOGUE	TIME
839		タクシー加速しつつ、		
		煙を切り裂いて奥へ。		2+0
840		エレベータのボタン。 激しく連打する 幸子の右手。 1発目で上昇の ボタンが点灯。 3発目 "バンッ!"と 叩いて次カットへ。	S.E. バンッ!	
			バンッ!	
			バンッ!	1+18

( )

No. 481

CUT	PICTURE	ACTION	DIALOGUE	TIME
841		エレベータ前の幸子、廊下奥からタクシーが来る。 車、もう少し奥から。		
		清子を守るようにエレベータのドアに身を寄せる幸子。		
		エレベータの到着を知らせるチャイムが鳴り、ドアが開く。幸子がエレベータ内の照り返しを受ける。 後でもう一度使うので、少し特徴のある到着音が欲しいです。		
		幸子、開いたエレベータの中へ(OUT気味)。		2+12
842		エレベータ正面。タクシーがIN気味で横切る。		

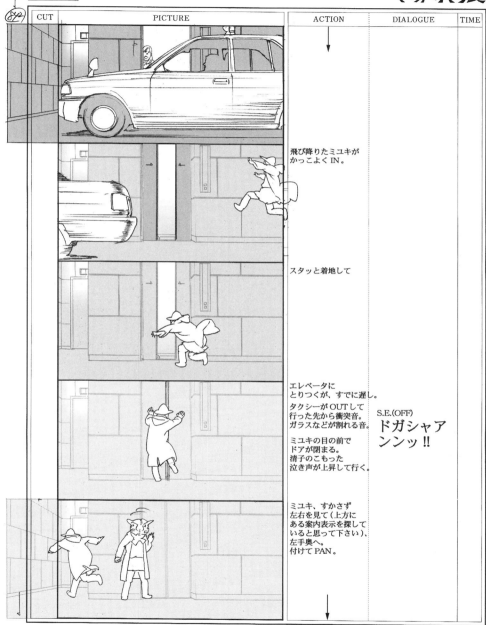

No. 483

CUT	PICTURE	ACTION	DIALOGUE	TIME
		ミユキはOUT気味。 奥に非常階段があるということで、奥の扉の上に「非常口」の表示灯をつけておいて下さい。 そのあたりのBGはそのグリーンの光が被った感じです。 非常階段、俯瞰。 扉を開けてミユキが走り込んでくる。		5+0
		勢いあまって手すりにぶつかる。		
		階段を上ろうとするがオーバーが手すりに引っかかっている。		
		そのままオーバーをスルリと脱ぎ捨てながら階段を駆け上がる。		

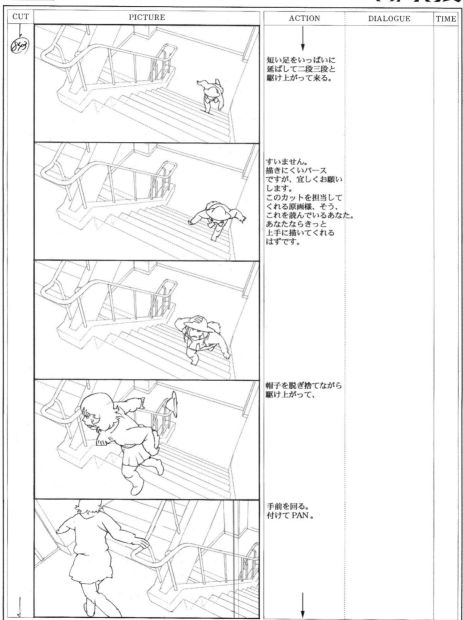

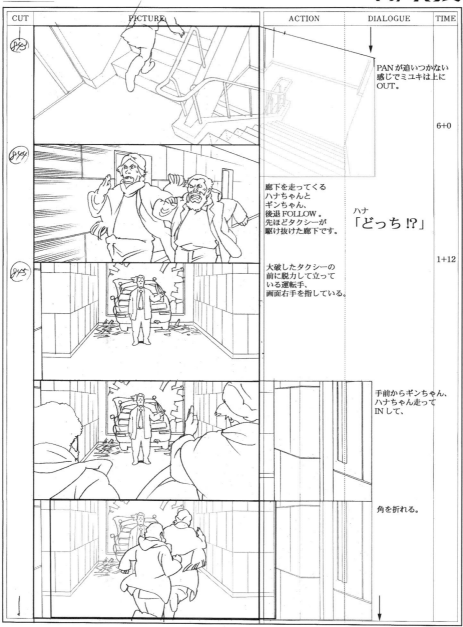

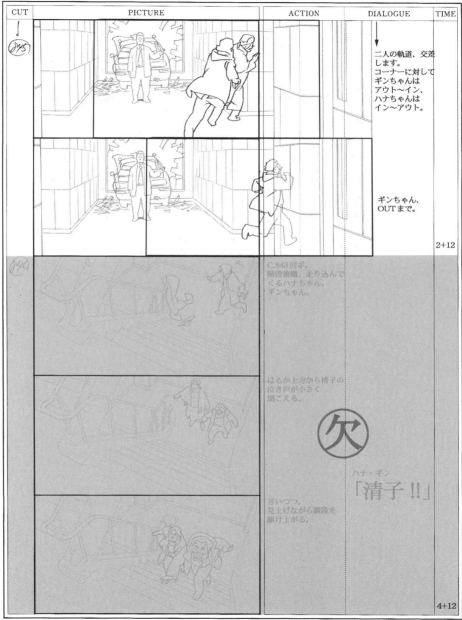

No. 487   マッドハウス

CUT	PICTURE	ACTION	DIALOGUE	TIME
		最上階、エレベータ前。街並みの向こうがうっすらと明るくなっている。夜明けが近い。		
		到着を知らせるチャイムが鳴り、（カット頭0＋6あって）ドアが開く。清子の泣き声が大きく聞こえる。		
		走り出てくる幸子、あたりを見回し、		
		走って右へOUT。		
		ミユキ、IN気味。汗だくで階段を駆け上がりつつ、		4＋0

(   )

No. 488　　マッドハウス

CUT	PICTURE	ACTION	DIALOGUE	TIME
		マフラーをちぎる ようにほどいて 捨て去る。		
		ミユキは大きく OUT。		
		汗だくで走るという 行為の中で、 本来の自分に返る、 という表現（笑） 面倒くさいパース ですがよろしく お願いします。		

3+0

(　　)

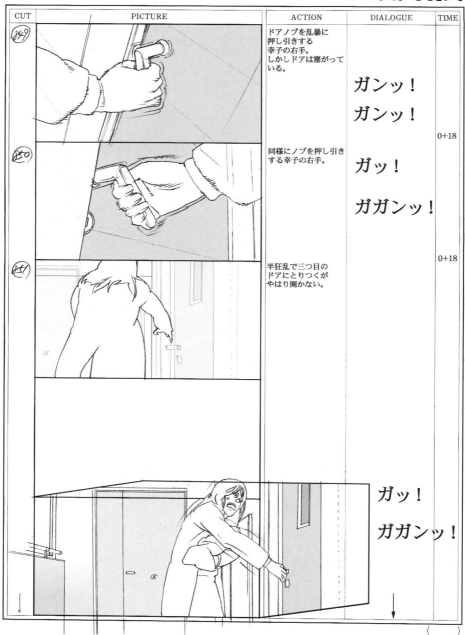

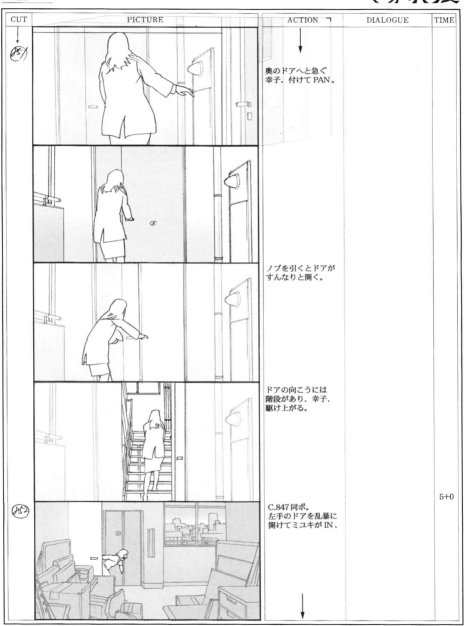

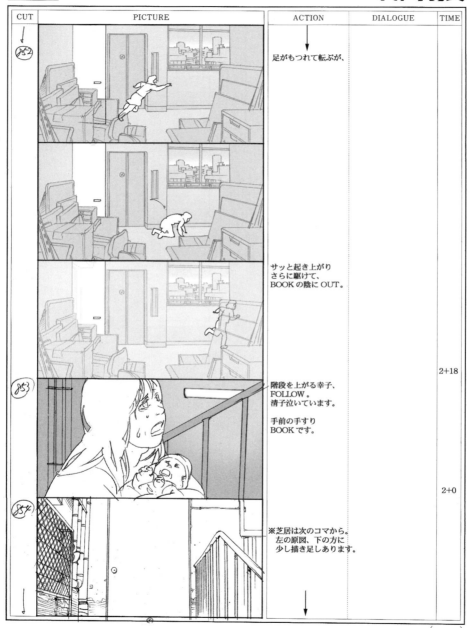

No. 492

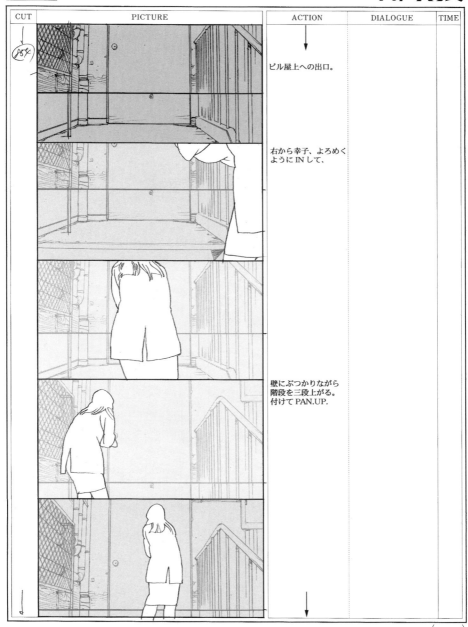

ビル屋上への出口。

右から幸子、よろめく
ようにINして、

壁にぶつかりながら
階段を三段上がる。
付けてPAN.UP.

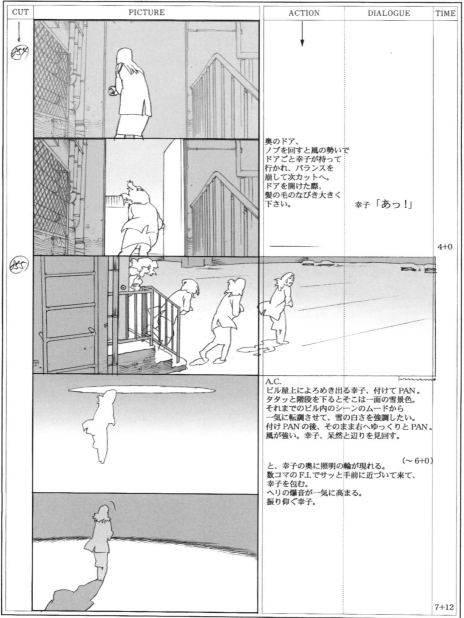

No.494

CUT	PICTURE	ACTION	DIALOGUE	TIME
856		ヘリからの視点。テレビモニター内。幸子がサーチライトの中に浮かび上がる。画面全体にカメラブレ、サーチライトにもブレの動き有り。T.B.して来ると、画面の片隅に「LIVE映像」の文字。泰男のアパートのテレビ画面。	FIX.2+0 (QUICK気味にラストに詰めて)T.B.1+12 FIX.2+12 以下、C.862までカットに跨って中継のアナウンス「繰り返しお伝えします！先ほど品川区のビルに暴走したトラックが衝突した事故現場をお伝えしましたが、同じビルの屋上に現在赤ん坊を抱いた女性が現れました。	6+0
857		泰男のアパート室内。酒を飲んでいた泰男、		
		テレビの方に視線を上げる。		3+0
858		テレビモニター内。ビル屋上の雪原を漕ぐように進む幸子、FOLLOW。カメラブレ有り。幸子はサーチライトの光の中にいます。	衝突したトラックは赤ん坊を連れた女性が運転していた、という目撃証言もあり、事故との関連があると見られます！」	3+0
859		呆然となっている泰男。		

(　　)

No. 495

CUT	PICTURE	ACTION	DIALOGUE	TIME
859		↓ 表情が驚愕に変わり、弾かれたように立ち上がって次カットへ。 ここで立ち上がるのは何かしようとして立ち上がったわけではなく、あまりに驚いて体が反射的に動いてしまった、という感じです。	泰男 「ああっ!!」	2+0
860		A.C. C.857同ポ。 腰を浮かせ中途半端なポーズで驚愕している泰男。 そのまましばらく固まる。 脳裏に様々なことが一気に去来し、体に震えが来て自然に下を向いて行く。	(〜3+0) 泰男 「……クッ…… ッググ…… (声にならないような呻き)」	8+12
861		泰男の視線風、テーブルの上の写真。いつかの幸せそうな二人の笑顔。 ↓	( )	

No. 496

CUT	PICTURE	ACTION	DIALOGUE	TIME
61		タッ、タタッと水滴がこぼれる。汗です。ウソです。涙です。きっと。		3+12
62		ヘリからの、ビルを映した映像。モニター内の映像です。カメラブレ、弱めに有り。幸子の後方、ミユキが追って出てきている。	中継のアナウンス「あ、今また一人現れました！ご覧いただけるでしょうか!?」（アナウンスの最終的な文字量はアフレコ時までに調整します）	3+0
63		雪の中を進む幸子に付けてPAN.UP。		

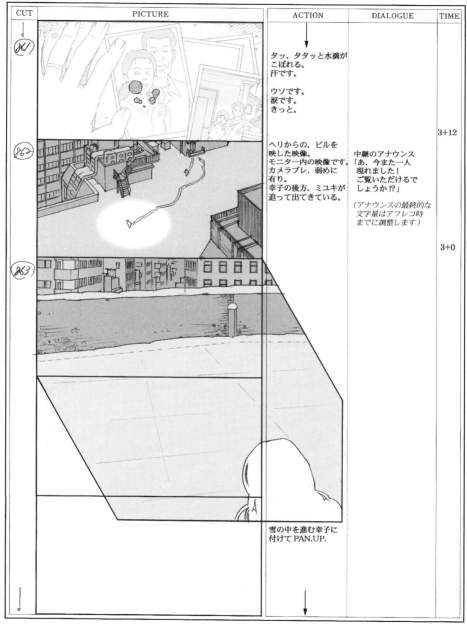

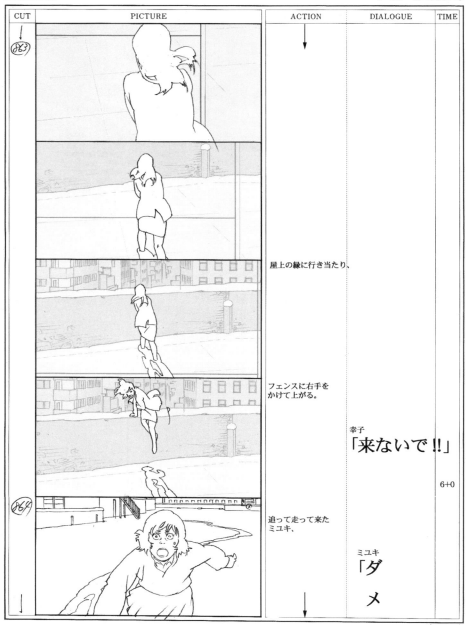

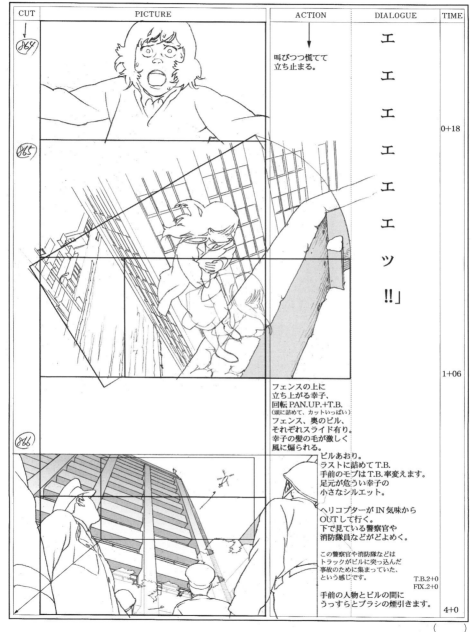

No. 499　　　　　　　　　　　　　　　　　　　　　　マッドハウス

CUT	PICTURE	ACTION	DIALOGUE	TIME
867		フェンスに立つ幸子と少し離れてミユキ。		
			ミユキ　　　　（〜 1+12）「教えて！なんで赤ちゃん盗んだのさ !?」	
		幸子、ミユキのセリフに素早く反応して振り返る。	幸子「違う！	5+0
868		激しく泣く清子を抱いて幸子が叫ぶ。髪の毛、激しくなびきます。なびき、両側くさくて申し訳ありませんが、幸子の業の深さというか情念の表現なので、文字通り「からみつくような」感じを出したいと思います。またこのカットと870、872となびきの大きさがイコール幸子の感情の大きさでもありますので、留意の上作画お願いします。原図、他カットに兼用しますのでBG空の方に長めに作成してください。	この子はあたしの子よ !!本当の子供よ」	2+12
869		負けずに叫ぶミユキ。このくだりのミユキのセリフ、所々清子のことと同時にミユキ自身のことも重ね合わせたセリフにしていますが、ミユキ自身はそんなことに気が付いているわけではない、と解釈してください。	ミユキ「ウソだ !!その子を心配して待ってるホントの親がいるんだよ !!」	3+18
870		C.868同ポ。自分に言い聞かせるように叫ぶ幸子。868より一層髪の毛のなびき激しく。	幸子「ウソよ！そんなの !!」	1+06

（　　）

No. 500　　　　　　　　　　　　　　　　　　　　　マッドハウス

CUT	PICTURE	ACTION	DIALOGUE	TIME
㉑		C.869同ポ。 869の怒りから哀願、 説得の口調に変わる。	ミユキ 「子供が いなくなった ときの気持ち、 あんたなら 分かる でしょ!?」	4+0
㉒		C.868同ポ。 グッと詰まる幸子。 髪の毛のなびき収まる。	（〜4+0） 幸子 「……う……ううっ……」	

(　　　)

No.501　　　　　　　　　　　　　　マッドハウス

CUT	PICTURE	ACTION	DIALOGUE	TIME
872		しゃがみこんで 次カットへ。 膝から力が抜ける 感じです。		7+0
873		A.C. C.867同ポ。 しゃがみ込んで泣く 幸子、少し離れて ミユキ。 画面外、頭上を ヘリコプターが飛び、 サイレンの音が 集まってくる。		4+0
874		泣く清子に顔を 寄せて大粒の涙を流す 幸子。 幸子の涙が清子を伝う。	幸子 「……死んじゃった ……私の赤ちゃん ……生まれないで 死んじゃったのよ!!」	6+0
875		C.869同ポ。 虚をつかれるミユキ。	前カットラストからの 嗚咽がこぼれる。	1+12
876		階段を駆け上がる ハナちゃんと ギンちゃん。 ハナちゃんINから ギンちゃんOUTまで。		

(　　)

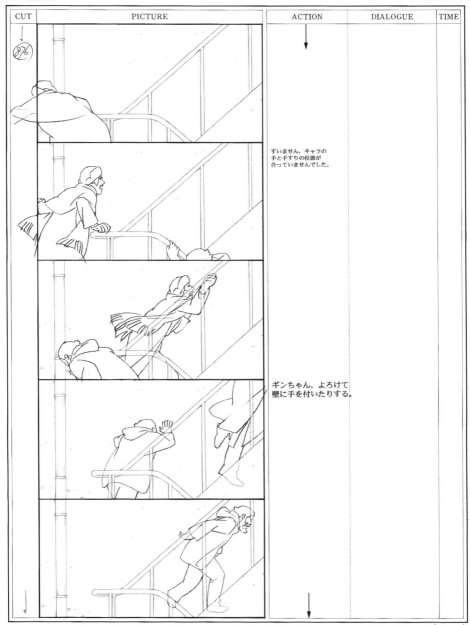

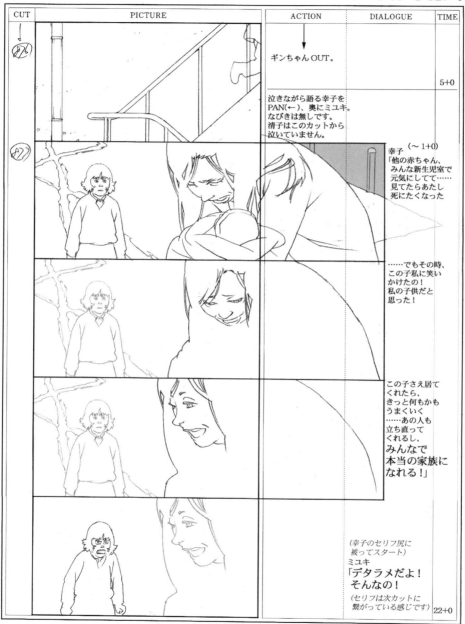

No.504

マッドハウス

CUT	PICTURE	ACTION	DIALOGUE	TIME
868		叫ぶミユキ、寄り。ここも怒りから説得へという感じです。	子供の命を粗末にして何が家族だよ!?死ぬならあんた独りで死ねばいいんだ!	
			同じ命は二度と産まれてこないんだよ!!あんたもあたしも清子もだよ!」	11+0
869		C.868BG 兼用。幸子、寄り。風、少しだけ下さい。ミユキの言葉が少しだけ通じた、というイメージです。		2+12
870		C.847同ポ。もつれるようにINしてくるハナちゃん、ギンちゃん。扉は開けっ放しのままです。		
		ギンちゃん、足がもつれて転び	ギン「ムギャッ!!」	

(   )

No.505 マッドハウス

CUT	PICTURE	ACTION	DIALOGUE	TIME
880		見事に一回転して OUT。		1+12
881		C.879 の同ポから。 一歩踏み出すミユキ、付けて PAN+T.B.。 キャラの色、暗〜明へ O.L. 太陽光の干渉ですが、直射光を受けているわけではありません。明るくなった空の干渉と思ってください。	ミユキ 「返しなよ、ね?」	3+0
882		幸子とミユキ、引き。奥の空、日の出がごく近く明るい。ほとんど太陽が顔を出すか出さないか、というあたりです。二人とも逆光になります。		

(   )

No.506

CUT	PICTURE	ACTION	DIALOGUE	TIME
882		↓ ⑤ カット尻、 幸子立ち上がって 次カットへ。		4+0
883		A.C. C.868BG 兼用。 立ち上がって、 日の出の方を見つめる 幸子。 諦念が表情を 消している。 <small>すいません、 振り返る動作の際の なびきを強調したい のでカット頭での なびきは無しにします。</small> 飛び降りようとサッと 奥へ振り返る。	（〜4+0） 幸子 「………生まれ変わりたい」	6+0
884		息をのむミユキ。		0+12

(　　　　)

No. 507　　　　　　　　　　　　　　　　　　　　　　　マッドハウス

CUT	PICTURE	ACTION	DIALOGUE	TIME
		幸子、飛び降りようとして、		
			泰男 (OFF)「幸子ぉぉぉぉぉぉ‼」	
		呼ぶ声にハッと気が付いて踏みとどまる。		
		付けて PAN。		2+12
		眼下に集まった野次馬や警察、中央の建物の階段踊り場に泰男の姿。T.U.+O.L.	FIX.1+0（ラストに詰めて）T.U.1+12（O.L.1+0）	2+12

(　)

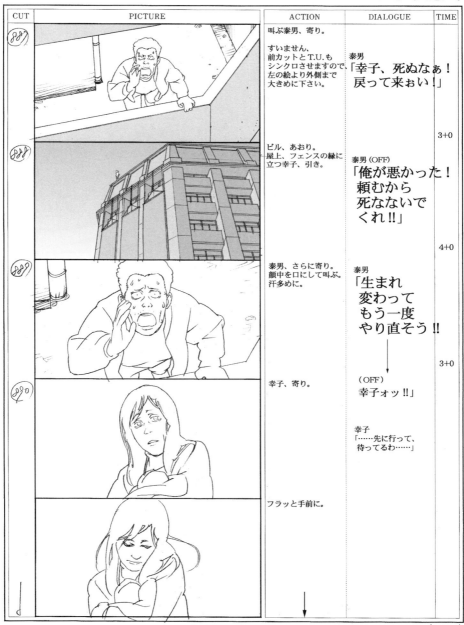

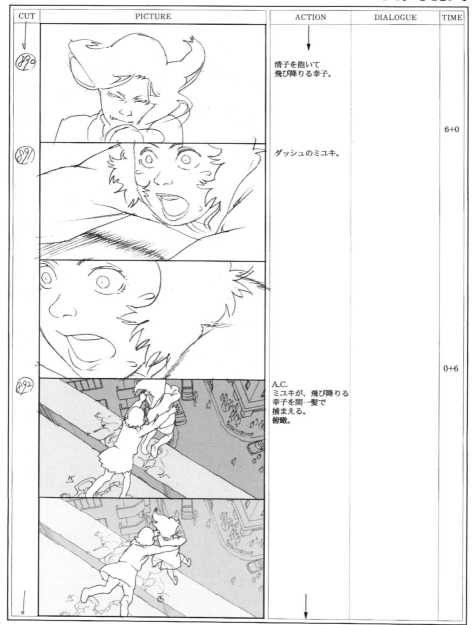

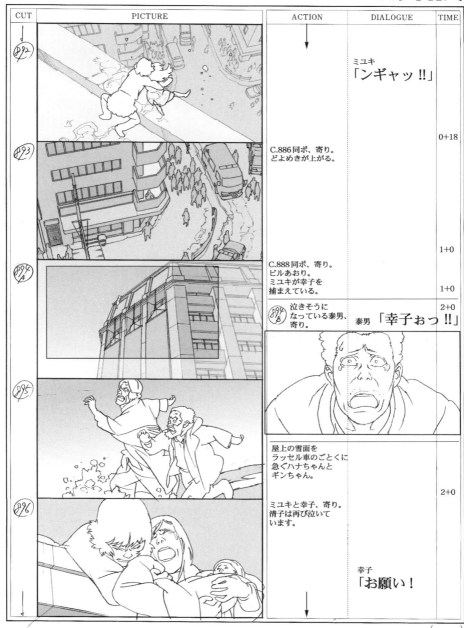

No.511　　　　　　　　　　　　　　　　　　　　マッドハウス

CUT	PICTURE	ACTION	DIALOGUE	TIME
896		↓	死なせてぇっ!!」	
			ミユキ 「清子は 　お父さんと 　お母さんに 　会いたい 　んだよ!」	
895		ミユキの言葉が通じて、 フッと我に返る幸子。		5+0
		清子の泣き声(OFF)が 不意に止む。	(～2+12)	
		気配を感じて		
		驚いたように 清子を見つめる。		4+0

（　　）

No.512

CUT	PICTURE	ACTION	DIALOGUE	TIME
898		喋る清子。 すいません。 卑怯な手を使って しまいました。 清子の声は幸子にしか 聞こえない、という 解釈です。	清子 「かえりたい」	3+0
899		C.897同ポ。 幸子の表情が みるみる泣き崩れ、 清子をさらに抱き 寄せる。 渾身の謝罪。 幸子は清子の立場で 考えたことがなかった わけです。 この絵の感じで しばらく泣く。	幸子 「ごめんなさい…… （嗚咽を引く）」 （〜2+12）	10+0
900		C.896同ポ。 カット頭に前カットの 余韻を残す。 幸子が清子を 渡そうとする。		
			幸子「この子を……」	4+0

( )

No.513

CUT	PICTURE	ACTION	DIALOGUE	TIME
901		ミユキの横顔なめて幸子の顔。 憑き物が落ちた、くらいのイメージです。 ハッと喜ぶミユキ。	幸子 「お父さんとお母さんのところへ……」	3+0
902		喜んだ拍子に、体を支えていた足の力がゆるんで滑り出すミユキ。	ミユキ 「イ ヤ ァ ァ	0+12 -α
903		清子を抱いた幸子とそれを支えるミユキが手前に滑り落ちてくる。		

(　　　　)

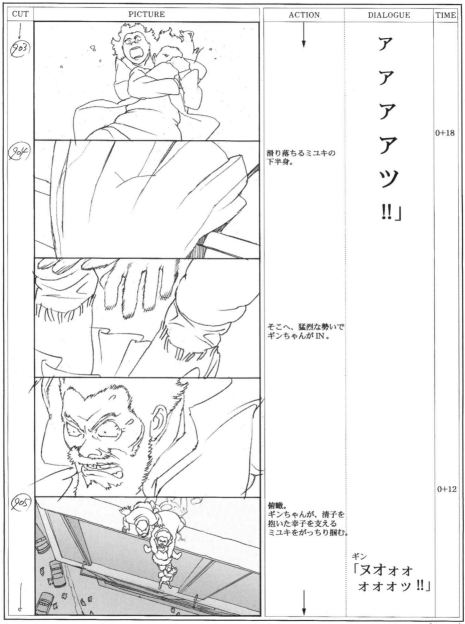

No.515

CUT	PICTURE	ACTION	DIALOGUE	TIME
905		↓ 時計の振り子のように ブラ〜ンと揺れる。		1+06
906		幸子の腕からこぼれ 落ちる清子。 幸子は前カットの 状態のまま右へ 揺れています。 揺れの際、 ミユキに右腕を 引っ張られるような 感じになって清子が こぼれた、と。 ラストにかけて少し スロー気味に溜まる。		1+12

( )

No.516 マッドハウス

CUT	PICTURE	ACTION	DIALOGUE	TIME
907		驚愕のミユキと幸子。 あおってます。		
908		驚愕のハナちゃん、 ギンちゃん。 あおりです。 ハナちゃんは ギンちゃんの背中に 手をついてます。		1+0
		ハナちゃん、 躊躇せずに手前へ。		1+12
909		A.C. 真俯瞰。 ハナちゃん、 ビル壁面を駆け下りる。 カメラも付いて移動。		

( )

No.517

CUT	PICTURE	ACTION	DIALOGUE	TIME
209	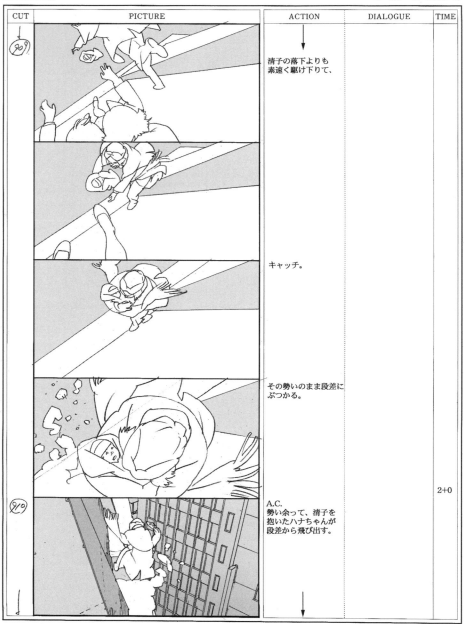	清子の落下よりも素速く駆け下りて、		
		キャッチ。		
		その勢いのまま段差にぶつかる。		2+0
210		A.C. 勢い余って、清子を抱いたハナちゃんが段差から飛び出す。		

( )

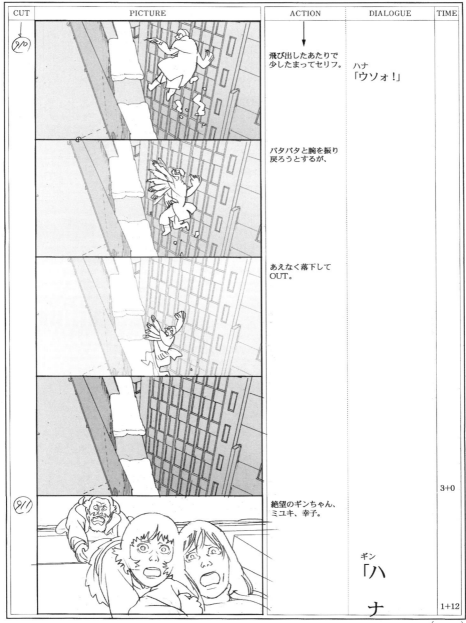

No.519　　　　　　　　　　　　　　　マッドハウス

CUT	PICTURE	ACTION	DIALOGUE	TIME
912		地上、見上げている泰男、奥にモブ。	「アアアアアッ！」	1+0
913		C.888BG 兼用。ビルあおり。ビル壁面の垂れ幕に掴まっているハナちゃん。	ハナ「大丈夫！——まだ生きてる	2+0
914		ぶら下がるハナちゃん、俯瞰。手前で垂れ幕のワイヤーが無情に切れる。	わああああああっ！」	
		垂れ幕を掴んだまま一直線に落下して行くハナちゃんと清子。		1+12
915		清子を抱いて落下するハナちゃん、FOLLOW。着衣が激しくなびく。ハナちゃん自体も下へスライド。ビル（BOOK）は右へスライド。奥は流背置き換え。		1+0

(　　　)

No.520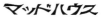

CUT	PICTURE	ACTION	DIALOGUE	TIME
916		ビルあおり。 垂れ幕を掴んで 落下するハナちゃん、 引き。	ハナ 「わ あ あ あ あ あ あ ！」	1+0
917		C.912同ポ。 突風がモブを襲う。 すでに風が吹き始めて いるところから スタートです。	泰男 「ああっ!!」	
		手前の泰男にも少し 遅れて突風が来る。 突風は何かデジタルで エフェクトをかけます。	泰男 「ウワッ!!」	1+12
918		ビルの一階 （トラックが突っ込んだ エントランスあたり です）、突風が奥へ。 消防隊や警察官が 突風に煽られる。 ↓		

( )

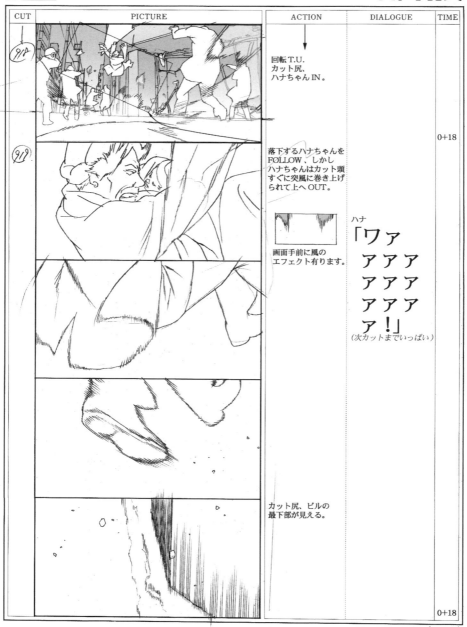

CUT	PICTURE	ACTION	DIALOGUE	TIME
920		ビル壁面をなめるようにPAN.UP.＋回転T.B.カット尻にかけてT.B.深く。		
921		垂れ幕ごと突風に煽られて、宙を漂うハナちゃん。		1+0

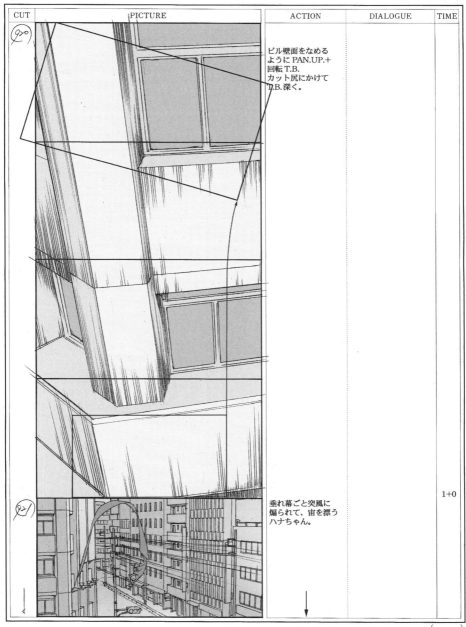

No. 523　　　　　　　　　　　　　　　マッドハウス

CUT	PICTURE	ACTION	DIALOGUE	TIME
㉑		一気にパッと煽られて、ゆっくりとたまる。 そこへ初日の出が差し込む(F.I.)。ハナちゃんの周りで巻き上げられた雪片が光に反射してキラキラと光る。 ゆっくり落下。ハナちゃん、太陽の方を見る。		9+0
㉒		ふんわりと落下するハナちゃん、FOLLOW。 雪片のキラキラ有りです。 原図はこんなです。泰男のいるビルが見えてます。		2+0

(　　)

No. 524

CUT	PICTURE	ACTION	DIALOGUE	TIME
923		建物の隙間から顔を覗かせている初日の出。PAN.DOWN. 太陽が切れない幅までです。近めの建物群 BOOK、スライド。		5+0
924		ビル壁面の段差の上に立ち、放心したように御来光を見つめるミユキ、幸子、ギンちゃん。		3+0
925		見上げるモブの前へ舞い降りてくるハナちゃんと清子。IN気味でカット頭からPAN.DOWN. 地上までは着きません。		5+0

No. 525

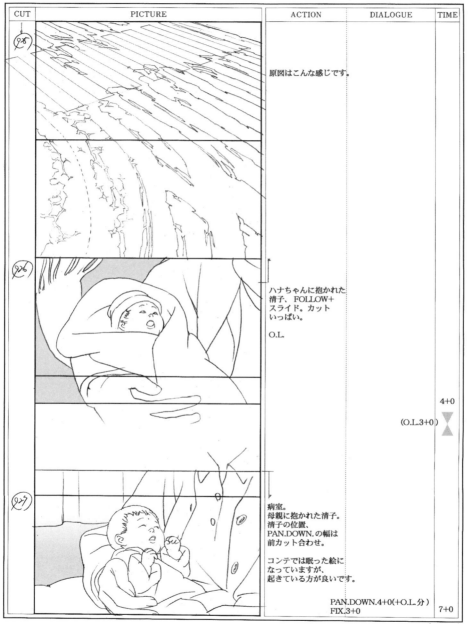

原図はこんな感じです。

ハナちゃんに抱かれた
清子、FOLLOW＋
スライド。カット
いっぱい。

O.L.

(O.L.3+0)

4+0

病室。
母親に抱かれた清子。
清子の位置、
PAN.DOWN.の幅は
前カット合わせ。

コンテでは眠った絵に
なっていますが、
起きている方が良いです。

PAN.DOWN.4+0(+O.L.分)
FIX.3+0

7+0

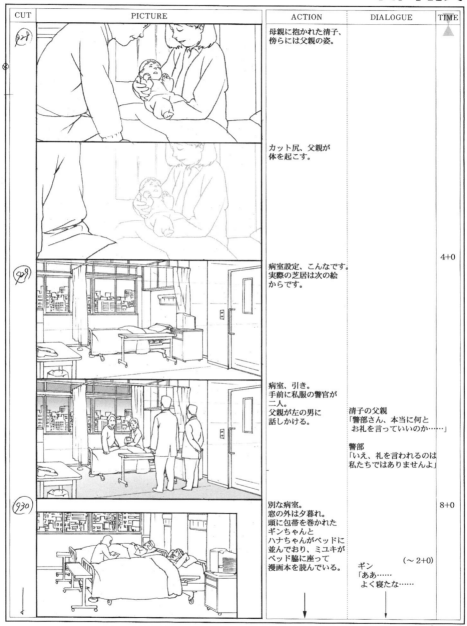

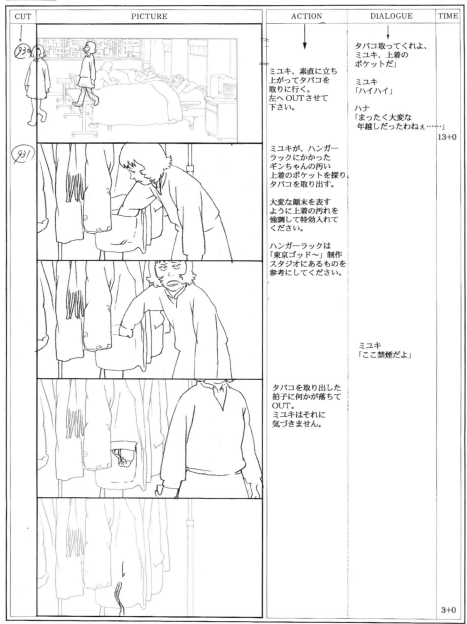

No.528

CUT	PICTURE	ACTION	DIALOGUE	TIME
932		ハンガーラックの足元。落ちている汚い巾着袋。老ホームレスから託された袋です。袋から宝くじが覗いている。T.U.+O.L. 宝くじの一枚には「10組1111111」の一等当選番号。	ギン (OFF) 「(前カットから被って)固いこというなよ、俺は英雄だぜ」 ミユキ 「"俺たち"でしょ!?」 (〜2+12) ギン 「(しみじみと)……明日から清子のやかましい泣き声も聞けないんだな」 ミユキ 「もう……清子じゃないよ」 ハナ 「何だか気に入らないわね……」 ミユキ 「……しょうがないじゃん」 ハナ 「違うわよ。ここ……男の病室じゃないの」	6+0 T.U.(A) FIX.3+0 T.U.(B) O.L.1+12
933		C.930BG 兼用、引き。 ただし少し時間経過があった感じで、窓外は930より暮れています。 ベッドの上に座りタバコをくゆらすギンちゃん。 だるそうにハナちゃんのベッドに突っ伏しているミユキ。 ぼんやりと寝ているハナちゃん。		16+0
934		3人の病室前、ドア。 中から3人の笑い声が聞こえてくる。 警部がINして、		

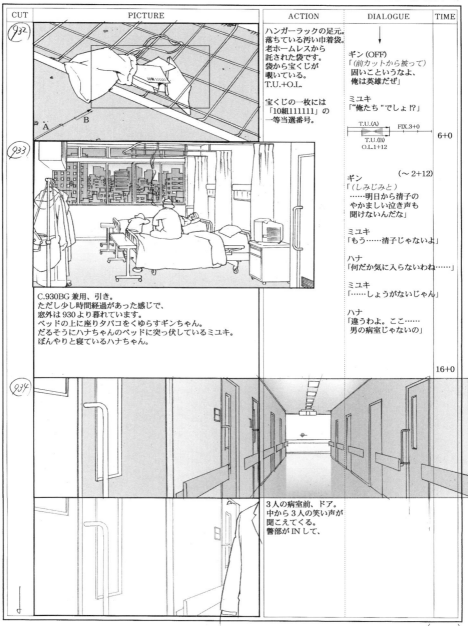

( )

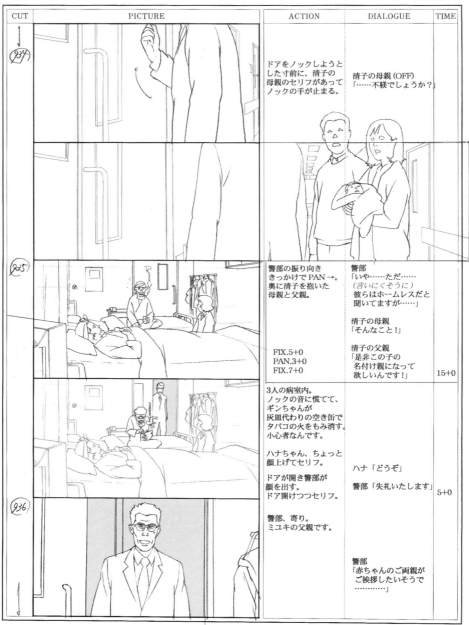

No.530

CUT	PICTURE	ACTION	DIALOGUE	TIME
936		ふと気づく。		4+0
937		見返しているミユキ。	ミユキ「……え？」	1+18
938		警部、さらに寄り。呆然と見返している。	警部「エ？」	1+12
939		やはり呆然と見返すミユキ、アップ	ミユキ「……お父さん」	3+0
940		驚くギンちゃん、アップ。	ギン「エ？」	1+06

(   )

No. 531　マッドハウス

CUT	PICTURE	ACTION	DIALOGUE	TIME
941		驚くハナちゃん、アップ。	ハナ「エ?」	1+06
942		抱かれている清子のアップ。 カット尻、エンディング曲スタート。	清子「バブゥ」	4+0
943		病室外、窓からT.B.して行く。夕暮れの中、明かりを灯し始めた病院。その表情が笑顔のように見える。手前の建物BOOK、スライド有り。O.L.	T.B.10+0 FIX.4+0 画面FIX.になってキャスト・スタッフロールスタート。	14+0
944	濃くするとこうなります。 笑っているように…… 見えない? 　一考します。	新宿副都心、遠望。	(O.L.3+0) (〜4+0)	

(　　　)

No. 532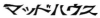

CUT	PICTURE	ACTION	DIALOGUE	TIME
944		ビルが曲に乗って踊り始める。		
			(O.L.3+0)	10+0
945		踊る東京タワー、遠望。BLへF.O.		
			(F.O.6+0)	16+0
	「東京ゴッドファーザーズ」 完			

Commentary of Storyboard A Part
TGFらしさ——演技の方法と偶然の描写
『東京ゴッドファーザーズ』絵コンテ❹パート解説

文：藤津亮太（アニメ評論家）
text by Ryota Fujitsu

表情豊かな日本人を描くための戦略

　本作のコンテは、登場人物の演技について、非常に細かくそのプランを描いている。たとえばC-575のギンちゃんを見ればわかるように、登場人物のちょっとした表情の変化などについても、その前と後の表情を描き、そのニュアンスをスタッフがより正確に把握できるようになっている。

　今監督は、本作について「表情豊かに長台詞をしゃべるアニメを作りたかった」とその表現上の狙いの一つを語っている。もちろんこの狙いを実際に実行するとなると、当然ながら一部の長台詞のシーンだけが「表情豊か」というわけにはいかない。全編を通じて、登場人物の様子を「表情豊か」に描く必要がでてくる。

　ここで一つ問題が浮上する。それは、日本人は決してそれほど「表情豊か」ではない、という点だ。たとえば一説によれば、日本で動きを省力化したアニメが発達したのは、欧米人と違い、日本人のジェスチャーがそれほど大きくないという

● C-575

574

●C-676（上）、678（下）

ことと密接な関係がある、という分析もある。会話の時の口の動きにしても、完全に発音と対応した動きをするアメリカのアニメーションに対し、日本のアニメの口は3つのパターンの組み合わせだけで表現されている。

こうした状況を踏まえた上で、どういう「表情豊か」の表現がありうるか。本作のコンテに細かく描かれた登場人物の演技プランは、写実的にアプローチすればけっして「表情豊か」にならない日本人を、どういう方向で「表情豊か」にするかという、その方針を示すために、細かく描かれる必要があったのだと思われる。

今監督が狙ったものが一番端的にわかるのが、C-676とC-678のハナちゃんの長台詞だ。どちらも20秒、36秒という、アニメとしては異例にまで長いカットで、かつフレーム内にはハナちゃんしか存在せず、セリフと演技の力がないと成立し得ないカットとなっている。

まずコンテに描かれた絵をよく見てみよう。ハナちゃんの表情を見ると、顔は自在に歪んで口の位置も大きさも自由に動き、瞳の大きさも、目の形も自在に変わっている。ここには、写実的正確さとは一線を画した表現がある。いわゆる「マンガ的な表現」というのは、このことだ。

それを念頭において、ギンちゃんやミユキの表情が描かれたコマを見てみると、長台詞のハナちゃんほどではないにしろ、マンガ的な表現が使われていることがわかるだろう。本作は、表情豊かな日本人を描くために、その表情演技を中心にマンガ的な表現を取り入れているのである。

しかし、それでも20秒、30秒という長いカットを保たせるのは難しい。たとえばミユキやギンちゃんが、ハナちゃんのように長台詞をいうシーンを考えてみよう。いくらマンガ的とはいっても、あそこまで派手な見せ場として成立するとは思えない。

◎パート解説　TGFらしさ――演技の方法と偶然の描写

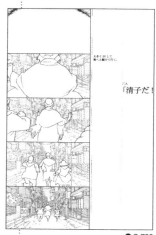

●C-782

ここで重要なのは、ハナちゃんがオカマである、という点だ。オカマといわれる人たちのいわゆる「おネェっぽい」動きは、日本人の標準的な立ち振る舞いとは異なり、かなり演技過剰なものだ。この2つのカットでは、このオカマ特有の過剰さを武器にすることで、長い芝居を成立させようとしている。この「オカマの過剰さ」を「表情の豊かさ」として活用するのは、今監督の当初からの狙いの一つでもあったという。

つまりここでは「日本人らしくないオーバーな演技」の孕む不自然さを、「オカマ」という属性が保つイメージで覆い隠すという戦略をたてることで、異例なまでの長いカットを表情豊かな演技だけで押し切るということを可能にしたのである。

ハナちゃんの長台詞は、もちろんストーリー上の要請によって生じた場面ではある。しかし、それをあのように正面から描こうとした今監督には、おそらく以上のような計算があったと思われる。

なお、一言に「マンガ的」表現といっても、そこにはさまざまなアプローチがあり、そこに難しさがある。

難しさの一つは、写実性と記号性の兼ね合いだ。極端な例をあげるならば、登場人物の頭身が変化したり、「髪の毛の上に描かれる大きな汗」や「顔に入る縦線」が登場するのも、マンガ的表現のうちだ。だからいくら「マンガ的な表現を取り入れる」と言葉でいっても、それをどこまでやっていいのか、どこからはNGなのか、スタッフには伝わりづらい。

そのためコンテは、ポイントとなる表情を含めたさまざまな絵を描くことで、どれぐらいキャラの顔を崩してもいいのか、そのさじ加減を示すという役割を果たしているのだ。ただし、これはあくまでも目安にすぎない、たとえば、ハナちゃんの演技の脇にそえられたト書きに「現状で思いついた芝居を描いていますが、作画時このアイデアにこだわらず膨らませてください」とあるとおり、これはつまり、コンテの絵は「指

示」というよりも、あくまで「ガイド」なのだ。

このようにして、日本人を主人公としながら「表情豊か」なアニメ映画は出来上がったのだ。

ト書きに書かれた情報を読む

キャラクターを「表情豊か」に描くための工夫は、コンテの絵だけではない。ト書きで説明することで、各アニメーターがその状況や人物を把握しやすくするような工夫もされている。

たとえばギンちゃんと娘の再会シーン。C-660では、台詞と並行して「顔を上げてなんとか気持ちだけは伝えようとするが、やっぱりいつもの自分の嘘にしか聞こえないような気がして、また俯いてしまう」と丁寧に心理が説明されている。またC-665でも「特にこのカットではそういう芝居は要りません。感情の流れの参考までに」という補足をつけつつも、「後姿の娘とギンちゃん。肩をすくめ、娘はつとめて明るい声で話す。その気遣いが分かるだけ余計ギンちゃんは辛くなる」と、細かい感情の流れを説明している。

そうしたト書きの中でも、目立つのがC-621。ここではコンビニでギンちゃんとハナちゃんに絡む中年サラリーマンをかなりの文字数を割いて説明している。

「このオジサン（福原滋／54歳）にも事情があるんです。単身赴任で長野から東京に出てきていて、年末も30日だというのに仕事が片付かなくて家に帰れない、と。一人暮らしの寂しいアパートに帰るのもなんだかわびしくて、会社帰りに景気付づけにちょっといっぱい飲んだら（以下略）」。ここから先は当該のページを参照してもらいたいが、このト書きは非常に長い。これはもちろん登場人物の演技の参考であるのは間違いないが、ここまで書き込むのは、半分はコンテを読み物としておもしろくしてしまおうというスタッフへのサービ

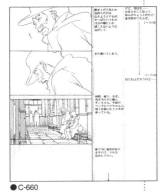

● C-660

● C-665

● C-621

Cパート解説　TGFらしさ――演技の方法と偶然の描写

■ C-106 より
■ C-114 より

■ C-672、674 より
■ C-819 より

●C-761

●C-697

●C-898

●C-79

●C-82

ス精神も大きい。

そうしたいささかの脱線（？）を含むト書きというとC-761もおもしろい。ここでは、このカットの電柱と電線が重要であると書いた後「電柱と電線、そのネットワークがすなわちギンちゃんを導く「乳児たちの泣き声によるメタフィジカルなネットワーク」の象徴なのです！　……ってどこまで本気なのでしょうか。半分ぐらいです」と、ト書きの中で、自分のコメントに一人ツッコミを入れている。

余談ながら付け加えると、C-697にはこんなト書きが書かれている。「すみません!!　清子の設定若干変更です。額に黒子ありです。他に目印を思いつきませんでした。（中略）しかしまぁ、前作といい本作といい黒子にたよってばっかり（笑）」。

前作の『千年女優』では女優の一生を振り返るというコンセプトに従い、主人公千代子は、少女時代、壮年時代、老年時代という3つの姿で登場する。ここでこのまったく違う3タイプの顔（この3つの姿はキャストもそれぞれ違う！）を観客に同一人物と即座に理解させるため、千代子は目元に黒子がつけられた。このト書きはそのことを指しているのである。

なお清子関連のト書きでは、C-898の清子のつぶやきのカットに「すみません。卑怯な手を使ってしまいました。」と書かれているのも印象的だ。

奇跡、偶然の演出法

本作では、随所に不思議な偶然がちりばめられ、それが物語を次のステージへと推し進める役割を演じている。だが、この偶然を描くにあたっては、特に演出的に凝ったことをして偶然を目立たせるよなことはせず、むしろそっけないほどに素直に描いている。

たとえばAパートC-79におけるペンキの落下や、C-82の

Cパート解説　TGFらしさ──演技の方法と偶然の描写

Cパート解説　TGFらしさ──演技の方法と偶然の描写

バイクの横転シーン。これらの共通点は、固定されたカメラのフレームの外部からペンキ缶やバイクが突如としてやってくることだ。これによって、偶然の持つ、突然現れて何が起こったのかよくわからないまま通り過ぎていくという雰囲気が強く打ち出されている。それはCパートC-626の救急車の事故シーンも同様だ。

その極めつけは、クライマックスのビルから落ちそうになったハナちゃんのシーン。ここでもカメラワークは奇をてらうことなく、その一部始終を描き出している。ここのカット割りの特徴は、突風がハナちゃんを持ち上げる奇跡の一瞬は、被写体に寄った短いカットで一瞬のうちに描き、そのあとの開放感のある浮遊シーンを大ロングでゆっくりと見せている点だ。ここではまず、短いアップのカットでそれまでの偶然のシーンと共通する「偶然の持つ、突然現れて何が起こったのかよくわからないまま通り過ぎていく感じ」をまず出している。その後のロングで、普通ではありえないような軟着陸を堂々と描写することで、「その偶然はもしかすると奇跡と呼べるものかもしれない」という方向へ気分を向かわせるようになっている。そしてこのゆったりとしたロングが、それまでの緊張感を開放しカタルシスを生み出している。

注目したいのは、このシーンでハナちゃんが完全に着地するところまでは描写されていない点。これは、そこまで描くと、「区切り」がつきすぎて「終わり」の印象が強く出すぎてしまうためではないだろうか。エピローグにもまだ二つの偶然が控えており、いわば余勢をかった状態でそのままエピローグへと進むために、ここではハナちゃんの着地ははっきりと描かなかったのだろう。

ともかくこうして本作は、幸福なエピローグへと到着し、エンディングを迎える。

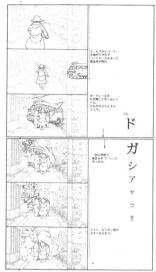

●C-626

Tokyo Godfathers
APPENXID

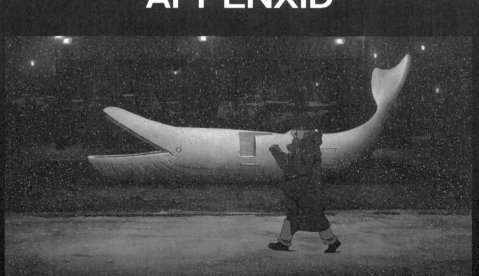

[評論] 元旦の空に天使が舞う

文：藤津亮太（アニメ評論家）
text by Ryota Fujitsu

目をつぶっていると
神様が見えた

うす目をあいたら
神様は見えなくなった

はっきりと目をあいて
神様は見えるか見えないか
それが宿題

（「宿題」　谷川俊太郎）

　なにやら唐突に詩など記してみたが、実は
『東京ゴッドファーザーズ』について考えていた
ところ、この詩をふいに思い出したのだ。この
作品の何がきっかけで思い出したのか、それは
自分でもよくわからない。しかし、改めて読ん
でみると、この詩はこの作品と、確かに深い関
係にあることはすぐにわかった。『東京ゴッド
ファーザーズ』とはつまり、この「宿題」に映画
という虚構でもって答えようとしている作品な
のだ。まずはそう言い切ってみよう。

まずは基本に忠実に……

　『東京ゴッドファーザーズ』は、今敏監督にとっ
て3作目の長編アニメーション映画だ。前2作
が、虚実の間を縦横に行き来する、いってしま
えば仕掛けが前面に打ち出された映画だったの

に対して、今回は、ずっとハートウォーミングな
"普通の"映画になっている、ように見える。

　だがそれは、もちろん表面的な印象に過ぎな
い。この作品もまた、仕掛けの映画であり、同
時に虚構と現実の距離が非常に重要な作品で
ある。ただし、その現れ方が、前2作とは大きく
違っているだけだ。

　前2作は、ともに虚実がダイナミックに混
交していく様子が映画の中心にすえられてい
る。まるでジェットコースターに乗っているか
のように、目の前を「現実」と「虚構」がすり抜け
ていって、観客を一種の眩暈、酩酊のような感
覚へと誘う。そして、それだけに「仕掛け」が存
在していることがはっきりしていた。映画の作
り手が観客を幻惑しようとする、その手つきが
ちゃんと見える作品だった。

　『東京ゴッドファーザーズ』はそうではない。
物語の語り口も、カメラワークも、カットのつ
なぎも至極オーソドックスだ（正直言うと、そ
のおかげで、絵コンテの解説は『千年女優』より
もずっと書きづらかった）。その場にあるもの
を、自然なスタイルで撮影（アニメだけど、さ）
したかのような画面だから、あまり作り手の作
為が目につかないのだ。

　しかし、それは一種の詐術だ。今監督は本作
について「ある意味、ご都合主義ともいえる物
語だからこそ、これまで以上に背景に写実性を
求めた」とインタビューで語っている。要する

に、今回の物語は、作りごとっぽい出来事をもっともらしく見せて観客をノセるために、その周囲を現実っぽい出来事で固めたということで、これは何も、背景美術に限った話ではない。オーソドックスな演出方法も、作りごとっぽい出来事をもっともらしく見せるための、テクニックの一つなのだ。

このことからもわかるように、本作に出てくる「虚構」と「現実」は、前2作のように別々のものではない。現実の上にぴったりと貼りつくように虚構(作りごと)が用意されているのが本作の特徴なのだ。だから、ちょっと見には、現実のほうに目が奪われ、ごく当たり前の映画にしか見えない。

たとえば「ビル顔」は、そのための仕掛けの一つで、本作の象徴のような存在だ。「ビル顔」とは、映画の随所に登場する、エアコンの室外機や明かりのついた窓によって形作られる大きな顔のことだ。緻密な描き込みによる背景が、見方を変えるときわめてマンガ的な表情を浮かべた顔に変化する。「写実的に描かれたビル」という「現実」の上に、「人の顔」という「虚構」が貼りつけられている、というわけだ。

前2作のように観客の前に「虚構」と「現実」の2種類がめまぐるしく並べられるのではなく、観客が一つの画面の中に「現実」と「虚構」を同時に発見する。それが本作の趣向だ。同時に発見されることによって「虚構」が「現実味」を帯びる、あるいは「現実」が「虚構性」を帯びる。この虚実皮膜の間に、本作の描きたかった「真実」が隠されているのである。

それにしても、気になるところが……

と、ここまでは監督の発言をベースに作品を考えた、いわば教科書通りの『東京ゴッドファーザーズ』論といえる。

だが、これだけではすまないのが本作だ。全編を見ると、どうも「現実」と「虚構」が一体となって一つの画面を作っているとは言いがたい場面かいくつか登場するのだ。

たとえばC-477とC-478。

ホームレス狩りに襲われたギンちゃんは、

せっせと貯めた福沢諭吉3枚を必死の思いで取り返したものの、傷つき路地裏に倒れてしまう。「死ぬ前に娘の清子に会いたかった」などと思うギンちゃんだったが、その時不思議なことが起こる。

「その時不思議な光がギンちゃんを包む。清らかな女性コーラスさえもF.I.（笑）」「倒れたギンちゃんなめて光の方向。天使を包む光に揺らぎ。なるべくこの世のものともならざる感じ。（中略）光に包まれて白いドレスをまとった美しい天使が芥溜めのような路地に立っている」（C-477、C-478のト書き）。

天使はギンちゃんに「私の魔法と救急車どっちが好き」と尋ねる。「救急車」と味もそっけもなく答えるギンちゃん。その瞬間、天使はだみ声で「まぁ！　失礼ね！」と怒り、天使を囲んでいた光は、ふっと消えてしまう。天使の正体はなんのことはない、パーティーのためにコスプレをしたオカマだったのだ。

ギンちゃんの生死がかかったシリアスなシーンだけれど、悲惨になったり、湿っぽくならないように、ギャグでその雰囲気が緩和されているのが本作らしいが、問題はそこではない。

もう一つ例をあげると、冒頭近く、3人の主人公が清子を拾う場面もそうだ。

「そこには玉のように光り輝く赤ん坊。盛大に泣き声を上げている」「驚きの顔を寄せ合って見つめる3人　※赤ん坊の光の照り返し、有

りです」（C-61、C-62のト書き）。

予告編にも使われていたカットなので、強く印象に残っている人も多いだろう。ここでも本来ならば光を発することのない赤ん坊が、特に"アリバイ"もなく光を発している。しかも、その光は単に清子から比喩として発せられるだけでなく、ちゃんと3人の顔に影を落としているのである。

ここでさっきから気にしているのは、清子あるいはオカマの天使から発せられている「光」についてだ。これはどうもおかしい。

先に見た「ビル顔」では、目はエアコンの室外機、ハナは通風口、口は窓……といった具合で、「現実」の要素と「虚構」の要素は密接に関係があった。ところが、この光には何の根拠もない。何かの光源——たとえば、自動車のヘッドライトや街灯など——によって清子やオカマが神々しく見えた、というようなアリバイは存在しないのだ。ここにこんな光があるなんて、ありえないことなのだ。

もちろんこれが一種のマンガ的表現であろうことはすぐに想像がつく。しかし、同時になんの根拠もない光を写実的な画面の中に描き入れてしまうという行為は、いささかこの映画を貫くルール違反に感じられなくもない。

ということは、もう一つ何かルールがある、ということではなかろうか？

そこで冒頭の谷川俊太郎の詩だ。「神様」とい

うのを「現実に根拠を持たない虚構」、つまり今問題にしている「光」だと考えてみよう。

「目をつぶっていると／神様が見えた」。

目をつぶっている、とは「現実」を見ずに、想像の中だけに生きている状態だ。その状態であれば「現実に根拠を持たない虚構」は当然ながら存在しうる。すべては想像の中の出来事だから、なんでもありに決まっている。

たとえばC-449とC-450A。ミユキは夢の中で、なぜか自分の母親として登場したハナちゃんから清子を受け取る。すると清子が光を放ち始め、さらに背中の天使の羽根が静かに羽ばたく……。このシーンはまさに「目をつぶっていると 神様が見えた」というシーンだ。

しかし、少しでも現実が姿を見せると、「現実に根拠を持たない虚構」はたちまち存在できなくなってしまう。これがつまり「うす目をあいたら／神様は見えなくなった」ということになる。

この詩のおもしろいところは、「目をはっきりあけたら、神様が見えなくなった／うす目をあけたら、神様が見えるかどうか」とはなっていないところだ。「目をつぶっている状態」とは真逆の「目を開いている状態」であるにもかかわらず、「神様が見えるかどうか」を確かめようとする。一連、二連からの流れからすると矛盾しているようにも感じられるが、そこにこそ、この問いかけの意図が感じられる。現実の中にあって本当に「神様」はいるのだろうか、と。

ここで思い出されるのが、今監督の発言だ。今監督は本作の狙いの一つとして「合理主義においやられてしまった奇跡と偶然の健全な回復」を挙げていた。これはつまり、「目をひらいて」現実の中で、「神様が見えるか見えないか」を試す行為ということではないだろうか。

最後に、ちょっと大胆な意見……

では、本作で回復が目論まれた「奇跡と偶然」とはいったいなんだったのだろうか？

落ちてくるペンキや交通事故から知らず知らずのうちに身をかわしていること？　偶然見かけた古新聞に家族からのメッセージが書かれていること？　それとももらった宝くじが大当た

APPENDIX 【評論】元日の空に天使が舞う

りをしていること？

　これらは確かに「偶然」ではあるがどれも「奇跡」というには物足りない。本作のあちこちで繰り広げられる「ご都合主義」は、「奇跡」ではなく、「奇跡的」と形容されるべきものだろう。「奇跡的」と「奇跡」はまったく意味が違う。「奇跡的」というのは要するに、とても低い確率の出来事ということだ。そしてどんなに低い確率であっても、それは必ず現実に準拠していて、その枠組みを超えてしまうことはない。

　しかし「奇跡」は違う。「奇跡」は現実の枠組みを易々と超えてしまうからこそ「奇跡」なのだ。それは「奇跡」の老舗、イエス・キリストの生涯を見てもわかるだろう。「絶対にありえないこと」こそが「奇跡」なのだ。

　本作で描かれた「絶対にありえないこと」とはつまりなになのか。それは、突如として人が光を発する、ということではないだろうか。現実の世界の中、ふいに光があたりを照らす2つの場面がひっかかるのは、そえれが「奇跡」だからではないだろうか。

　現実とも、それに従った形の虚構とも関係なく、まったくなんの理由もないところに突如として現れる奇跡の光。この光は、ただの光ではなく、さらに一つの事実を示している。

　それは、「清子は天使である」ということだ。

　間違えないでほしい。清子は「天使のような」赤ちゃんだ、といいたいわけではない。「天使のような」と「天使」は、「奇跡的」と「奇跡」ほども違う。清子は天使そのものなのだ。ばかばかしい思い込みかもしれないが、こうした状況を踏まえていくと、そう思えてならない。

　ミユキの夢の中を含む3つの場面は、「清子は天使である。天使は光り周囲を照らすものである」という、何の根拠もないありえないこと——つまり「奇跡」——を、それとなく映画の中に忍び込ませ、観客にほのめかすための、"伏線"だったのではないだろうか。そして、この3つの場面でほのめかされていた「清子＝天使」がついに現実の空間の中で描かれる瞬間がやってくる。それが、クライマックスのビル屋上のシーンだ。

宙に投げ出された清子を助けるため、屋上から身を翻したハナちゃん。すんでのところで清子を抱え、垂れ幕のバーになんとかつかまるが、ロープがちぎれそのまま地上へと落下してしまう。その時、信じられないような突風が、垂れ幕を吹き上げる。垂れ幕とともに風に持ち上げられたハナちゃんと清子は、やはてふわりと地上に着陸する。この落下シーンこそ、本作の中で描かれてきた「奇跡的出来事」と、わずかにほのめかされていた「奇跡」が一つに重ねあわされ、より大きな一つの奇跡となる。

この落下の最中、清子はアップにならない。だがしかし、この場面には天使の条件である「羽根」と「光」が、ついに現実のものに置き換えられて登場している。「羽根」とは突風をはらんだ垂れ幕だ。そして「光」は、ビルの谷間の向こうから現れてこの世界全体を照らす朝日だ。アップこそないが、この場面では、世界のものが清子であり天使となって、ハナちゃんを墜落させまい

と「奇跡」を起こしたようにすら感じられる。

ここまでくれば、夜の街に清子の声が響いて、ハナちゃん、ギンちゃん、ミユキを導いたことも、幸子が飛び降りようとした瞬間に清子がかすかにささやいたことも、みな納得がいく。なにしろ清子は天使なのだ。

朝日が舞い上がった粉雪に反射し、その中を清子を抱いたハナちゃんが静かに降りてくる。一つの奇跡が映像として定着されたこの瞬間、本作品は「はっきりと目をあいて／神様は見えるか見えないか／それが宿題」という詩人の問いかけに、映像の力でもって一つの回答をはっきりと答えていることがわかる。

この映画のタイトルに「ＧＯＤ」の３文字が含まれていることすら、なんだか意味ありげに思えてくる幕切れだ。

東京ゴッドファーザーズ
アニメーションの世界
ANIMATION OF "TOKYO GODFATHERS"

取材 構成 文・氷川竜介
Interview&text by Ryusuke Hikawa

ディテールに満ちた東京の実景をバックに、存在感あるキャラクターたちが
ユーモラスに表情を変化させ、豊かな心情を伝える──以前にも増して作
画による面白さの比重を高めた映画『東京ゴッドファーザーズ』には、日本屈
指のアニメーターが集まってきた。キャラクター作りからの中核となった小
西賢一、ジブリ作品で作画監督をつとめ今 敏監督作品に興味を持って参加
した安藤雅司、名匠たちのハイクオリティ・アニメ作品を底支えしている原画
マン井上俊之ら、スーパー・アニメーターたちの目には、作品の魅力はどう
映ったのだろうか? そしてこの作品世界を演出するための絵コンテは、どん
な役割を果たしたのか? その秘密が、いま解き明かされる……。

※以降の記事は、2004年発売のデラックスBOX─DVDの特典に収録されたものであり、
内容やプロフィールは当時のテキストに準じていることをご了承ください。

小西賢一　Kenichi Konishi
1968年生まれ。1989年にスタジオジブリへ研修第1期生として入社。1999年に同社を退社し、以後フリーとして活躍。主な作品歴は、『総天然色漫画映画 平成狸合戦ぽんぽこ』(94)、『耳をすませば』(95)、『もののけ姫』(97)、『千と千尋の神隠し』(01)、『イノセンス』(04)(以上、原画)。『ホーホケキョ となりの山田くん』(00)、『千年女優』(02)(以上、作画監督)。

小西賢一 キャラクターデザイン
作画監督

Tokyo Godfathers Storyboard Book——Interview
2～3枚だけ崩すと、
動きのやわらかさや伸びやかさにつながるんです

（今監督との出会い ……………………………… ）

——今監督との最初の出会いは、どういう経緯でしたか？

小西　そうですね。『パーフェクトブルー』の作監をされた濱洲英喜(★01)さんから誘っていただいたのがきっかけです。僕の方も『ジョジョの奇妙な冒険』(★02)などで今さんには注目してましたから、チャンスがあるんなら是非ということで参加させていただきました。

——今回は、メインで担当されていますが。

小西　『千年女優』のそうそうたる作画陣の中で、次に声をかけていただくのはすごいことでして、嬉しかったですね。社員としてジブリにいた後、外に出て細かい仕事をいくつかやって、そろそろまた大きな作品をやってみたい気持ち

★01——濱洲英喜　アニメーター。東映動画第1期研修生として入社後、日米合作アニメ『ダンジョン・アンド・ドラゴンズ』で初原画。代表作は『遠い海から来たCOO』(作監補)、『MEMORIES』(原画)、『GHOST IN THE SHELL －攻殻機動隊－』(原画)、『るろうに剣心』(キャラクターデザイン)、『青の6号』(原画)、『ホーホケキョ となりの山田くん』(原画)、『ギブリーズ episode 2』(原画)、今 監督とは『パーフェクトブルー』(作画監督)、『千年女優』(共同作画監督・原画)以来、3作目。
★02——『ジョジョの奇妙な冒険』(1993年／北久保弘之監

だった時期でしたから、タイミング的にもバッチリで、こんなチャンスそうそうない、これはやるしかないと思いました。

──ジブリ作品と、今監督のタッチはぜんぜん違うのではないでしょうか。

小西　それは作画の動かし方から絵柄まで方向性は違うんですが、僕はその間に『人狼』の原画（★03）を担当しているんです。そこで自分は意外に向いているかもという発見があったんですね。ジブリ作品は、「気持ちよければいい」という理詰めじゃきかない部分が多々ありまして、非常に難しいところもあるんです。逆に『人狼』や今さんの作品は立体的にしっかりしてる絵で、嘘があまりないわけです。芝居をつけるにしても、実写的な思考が参考になるし、技術的には難しいのですけど、運動としてみていくときにわかりやすいんですね。自分ってわりと理詰めなところがあって、意外とこっちの方が合ってたりすると思ったんです。『東京ゴッドファーザーズ』（以下、『東京ゴッド』）に関しては、自分の中ではそういう理詰めの部分と、ジブリ的というか、細かいことは気にせずにやるっていうスタイルとを、うまくバランス取ってやったつもりです。

（キャラクターの崩し……………………　）

──それはキャラクターの顔を崩してみるということなどになって現れているわけですか。

小西　そうですね。今回はキャラが伸び縮みしても良い（★04）とか、デフォルメしても構わないってことも前提としてありまして、それは自分の中にはジブリで培った感覚的なものしかないので、そこら辺を加えつつ、基本はリアル志向で行こうって感じでしょうか。

──それはキャラクターを固めていく段階ですでに話し合われたんでしょうか。

小西　いや、そこまで突き詰めた話し合いはありませんでしたね。僕としては今さんのこれまでの作品を見てるわけですから、その延長線上で、プラスアルファとしてデフォルメとかそういう部分について考えたという感じです。

──キャラクター設定上も、崩しについては細かくは指定されていませんね。

小西　キャラ表段階だと手探り状態なんです。結局、崩した絵は動きの中でどう使うかという問題があるんです。たとえば動きの中で2〜3枚だけ崩したりすると、一瞬だけの残像的な効果が出て、動きのやわらかさや伸びやかさにつながる部分があるんです。もちろん表情としてコミカルな絵を利用する部分も多々あったと思うんですが、実際には作業に入ってから原画マンの方々が動きを試行錯誤してくださる中で、できあがったという感じですね。結局、今さんの絵コンテがキチッとしているので、描く人にしてみれば、キャラ表よりも絵コンテの絵が土台として重視されていくんです。ですから、キャラ表はあくまでも参考程度なんですよね。土台作りは常に今さんがしているわけです。

（キャラクターづくりについて……………　）

──今回、キャラクターを煮詰めるにあたって

督）　少年ジャンプの人気マンガのビデオアニメ化で、今敏の初演出作品は、シリーズ第5話。全6話シリーズの最終回直前、壮絶な超能力戦が展開するエピソード。

★03──『人狼 JIN-ROH』（2001年／沖浦啓之監督）　舞台は第2次世界大戦終結十数年後、高度経済成長期にあり、民衆運動と機動隊の衝突が繰り返される昭和の日本。原作・脚本を担当した押井守の実写監督作品『紅い眼鏡』『ケルベロス』に登場する公安直属特機部隊ケルベロスの成立過程を背景に、特機所属の青年と彼らと敵対する立場にある都市ゲリラの女性との交流が描かれる。小西が担当したのは、クライマックスの一部、辺見が水の流れる坂を滑り落ちるところ。

★04──キャラが伸び縮みしても良い　もともとディズニーなどフルアニメーションの流れにある作法では、「スクオッシュ＆ストレッチ」という動きと動きの転換点に、ゴムのような潰しと伸びを入れて誇張するという考え方が根底にある。『東京ゴッドファーザーズ』の作画は、リアル風味のキャラクターがそういうデフォルメを許容するというところから始まった。

は、どのように進められましたか。

小西　主役の3人に関しては、かなり具体的な監督の絵がありました。色もついてましたし、実にいいキャラなんですよ。でも、それだと僕が作監するときにそっくりに描けないですから、僕の方で試行錯誤したという感じです。他のキャラクターに関しては、ほとんど今さんベースで、絵コンテ優先みたいな感じでしたね。

——作業をしていく中で、キャラになにか変化はありましたか？

小西　たとえばミユキは、顔の造作はかわいくないと思うんですが、芝居をして動いてかわいいキャラクターを想定してたと思うんです。実際描いてみると、やっぱりかわいくしちゃうんですよね。そんな風に「このキャラクターはこうです」ってものを提示していくのが、前半部分だったと思うんです。後半に行くにしたがってストーリー重視になっていくので、シーンに応じてキャラクターが変化してしまっても、もう気にならないんですね。その辺は、確信的に平気だと思いながらやってました。

——ホームレスの着ぶくれした姿は、作画的には非常に珍しいケースかと思うんですが。

小西　それは実はこの作品で一番大事なところで、何枚重ね着しても、実際は意外とぺったりしていたりするものなんですよ。「絵としての着ぶくれ感」を出すようにと指示されましたので、常に意識してました。もちろんごまかしがきく部分もありますが、もともと嘘がつけない絵柄ですし、どうしても描きにくいんですよね。

動かすときに色んな服が見えるから、線が増えて大変ですし、動画では色分けもしなければいけないので、面倒になる一方なんです。その上、今さんのは、中身の人間を想定して描いている（★05）んですよ（笑）。そうなると、ごまかすわけにはいかないですから。

——参考用のコスプレ（★06）には立ち会われたんですか？

小西　撮影した側に僕もいるんです。でも、演じたくはなかったですよ。誘われたらどうしようかと思ってたくらいで（笑）。あれは資料としてすごく助かりました。頭の中から出てくるものには限りがあるし、マンネリ化しちゃうんです。写真やビデオのままやるという意味ではなく、受ける印象や気づくもの、情報が多いわけで、すごくヒントになるんですよね。

（作画監督作業について …………………………）

——実際の作画段階で手のかかったのは、どんなところでしょう。

小西　今さん自身がものすごく描ける人ですから、同じ絵が描けない苦労につきますね。絵描きとして、差がわかるんです。自分もそれに食らいついていかなきゃいけないので、絶えず悩み続けてるんですよね。もちろん選んでやってるから、それも勉強なんですけど。

——原画を修正する上で、何か方針のようなものはありましたか？

小西　絵柄については「これはちょっと違うな」というものは修正しましたし、動きに関しては、

★05──中身の人間を想定して描いている　原画作業においても、着ぶくれの中身を想定して描かれている。606ページ参照。
★06──コスプレ　作画作業に先立ち、今監督以下、今夫人、豊田プロデューサーらがそれぞれメインキャラクターの衣装を着てモデルとなり、作画参考用にビデオやデジタルカメラの撮影を行った。監督は長身なので、もちろんハナ役。

すごく幅を持って見てましたね。原画マンが上げてくれる物をかなり活かそうという意識で見たので、あまりストレスは感じませんでした。逆に芝居として、動きとして足りないときに、自分がちょっと描き足すことが多かったですね。原画って動きのポイントに描くんですけど、原画と原画の間にも原画を作れたりするんですよ。そうやって原画枚数を増やすと、単調な動きが複雑というか、中身の濃いものになっていく。芝居がこぢんまりしているなと思ったときや、動きを大きくしたり膨らましたいとき、動きの幅を広げようと原画を足しましたね。

── 豪華な作画陣ですが、原画を見て驚かれたことは？

小西　やはり大塚伸治(★07)さんの段ボールハウス内のハナちゃんの芝居ですね。自分が想像してたのといい意味でズレがあって、「こんなになるんだ」って驚きました。すごく形になっていて、「これぞハナちゃん」という感じだったんです。あと濱洲英喜さんの原画は、型にとらわれてないところがあるので、上がってくるたびに新しい驚きがありました。見るたびに笑ってしまう、今度はこんなことしてるーっとか、そういう面白さがある原画でした。

── 具体的なシーンとしては？

小西　冒頭のゴミ捨て場のシーンでギンちゃんがミユキの頭をペンペン叩くところや、タクシー運転手にお金をまけさせる長回しのカット、ミユキが電話ボックスで嗚咽するシーンもそうですね。原画マンは上手い人だらけなので、みんな感心しながら見てました。きりがないし、上げない方に失礼かもしれないですし……。

★07── 大塚伸治　アニメーター。出崎統率いる〈あんなぷる〉で『SPACE ADVENTURE コブラ』の原画などを担当後、『天空の城ラピュタ』からスタジオジブリ作品に参加。『魔女の宅急便』作画(監督)を担当、『平成狸合戦ぽんぽこ』では作画監督の他にイメージ・ビルディング、キャラクターデザインを手がける。『おもひでぽろぽろ』、『もののけ姫』ほかジブリ作品の大半に参加している。また、押井守監督の『天使のたまご』、『トワイライトQ迷宮物件 FILE-538』や沖浦啓之監督『人狼 JIN-ROH』、鶴巻和哉監督の『フリクリ』など幅広い作品に参加している。骨格のしっかりしたデッサンの力と、キャラクターがどこか破天荒な踏み外し方をしても許せるような、作画の魅力の両面を兼ね備えたアニメーターである。

——特にこれは、みたいなところがあれば。

小西　今回初めて直に仕事を見せていただいた本間（嘉一★08）さんの絵には驚きましたね。動きもそうですが、あまりに絵柄がザックリしていて、ものすごい迫力だったので。最近の原画は、まるで動画のようにきれいな線で緻密に描いてるという徴候があるんですが、清書の一段前だろうって思うくらいラフなんです。自分としてはすごく刺激になりました。

——シーンとしてはどの辺ですか？

小西　コンビニの中で酔っぱらいが絡んでくるところとか、幸子が自殺しようとして高架を飛び降りて駆けてくシーンなどがそうですね。職人的というよりは、芸術家肌というか、描いてる絵に醸し出されているもの、絵から受けるものに、驚いたんですよね。すごくいい絵を一杯描いてくれてる。そのままもらったりすることもありました。

（完成品としての感想 ………………………………）

——初号フィルムをご覧になったときは、どんなご感想でしたか？

小西　一番最初は動きすぎかなと。うるさすぎっていうか、息つく暇がない（笑）。もう少しメリハリがあった方がいいのかなって、一番最初は思ってしまったんですね。動きを良くしようと思ってやった結果でもあるし、上手い原画マンの人が一杯やってくれてるので、当たり前といえば当たり前なんですが、全体のバランスとしてはどうなんだろうって。見てるうちに、

バタバタしてて、これはこれで楽しくていい作品だなあと思えるようになりましたけど。

——チェック作業をされていたときには、動きすぎとは思われなかった？

小西　全体のバランスって、なかなかわからないものなんですよ。でも、ラッシュは面白かったですね。普通、楽なカットから手をつけますから、最初は動かないカットも意外とあって、なんだか物足りないなと思うのが普通なんです。でも、『東京ゴッド』のラッシュは最初から最後まで面白かったですね。かならず面白いカットが入って笑っちゃったりするので、それも普通とは違っていたかもしれませんね。

——色がついて印象の変わったことは？

小西　今さん自ら撮出し（撮影に出すための指定とチェック）をされてますから、BG（背景）とか色とか、画面処理がどうなるか施した効果を見て感心するばかりでした。今まで僕が見てきた作品だと、ラッシュで見てがっかりすることの方が多いんです。ところがバランスが取れてて、画面としてすごくいい感じになってるんですよね。想像以上で、同じ動きでもよく見えたりするので、喜んじゃいますよね（笑）。ありがたかったです。

——撮出しの効果は、そんなにあるんですか？

小西　やはり絵を描く人だし、自分の画面を作ろうとしてる人がやってる訳だから、ストレートなんですよ。他人に言葉でイメージを伝えるんじゃなくて、自分のイメージに近づける作業を、全てをわかってる監督自らが直接、絵で指

★08——本間嘉一　アニメーター。マッドハウス作品では、『MASTER KEATON』（第1話作画監督／高坂希太郎と共同）や『メトロポリス』で活躍する原画マン。

示できるっていうのは大きいと思うんですね。

——作画する側として安心できる？

小西　うん、安心できるっていうか、自分の思ってる以上になってくれるから期待以上ですよね。ホントに何度、心の中で「ありがとう」と言ったことか。

（絵コンテの密度と芝居の関係 ⋯⋯⋯⋯⋯⋯⋯ ）

——今監督の絵コンテは、どんどん密度が高くなっていますよね。具体的にコマ数も割いてわかりやすく描かれてるので、その辺は作画の上でも指針になったのかなと思いましたが。

小西　芝居って間というか、動きをどう繋ぐかというのがすごく重要なんです。今さんとしても、絵コンテのままやってくれというのではなく、これをベースに膨らませてくださいと言ってるんだと思うんですね。だから、長回しの芝居というときには、それなりのコマ数を描いてないと、アニメーターの方としても手がかりがなさ過ぎて外しちゃうんです。芝居自体は難しいけど、助かりましたね。

——迷いがなかったという感じですか。

小西　そうですね。方向づけがしやすいので、あとはどう膨らまそうとか、この絵とこの絵の間はどういう動きで繋ごうか、とかに集中できて。それはそれで、難しいことは難しいんですけど。

——小西さん自身として、手応えみたいなものはありましたか？

小西　手応えはあります。リアルって言われますが、動きとか芝居にしても実写さながらの動

きかっていうとそうでもなく。あまり実写的すぎると、窮屈になってしまうんですね。緊張感が必要な作品はそれでいいんだけど、この作品はもっと幅があるというか、許容範囲の広さがある。懐が広いっていうかね、楽しくやんなきゃいけないような気がしたんですね。

——今回の現場、お仕事は楽しかったですか？

小西　絵を描いてる分には、あまりストレスはかからなかったです。主人公が常に歯を食いしばってたりする作品だと、描いてる方も疲れてきちゃうんですよ。その点、主人公たちも明るいし、三者三様でもあったし、シリアスなシーンも描ければバカバカしいシーンも描けるという意味で、アニメーターとしては発散しやすかったですね。スタッフの人たちにも楽しかったって人は多いと思いますが、僕も楽しかったです。

——ちなみに、ご友人とかご家族でご覧になった方の感想を聞かれたことありますか？。

小西　親戚も見てくれてますけど、面白かったのかつまらなかったのか、ちゃんと答えてくれなくて（笑）。あ、ウチの奥さんは、すごく良かったみたいでしたね。そこら辺でも満足させてくれる、終わった後まで嬉しい作品でしたね。

——今後のご予定などお聞かせいただけますか。

小西　劇場の『ドラえもん　のび太のワンニャン時空伝』と、ジブリの『ハウルの動く城』をやってます。それ以降は未定ですね。とりあえず『ハウル』が⋯⋯大変。

——どうもありがとうございました。

【2004年2月2日　東京・南阿佐ヶ谷マッドハウス分室にて】

C-30 初期カットにおけるキャラクターの印象づけ

★ビルの屋上で寒さに膝をかかえ、鼻をすすりあげるミユキ。一瞬、顔をしかめる絵が入ることで、いわゆるアニメ的美少女キャラとはひと味違うキャラクターであることを印象づけている。一連の表情は、どちらかというと直前で唾を通行人に当てていた小憎らしい性格を連想させるものだが、最後の一枚でふと見上げた瞬間のかわいらしさを描いている。こういった多面的な変化を、映画の流れの中でとらえて原画に織り込むことで、演技に厚みが生まれるのである。数少ない小西賢一自らの原画担当カットでもある（レイアウト・小西賢一／原画・小西賢一）。

C-505　華やかな性格のにじみ出る演技

★エンジェル・タワーの人気者だったころのハナちゃんの回想。ホームレス状態のときと違って、栄養状態も良く化粧や衣装も艶やかだったことが一目瞭然な原画である。歌の途中で微妙にグラスを傾け、楽しそうに内面の華やかさを発散させている。完成画面では色彩や光の派手さもあって、作中のハイライトを思わせるカットに仕上がった。同時に濃いめのメイク、ちょっといかつい肩や肘回りなど、ドラッグ・クイーンらしさも描かれていて、ハナちゃんが内面で持っている性格の多彩さがよく現れている（レイアウト・鈴木美千代／原画・鈴木美千代／修正原画・小西賢一）。

C-97　作画の方向性を決定づけた百面相

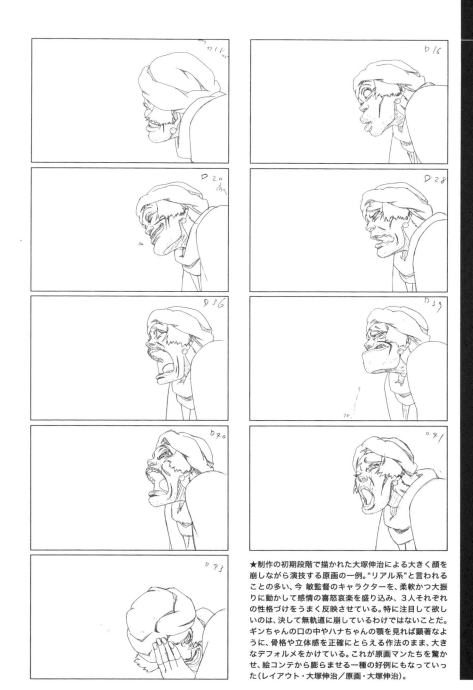

★制作の初期段階で描かれた大塚伸治による大きく顔を崩しながら演技する原画の一例。"リアル系"と言われることの多い、今 敏監督のキャラクターを、柔軟かつ大振りに動かして感情の喜怒哀楽を盛り込み、3人それぞれの性格づけをうまく反映させている。特に注目して欲しいのは、決して無軌道に崩しているわけではないことだ。ギンちゃんの口の中やハナちゃんの顎を見れば顕著なように、骨格や立体感を正確にとらえる作法のまま、大きなデフォルメをかけている。これが原画マンたちを驚かせ、絵コンテから膨らませる一種の好例にもなっていった（レイアウト・大塚伸治／原画・大塚伸治）。

C-672 仮想レンズの歪みによる感情表現

★原画マン大塚伸治の活躍は、表情の崩しだけに留まらない。病院でギンちゃんをののしるハナちゃんというこのカットでは、あとでお芝居だったという落差を強調するためか、異常なまでのハイテンションの怒りが描写されている。怒鳴るモーションとともに顔自体が大きく迫ってくるという表現は、空間すら歪ませる怒りの大きさ、という表現に昇華しているわけだ。これは一種の超広角(魚眼)レンズ的ということもできるが、少し動いただけで表情のみがこんなに大きく強調されるレンズは実在しないわけで、手描きの技のみが成しえる歪曲といえよう(レイアウト・大塚伸治／原画・大塚伸治)。

参考に描かれたミユキの身体の中身
（修正原画・小西賢一）

インタビュー関連ページ
594ページ参照

C-50　思わず笑いを誘う濃密な演技

★ゴミ捨て場で激しくもみ合うギンちゃんとミユキ。圧倒的に優位なギンちゃんは最初は弄んでいるが、いろんな逆襲を受けてしまうという流れのカットだ。濱洲英喜の原画は緻密かつ執拗にその変遷を追っていき、しかも噛みつきを強調して2人とも怪獣のような顔に瞬間的に変貌するなど、笑えるものに仕上がっている。このカットでは、上図のように演技の基礎的な段取りとなる部分にラフ原画が何枚も描かれ、作画監督との確認をした上で原画作業に入っており、その分、盛り込まれた芝居の要素はさらに濃密さを増している（レイアウト・濱洲英喜／原画・濱洲英喜）。

C-469　一世一代の演技を大爆笑ものに

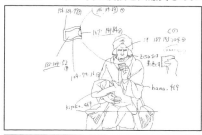

★ミユキ奪還のためにタクシーを動かしまくったあげく、ついつい虎の子の１万円札をオーバーしてしまったハナちゃん。自分からは言い出せないので、一世一代の演技をして、運転手の方から自主的に「まける」と口に出させようとするカット。絵コンテでは４コマでちょっと運転手の顔マネをする程度だが、原画では困り切った表情からの演技途中で、完全に変身（？）してしまうなど、アニメならではの表現を取り込んで、かなりエスカレートさせている。これもまた、原画マン濱洲英喜ならではのセンスで膨らませた部分である（レイアウト・濱洲英喜／原画・濱洲英喜）。

C-626 滑らかに飛び込んでくる救急車

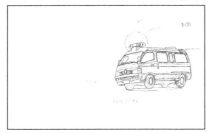

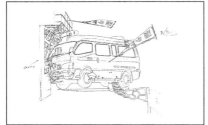
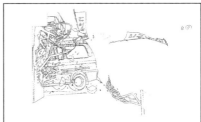

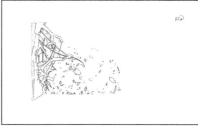
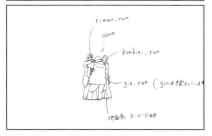

★酔っぱらいともみ合ううちに、コンビニへ救急車が飛び込んでしまい、運良く事故を回避できた3人組。このカットでは、意外な方向から救急車が出現してガードレールを破り、大事故を起こす。車両にそれほどデフォルメが成されているわけではないが、非常に滑らかに飛び込み、煙も妙に粘っこく現れて、どことなくユーモラスな表現になっている。大惨事的に描かれていないからこそ、次の救急隊員のボケが生きてくるわけだ。短い瞬間の中でも、救急車の緊急ライトやハザードなどの光が細かく指定されていて、厚みのあるカットに仕上がっている(レイアウト・濱洲英喜／原画・濱洲英喜)。

C-848　遠近感を応用した迫る心情

★クライマックスで、幸子を追って屋上への階段を昇り詰めるミユキ。立体的に構成された空間の中を、体力を消耗しつつも必死で走りながら昇る演技から、ミユキの心情がよく伝わってくる。手すりをうまく使ったポーズや、よろめくアクションを入れることで、動悸の早さが伝わってくるかのようだ。最後に画面に迫るミユキのアップになった後、ショールをはぎとって画面全体を流れていく。この「走る→脱ぐ」という演技が、原画マン本田 雄が作画監督を担当した前作『千年女優』を、そこはかとなく連想させる（レイアウト・本田 雄／原画・本田 雄）。

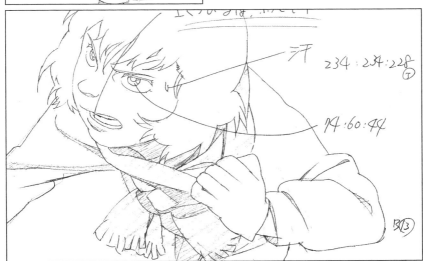

井上俊之　Toshiyuki Inoue
1961年生まれ。大阪府出身。専門学校卒業後、スタジオジュニオを経て現在フリー。主な作品に、『AKIRA』(88)、『魔女の宅急便』(89)、『スチームボーイ』(04)、『イノセンス』(04)(以上、原画)、『MEMORIES』「Episode 1 彼女の想いで」(95)(作画監督)、『BLOOD THE LAST VAMPIRE』(00)(作画監督協力・原画)、『人狼 JIN-ROH』(01)(副作画監督・原画)。『パルムの樹』(02)(キャラクターデザイン・原画)など。2004年2月から放送された『妄想代理人』(全13話、原作・総監督:今 敏)に原画で参加している。

井上俊之 作画監督 原画

Tokyo Godfathers Storyboards Book——Interview

達成できたと思ったとたん、高いハードルが見えて来たんですね

（合理化された絵コンテ ……………………）

——井上さんは劇場アニメに多数参加されていますが、『東京ゴッドファーザーズ』(以下、『東京ゴッド』)と他作品に違いがあるとすれば、どういう部分でしょうか？

井上　明らかに突出してるのは、何といっても監督の画面作りの能力です。レイアウトマンと

して長くやられて業界でも随一の腕前(★01)なので、その画面構成能力の高さが、映画作りにダイレクトに反映されてると思います。

——特に絵コンテに関して気づかれたことがあれば、お聞きしたいのですが。

井上　コンテを受け取ったときの印象はですね、「いよいよここまで来たか」っていう……このままレイアウトとして使うつもりだという

★01——今 敏がレイアウトで参加した作品は、『老人Z』、『走れメロス』、『機動警察パトレイバー 2 the Movie』、『MEMORIES　彼女の想いで』など。多くは美術設定の仕事と兼務である。ちょうど90年代に入って、レイアウトをクオリティ・コントロールの中枢とする考え方が流布された時期にあって、そのレイアウトの絶妙さや空間ごと存在感をつくり出す能力は、高く評価された。

のが見て取れたんです。結局、今さんが選んだ
もっとも合理的な方法ということですよね。
──どの辺を合理化したという感じですか?
井上　以前の作品だと、作画打ち合わせをして、
原画マンがコンテを元に新たにレイアウトを描
き起こして、今さんがレイアウトチェックの段
階で修正を加えたり、描き直したりという作業
だったんです。劇場作品なのでそれなりに名う
てのスタッフを集めても、ことレイアウトに関
しては、今さんの要求するレベルに応えられる
人が……1割いるかいないかってとこでしょう
ね。自分もレイアウト作業が苦手なので、今さ
んの要求に応えるのがまず第一関門ですよ。
──難易度はどの辺にあるのでしょうか?
井上　レイアウトは完成画面を決定づける作業
で、特に劇場作品では構図、空間作りっていう
点で画面構成の6〜7割はレイアウトで決まる
ような大変な作業なんですね。もちろん美術で
もディテールアップとか整理とかフォローして
いるとは思うんですが、まず2次元の紙の中に
3次元の空間と感じさせるものを作りこまない
といけない。それ自体が相当難しい上に、演出
の要求する画面の構図、つまり演出的な要素を
盛り込まないといけない。どっちが欠けてもダ
メなんです。なおかつ作画する上での処理的な
ことも決めていけないといけない。すごく複雑
で難しい作業なんです。
──それが今回のコンテの場合、ある程度先に
決め込まれてる?
井上　そうです。従来のレイアウトでやってた

作業の9割9分は、コンテ段階でできてしまっ
てるんです。まず絵の精度が高いし、なにより
キャラクターの芝居と背景原図部分を分けて描
いてありますよね。キャラクターが大きく動い
たりする場合は、見え隠れする背景部分は別紙
に描いて、それが背景原図になるからなんです
ね。こういう作業をしていることからして、明
らかにこれはコンテの絵を拡大し、そのまま
レイアウトとして使おうっていう意識があるって
ことなんです。

(楽しそうな原画を横目で見ながら…………)

──今回の井上さんのご担当シーンは?
井上　まず、クライマックスの3人で追いか
けっこするところです。それから追加でビル屋
上のシーンの半分くらい原画をやり、作画監督
としては、物理的に大変そうだったパーティ会
場のシーン、ビルの屋上シーンをまとめる形で
やりました。他にもつまみ食いのようにあちこ
ち手伝っています。今回は作業が大変だったの
で、すごく量をやったような気になってたんで
すが、実はそんなに数はやっていないですね。
──どの辺に大変さがありましたか?
井上　メインキャラクター3人プラス準主役1
人が追いつ追われつっていう作画は、そもそも
すごい大変な上に、途中からトラックと自転車
が出てくるんです。自転車って最低限こいだ回
数分の原画がいるから、本当にネックになる
んですよ。「これは終わらんな」って内心思った
んですけど、土壇場の応援に来て足引っ張るわ

けにはいかないので、小西君たちに迷惑をかけないように、今さんの要求に応えるような原画にしようとなんとか頑張りましたが……本当はもっと落ち着いてやりたかったんですよね。しかも途中で大塚伸治(★02)さんの原画を見てしまって、これがすごく楽しそうに伸びのびと原画を描かれてるんですよ。僕もこんな風に原画作業を楽しみたかったなあと(笑)。

──そんなに楽しそうなんですか。

井上 リアルな作画を踏まえつつ、デフォルメした芝居を絵コンテからさらに膨らませて、楽しく描かれてたんです。そういうことができるのも、コンテから読みとれるんですよ。ただ、僕の担当は追っかけて走りまわってるだけなんで、そもそもあまり膨らましようのないところなんですね。それでもなんとか大塚さんの仕事に肉薄したいなあと思ったんですが、最初から追い込みムードで、ひたすらメインスタッフに迷惑をかけない原画を沢山早くあげることに徹していたので……。振り返ると、忙しかったなあ、大塚さんの原画楽しそうだなあ、俺も楽しみたいなあっていう、悔しい思い出しか残っていないんですよね(笑)。

(アニメーションの原点、動きの面白さ ………)

──今回は崩し顔など、遊び心が結構ありますよね。これはどういう風に思われましたか?

井上 『人狼』(★03)という映画のとき、見終わったらそういうアニメーションならではの遊び、絵が動く楽しさみたいなものが、一切ない

ことに気づいたんです。この数年は、実際の人間が動いているかのようにリアリティのある動きを実現する、そのこと自体を目標にして、それだけをずっと考えてたんです。ところが完成したとき、アニメーション作品としてどうなのかなと、僕が懐疑的になってしまったんです。もっと絵が動くこと自体を前面に押し出して、その魅力を探りたいっていう……。

その一例が『東京ゴッド』で行われていると思うんですね。今や実写もデジタル的な特撮を使えば、不可能な表現はないくらい技術的な進歩がありますよね。その中で2Dのアニメーションが今後何をすべきかは、もっと考えないといけないんです。最近の日本のアニメにあまりに動きのリアリティが欠落していたので、ついそこを探求してたんですが、追い続けていいことなのかどうか。それはできて当たり前、それプラスなにかを考えないと、すごく閉じた世界になってしまう。もっと一般観客にアピールする方法を、演出やストーリー以外の作画という技術的なセクションにおいても考えないといけない時期という気がしてるんですね。

──『千年女優』から『東京ゴッド』で、作画的には差はありましたか?

井上 作画に求められることが増えました。特にキャラクターの芝居ですね。実は芝居といっても、従来はまともに芝居させた試しがないんです。おおむね何回かポーズを変えて、それぞれに適したポーズ、適した表情で止めて、口パクのくり返し。そういうセリフ中心のしのぎ方

★02── 大塚伸治　597ページ参照
★03──「人狼」　595ページ参照

だったんです。でも芝居を突き詰めて描くと、同じポジションで、何枚も同じキャラクターを描き続けることになりますから、アクションシーンよりも大変になるんです。アクションなら移動幅も大きいし、立ち位置もどんどん変わるので、一枚一枚のデッサンの精度が悪くてもなんとかなります。でも、その場で立ったまま喋る芝居を描こうと思うと、元になる絵を、微妙にアングルが変わるのを追って何枚も描き続けることになるので、ものすごくデッサン力を要求されるんです。今回、一番大変な部分は大塚伸治さんというすごい優秀な描き手が持っていったので、それほどでもなかったんですが、実は他のシーンもそれに釣られましてね(笑)。わりと無理をして動かしましたので、そこが大変だったと思います。その部分を避けなかった

ことと、なおかつコンテの印象を膨らませることが求められた。それが、『東京ゴッド』の大変さだと思うんですね。

(足りない部分が目についた初号試写………)

——完成品をご覧になったときのご感想は。
井上　あんまりいいことばっかり言ってもしょうがないんで、正直に言いましょう。純粋に楽しめなかった印象の方が強かったんです。絵コンテをもらったとき、作画をしているときは、「僕が今まで関わった作品の中で一番面白いものになるだろう」って予感があったんですよ。自分でも腹を抱えて笑っちゃうくらいの作品になるんじゃないかって気がしてたんですが……。初号を見たときには色々至らない点とか、うまくいかなかった点の方が目についてしまっ

て。落胆とまでは言わないけど、ちょっと期待とは違うなって感想だったんですね。

——それは珍しいご意見ですね。

井上　スタッフになってしまうと、客観的には見られないものなんですよ。これまでは絵コンテを受け取った段階で、不満があることが当たり前だったので、初号を観てこんな風に感じたことはなかったんです。今回は、もうちょっとで手にできる充実感みたいなもの、絵コンテもらったときの高揚感みたいなものが、初号の時にはむしろなくなってしまって……。

——純粋に観る喜びがない？

井上　はい。手放しの喜びが味わえない不幸っていうんですかね……。たぶん、これから端から見たら完璧に見える作品に関わることになったとしても、スタッフとしてはそれを感じることはできない、傑作なのに楽しめないんだろうなって……。足りない部分だけが気になるんですね。達成できたことは当たり前ですし、それはもう絵コンテ段階ですでに味わってるんです。あとは、絵コンテ上でわからなかった計算違いですかね。

——えっ、計算違いがあるんですか？

井上　絵コンテには、音がないんですよ。当たり前ですが……。セリフ、効果音、音楽。それを踏まえてトータルでコントロールしないと難しい部分を感じました。これまで絵コンテはおおむね足りないもので、不足分を音の要素でプラスアルファして、良くなっていたことの方が多かったと思うんです。でも、今回はいつになく

作画で芝居をさせてしまった上に、さらに声優さんの芝居が乗るんです。ちょっと騒がしすぎで……音はかなり印象に残るんです。特にテンション高い芝居をしていると、すごく頭の中に残るので、立て続けに同じような芝居が来たときに、テンションの緩急が映画全体の中でもうちょっとコントロールされないとダメなのかなあって。

これまでは作画の芝居で足りていない部分を、声優さんがコントロールしてたんです。でも、今回は作画の芝居を必要十分以上にやってしまったのに加えて、声優さんの方が引っ張られてる印象があるんです。それと音が入ったときの全体の緩急のリズムがどのくらいの効果になるかは、さすがに今さんも考えきれてなかったのかな……と思いました。

ただ、それはなかなか想像しきれるものではないんですよ。海外のアニメがだいたいプレスコ（★04）になった理由の一端もわかった気がしますね。音楽までは難しいにしても、せめてセリフだけでも最初に録ってしまうことで、音のレベルでの関係性がわかった上で作画しないといけないということなんですね。あるいは4〜5人で描けば、全体のトーンもある程度把握できますけど、1カット1カットはあまりに小さなパーツなのでそれが寄り集まったとき、音まで含めた全体像について想像するのは、ちょっと難しいかなって気がしたんですね。これまでは、うまくいっても、いってなくても大差なかったんですよ。でも、ここまでできてしまうだけにね……。

★04——プレスコ　「プレ・スコアリング」の略で、画が完成する前にあらかじめ俳優の声を収録すること。外国産の大半のアニメーション作品は、この手法だ。国産アニメーション作品のほとんどは「アフレコ（アフターレコーディングの略）で、完成した画に声を入れるので「アテレコ」とも呼ばれるが、これだとタイミングや生理が画に縛られてしまうので、芝居に制約を加えることになる。プレスコは逆に収録した声からスポッティングという方法でタイミングを抽出し、それに画の動きを合わせていく形になる。いずれも、一長一短がある。国産作品では『AKIRA』がプレスコに挑戦したことが有名だ。

——欲が出てしまいますか？

井上　そうそう。もっと作品として実写と並んで評価されたいと思ったとたんにね。本当に難しいところに来てるなあって気はしましたね。もちろんもっと良い作品はこれから生まれると思うし、特に今さんの手から生まれる可能性はあります。そうなると、いいところまで来てるにもかかわらず、さらに次の高いハードルが見えてくるような、下から見てる時には感じなかった難しさを感じましたね。

（救いになった妹の感想 ……………………… ）

——ちなみにより一般的な、ご家族のご感想などは聞かれましたか？

井上　ええ。チケット送ったら両親と妹が観に行ったんですが、妹が「最後の赤ちゃんが助かるくだりで涙が出た、お兄ちゃんの作品で一番面白かった」って電話かけてくれたのが印象的でしたね。僕のやった長編、だいたい観てるみたいなんですけど、凄惨なラスト迎えるものが多かったので、「お兄ちゃんの作品やから、またここでこの赤ちゃんは死んで、この人も死ぬんや」と本気で思ったって言うんですよ（笑）。絶望した途端に助かったのが意表をつかれたみたいで、涙が出るくらいあそこで感動して喜んだって言ってくれましたね。

——それはよかったですね。一般の方が大喜びされてるんで。

井上　でも、それを楽しめない自分がね……悔しい。妹の感想が救いではあるんです。親族な

だけに、正直に辛辣に言ってきますから。お袋も最後まで楽しめたって言ってましたね。「こんなのドンドン作りなさい、昭和ヒトケタにもわかるものを」って言われて。興行の面から言っても、もっと一般の人に向けたエンターテインメント性を持ったもの、単純で素直に楽しめるものを作りたいし、作るべきだと思いますね。

——今後のお仕事の予定はどうでしょうか。

井上　今は『妄想代理人』（★05）を最後までつきあうことになってます。途中の番外編的なエピソードと終盤の方を手伝うと思います。あと、次の今さんの長編も早い段階から参加することになるとは思うんですが、確定はしてないですね。

——井上さんは、今後もかなり引き合いが多いのではないでしょうか。

井上　やれる範囲で全部やりたいなあとは思うんですが、40歳過ぎた辺りからアニメータとしての残りの人生を急に考え出しちゃいましたね。制作の長期化も今後の課題でして、あまりに効率が悪いので、なんとかしてもっと沢山やらなくちゃって思ってはいるんです。ペースメーカー的な役割を担わなくちゃいけないんですが、衰えていく体力とどう折り合いをつけていくのか。まあ必要以上に緻密にやっているので、必要以上な部分を削っていけば、そんなに時間はかからないはずなんですよね。

——少しでも多くの作品を観たいと思います。どうもありがとうございました。

【2004年2月2日　東京・南阿佐ヶ谷マッドハウス分室にて】

★05——『妄想代理人』　WOWOWで2004年2月からスタートした全13回のTVシリーズアニメ。東京武蔵野で発生した通り魔事件。被害者・月子の不明瞭な供述から周囲は自作自演では？と疑うが、第二の被害者が出て事態は一変。存在するはずのない犯人、「バットを持ち、金色のローラーブレードを履いた少年」は、やがて"少年バット"として、事件を取り巻く人たちを次々に襲っていく。"少年バット"とは一体何者なのか？　そして次の標的は？　1話ごとに加速する謎、事件をとりまく13人の人物。観るものすべてに感染してく衝撃のサイコサスペンス。スタッフは、原作・総監督・今 敏、キャラ

クターデザイン・安藤雅司（610ページ参照）、脚本・水上清資（『ブギーポップは笑わない』『陽だまりの樹』）、制作・マッドハウス（『アニマトリックス』『メトロポリス』）らの豪華スタッフ。

C-816　自転車対トラックの壮絶アクション

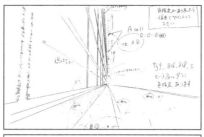
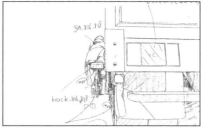

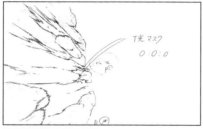

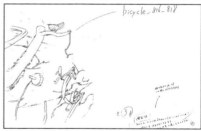
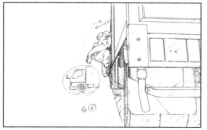

★自転車とトラックの果てしなきチェイスシーン。担当原画マンの井上俊之自らが語る通り、見るからに描くのが大変そうなカットである。自転車の原画はこいだ回数必要な上に、同時にトンネルの背景動画や、トラックと自転車の速度差も調整しつつ、観客に向けてはギンちゃんが自転車ごと「もしかして……？」と緊張感を生み出さなければならない。そういう要求の中で、破壊された自転車の破片が次々とわき出して来る動きの豊かさ、煙の中から無事なギンちゃんが見える構成の妙は、このカットを見応えあるものとしている（レイアウト・井上俊之／原画・井上俊之）。

C-914 落下サスペンスの盛り上げ

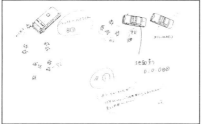

★清子を抱えたまま、宣伝の垂れ幕にぶらさがるハナちゃん。人体の落下は、映画における古典的なサスペンスだが、作画の説得力が即、緊迫感につながる難易度の高いカットである。井上俊之の原画は、地上との距離感や千切れた綱の材質、風にのって垂れ幕がゆらぎながら、ハナちゃんの身体を次第に覆い隠して見えなくしていくなど、いくつかの要素を複合させて、観客の不安感と臨場感を同時に盛り上げていく。一瞬の間に、ハナちゃんは落下して死んでしまうかもしれないと印象づけるだけの表現にする苦労を感じて欲しい（レイアウト・井上俊之／原画・井上俊之）。

C-868　髪の毛が表現する人物の内面

★雪の積もった屋上において、追ってきたミユキと対峙した幸子に一陣の風が吹き抜け、髪の毛が乱れ舞う。日本女性ならではの長い黒髪がさらりとうねりながら落ちる動きが見事だ。単にモーションとして優れているだけではなく、ここでは清子を抱いた幸子の内面のゆらぎが髪の毛を通じて、画として描かれていることが重要だ。それは幸子の思い詰めた表情の変化を重ね合わせれば、言葉に頼らなくともたちどころに了解できる。映像ならではのエモーションの表現とは、こういったことの積み重ねで実現されるものなのだ（レイアウト・井上俊之／原画・井上俊之）。

C-874　嗚咽にこもる複雑な感情

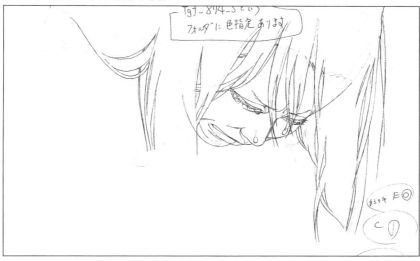

★幸子は清子を抱いて、頭を垂れて涙を流す。単に悲しくて泣いているわけではなく、映画中でも点描されている幸子の背負ってきた境遇や、現在の壊れかけた精神状態などなど、つもりつもったものが溢れて来て嗚咽にまで高まっているカットだ。単に「泣く」という記号的な表現に留まらず、内面からにじみ出るものが表現されていないと観客の心に響かない。その複雑な感情が、髪の毛の乱れや思い詰めた目、口元などいたるところに染みこんで、絵柄や動き全体としてこのシーンならではの格別な表現になっている（レイアウト・井上俊之／原画・井上俊之）。

安藤雅司　Masashi Ando
1969年生まれ。日本大学芸術学部在学中にスタジオジブリ研修生となり、1990年、
大学を中退してスタジオジブリに入社。現在はフリーランスとして活躍。主な作品
に、『紅の豚』(92)、『ホーホーケキョ　となりの山田くん』(99)、『イノセンス』(04)
(以上、原画)。MUSIC CLIP『On Your Mark』(95)、『もののけ姫』(97)、『千と千
尋の神隠し』(01)(以上、作画監督)など。2004年2月から放送された『妄想代理人』
(全13話、原作・総監督：今 敏)にキャラクターデザインと原画で参加している。

安藤雅司 作画監督
原画

Tokyo Godfathers Storyboard Book——Long Interview

空間にきちんと技術的な理屈がついて行く……
そんな期待で参加しました

（今監督の持つ「技術」への期待 ………………　）

——まず、参加の経緯からお願いします。

安藤　今さんの作品にはずっと興味がありまし
て、前から知り合いの小西(賢一)さん、古屋(勝
悟 ★01)さんがメインで参加されるということ
を耳に入れまして、それを頼りに自分の方から
訪ねて、お話を聞いて決めたという感じです。

——今さんのどんな点に注目されていたのでしょうか？

安藤　マンガ家としての今さん(★02)を知って
ましたし、アニメでは『ジョジョの奇妙な冒険』
(★03)ですね。すごい映像センス……映画セン
スといった方がいいですか、そういう点の優
れた方だなと思って、すごく興味がありました。
ただその当時、自分は前の会社(スタジオジブ

★01——古屋(勝悟)さん　656ページ「MAIN STAFF PROFILE」
参照
★02——マンガ家としての今さん　今 敏は武蔵野美術大学
在学中に講談社の「ヤングマガジン」誌の「ちばてつや賞」に応
募。入選後に同誌でマンガ家としてデビューし、短編を発表し
た後に「海帰線」を連載開始。90年に初の単行本を上梓してい
る。その緻密な画力と構成力は大いに話題を呼んだ。91年に
は単行本「ワールドアパートメントホラー」を刊行。90年代中
盤には、「セラフィム」「OPUS」といった作品を連載している
が、いずれも諸般の事情で中断している。監督となってからも、

リ）にいましたから、畑違いという感覚もあって、端から見て楽しませてもらうという感じでいたんですが……会社を辞めまして、仕事もしなきゃいけないし、機会もあったし、ちょっと現場をのぞいてみたいなあという興味の方が大きかったですかね。

――今さんが特別なことをされてる印象は、前からお持ちだったんですか。

安藤　技術面ですごく明解に確立したものがあるという印象で見てましたね。宮崎(駿)さんの作品だと技術化されてない、感覚に頼る部分がすごく多いんです。今さんの映像には、空間的にも納得させられて、技術的にちゃんと理屈がついて行く、そういうものがありそうな感じがあるんですね。そんな点に明瞭な答えがあるのかなということも、期待しましたね。

（実在の空間を撮影している感覚 ………）

――その「技術」とは、画面づくり、特にレイアウト(★04)ですか？

安藤　そうです。今さんのレイアウトにはしっかりとしたパース感覚(★05)があるし、キャラクターにしても骨格がハッキリしている、そういうところですよね。

――ただ、宮崎監督もレイアウトを重視してる方だと思うので、違いはどこにあるかお聞きしたいんですが。

安藤　うーん……描き手側の都合で勝手に語り始めると、一側面しか言えなくなっちゃうかも……。本当は符合してる部分、共通してる部分

もいっぱいあると思うんですよね。あえて言えば、たとえば宮崎さんの場合は「心地いい空間」という感覚、感性みたいなものにすごく頼られていると思うんです。だから、パースを計ると消失点に相当ズレがあったりしまして、作画時にキャラクターを奥から手前に持ってくると、背景のレイアウトのパースと明らかに画尺が合わなくなったりするんです。そういったときにも、結局は「感じのいいとこに納めていけよ」と感覚的なことを要求されるんですね。

それに対して今さんのレイアウトは、もし実際にその場所に行ったとすれば、どうしてもこういう風に見えてしまうでしょ……そういう説得力を持っているんです。もし面白くない絵になるんだったら、それはカメラを調整して配置を変えながら探る……ある空間が実在するとしたら、それに率直に適応して自分の作りたい絵を探していく作りだと思うんです。無理矢理言ってる気もしますね、すいません。

――いえいえ、大丈夫です。興味深いです。

安藤　それで、今さんの望む収まりのいい絵を作り出すとき、たとえば『東京ゴッドファーザーズ』(以下、『東京ゴッド』)だったら、人の顔に見えるような建物の構図はそういう方法論で作り出していますよね。現実にある物を切り取ったら、偶然顔に見えるって作り方ですから。それが都会人である自分たちが記憶の中で見たことがあるものに、きちんと符合していくという点で、すごく説得力があるんです。主観として心地いい悪いという心象以前に、こういう景色っ

今 敏は絵コンテを締め切りに合わせて連載マンガのように「今回はここまで」と引きがあるように描くことが多いらしい。なお、『海帰線』の単行本は美術出版社から再刊されている。
★03――『ジョジョの奇妙な冒険』 594ページ参照
★04――レイアウト　セルアニメーションでは、演技をするキャラクターは透明なセル(塩化ビニールのシート)に、背景は画用紙上と分離して描かれる。これはデジタルになっても、物体としてのセルがなくなっただけで変わることはない。レイアウトとは、この作業を円滑に進めるために描かれるようになったもので、背景原図と手前のキャラクターを描きこ

んだ「最終画面の設計図」である。絵コンテの役割は、あくまで映像の流れを見るものなので、レイアウトの段階で観客が観ることになる空間から置いてあるもの、建築様式などのデザイン的なもの、あるいはキャラの動きの始点、終点、速度などなどを完成型に即してつくりこむ。テレビアニメ『アルプスの少女ハイジ』(74年 高畑勲監督)において宮崎駿が「場面設定」という役職を担当し、レイアウトで以後の工程におけるクオリティを掌握可能ということを実証、それがアニメマスコミで紹介されたことから、現場作業的に非常に重用視されるようになった。

てそこに実在してそうだなって説得力を持っているレイアウト……それに立ち合ってみたいという欲求はありましたね。

しかも今回の作品は、題名に「東京」と付くくらいですから、東京という都市とその中という、ストレートに「自分たちの知っているらしき景色」っていうのを描いてると思いますね。

（参加したときのプレッシャー ……………… ）

——参加を決められた理由は、技術研鑽的なものが大きかったわけですか。

安藤 シナリオを読ませてもらって嫌いな傾向の作品じゃなかったので、抵抗なく入れるという理由もありました。わりと人物を動かすのが好きなもので。アクションもの、ド派手なもの、爆発とか、そういう作品傾向はちょっと苦手なんですよ。もし今さんでアクションものって言われたらどうだったかまでは、ちょっと想像つかないんですが……。

——この作品なら、楽しく仕事できそうだなと思われました？

安藤 いや、楽しくない。これは大変だなあとは思ったんですけど（笑）。その大変さを味わおうという気持ちもどこかにありまして、ともかく最初は、自分が対応できるのかどうかが、さっぱりわかりませんでした。あれだけ克明に描かれたコンテですから、なぞればある程度成立するという考え方もあります。でもこれだけ描かれていると、自分がそれを下手にしてしまうとまずいなあとか、そういうプレッシャーを感じ

ちゃうんですよね。そんなにポジティブな性格の人間じゃないので。もうちょっと伸び伸びできたたら面白かったという気はするんですが、若干萎縮があったと思います。

——ちなみにご参加はかなり初期の頃から？

安藤 コンテはBパートの半分くらいですね。墓場のシーン、ギンちゃんがじじいと遭遇する場所と、その直前のハナちゃんとギンちゃんがやりあう所と、その3シーンという話から始まりまして、終盤は作画監督として修正をやりました。それで、参加早々に大塚（伸治 ★06）さんの原画を見てしまいまして……。

——ああ、やっぱり。みなさん大塚さんの原画でまずショックとおっしゃるんです。

安藤 そうですね。それさえ書いてもらえれば、もう……。

（大塚原画の優れた特質 ……………………… ）

——そのときの大塚さんの原画の印象は？

安藤 芝居にそった発想の仕方って、こうやらなきゃいけないんだということを強く感じました。コンテと照らし合わせると、大塚さんが「こう見せた方が面白い」というのがわかるんです。キャラクターらしさが出るよう、そのキャラクターに沿った動きの発想で膨らんでいる。それがちゃんとコンテの印象の中に収まっているんですよ。やっぱりすごいです。自分はホントに申し訳ないんですが、コンテに従うという意識で行っちゃうんですね。芝居の設計もですが、タイミングとか間合いとか、自分の仕事を振り

★05──パース感覚 パースは「パースペクティブ」の略で、西欧絵画における遠近法のこと。現実の空間を二次元の絵に置き換えたときに、遠いものほど小さく見えることから、空間全体が「消失点」に向かう放射上の直線の上に乗っているというような考え方を取る（一点透視）。他にも消失点の数を増やして二点透視、三点透視という技法がある。レイアウトの上で、現実を疑似した空間を作ろうとすると、まずパース線と呼ばれる消失点に向かう補助線を取って空間を構成し、この上に物体を構築していく方法が基本となる。ただし、現実に生きる人間がものを見たときには、眼球のレンズ的な精

度の問題や、心理的、認識的にものにウエイトを置いて把握するため、必ずしも遠近法の通りに心象が映し出されるわけではない。そのため、機械的なパースだけで空間を構成すると、息苦しい映像ができる。さらに、アニメの絵は止まっておらず動く映像（画）になっていくため、パースが精密でありさえすれば良いということはない。それゆえ、レイアウトを「画」として描くときには、心理的な要素を加味した上で映像的に前後がどうなっているのか等、多彩なことを熟慮の上、描くことが必要になる。ゆえにパースにおいても「感覚」が大事になるわけだ。

返るのが怖くなるような……そんな大塚さんの仕事をずっと感心しながら見てましたから。
——安藤さんはジブリ時代から、ずっとご覧になってるんですよね。
安藤　ジブリに入ったとき、最初に『おもひでぽろぽろ』(★07)でショックを受けたのが大塚さんでした。お名前は存じてましたが、どういう原画を描かれるのか認識がなかったので、初めて原画を見たときに相当ショックを受けたんですね。レベルが圧倒的に違ってたので。一種のとまどいと驚きですね。そのときは経験を積んでいけば何とかなるかと思ったんですが、あの方は全然止まらないので、どんどん先に行かれますね。

(作画作業の進め方 ……………………………)

——コンテから作画を起こされる作業は、どんな風にして進められるのでしょうか。
安藤　今さんがあれだけコンテで明確な絵を描かれているので、芝居の動きとかビジョン、そういうものを探るという感じの作業でしたね。結局、それだけじゃいけなかったんだということが、後でわかるんですけど。構図もある程度ハッキリした形でコンテに描かれているので、この構図になっていくということは、こういう動きの流れがあって、それでこれになっていくんだろうな……そういう感じですね。
——コンテを読みこむということですか。
安藤　そうですね。コンテの絵のポーズに収まって行くように動きの設計を作っていく。

★06──大塚伸治　587ページ参照
★07──『おもひでぽろぽろ』　91年、スタジオジブリ作品。高畑勲監督、宮崎駿プロデュースによるアニメーション映画。岡本螢と刀根夕子による原作コミックは、小学校時代のみの回想によって構成されているため、当時大ヒットしていた『ちびまる子ちゃん』同様のレトロ作品としてアニメ化されると予想されていた。ところが、今井美樹、柳葉敏郎という配役を得て現代的な女性の悩みを描いた映画としてヒットした。時代設定は1982年、27歳のOLであるタエ子は、山形にある実家へと一人旅をしていく。その旅に、タエ子は自分が小学校5年生だったころの回想を重ねていく。「おもひで篇」(回想)と「山形篇」(現実)を、それぞれ別のキャラクター観で描き分けたことがアニメーション技法的に大きな意味があった。おもひで篇はかわいくデフォルメされたキャラクターが、空への階段を登るような、主観混じりのファンタジー的で従来のアニメ的に描かれているが、山形篇の主人公はリアルな等身で、笑顔のときに口元にシワのような影がつくという表情づけとなっている。この現実感覚の描出には多くの挑戦的なことが含まれていたため、90年代のアニメづくりに大きな影響を与えている。

──リアルな東京を描く上で、今までの作品と違った難しさはありましたか？

安藤 嘘をつけないことですかね。町並みにしても現実にあるものを合成してる感じですから、それは自分の絵のストックとしてはないものだったということも発見しちゃいましたね。たとえば電柱をふだん自分がよく見ているのかというと、そうじゃなかった。実際に見てみると、いろんな線や計器がついてるじゃないですか。自分は非常に漠然としか受け止めていなかったことを、感じましたね。

──作画をしながら、気づかされるみたいなことですか。

安藤 レイアウト作業でもそれは多かったと思いますが、作画の場合ですと、服装ひとつにしても同じようなことがありましたね。ショールとかターバンみたいなものに、どういう説得力、納得できるフォルムを付け加えていくのかと考えていったときに、今まで自分たちが観念だけで描いていたと気づかされる部分が多々ありましたね。正直、自分もできたとは全然思ってないんですよ。小西さんがレイアウト段階で修正を入れてくれたので、その中にこちらの意識していないような線を発見したりしましたから、自分からは決して出てこないって思い知らされた部分はありますよ。作監作業も小西さんのレイアウト段階での修正がまずあって、それに沿う形で描こうという姿勢が決まったからこそやれたんです。実際には作監補という意識なんです。だから、自分なりに『東京ゴッド』に対する

ビジョン、こういう風にしたらいいんじゃないかと言えるほどの所には、行けてないんですね。

──今回は絵崩れも自由度がありましたが。

安藤 自分はあまりやらなかった方なんで、もうちょっと崩した方が良かったかなって思いますね。もちろん、演出チェックとか作監チェックで、タイミング的なものとかポイントポイントで調整がつけられてると思うんですよ。自分でもちょっと不安だった部分に、ある色気というか面白みみたいなものがつけられていて、それで救ってもらってる部分は大いにあると思います。

（映画全体の感想 ……………………………… ）

──映画を全編通してご覧になったとき、どんなご感想でしたか。

安藤 いや、面白かったなってことにつきます。こういう感想って、実はけっこう珍しいんです。全然冷静に見れなくって、「本当に面白いのかな？」って思ったり、疑問点がそのまま残ってたりするものなんです。今回は普通に楽しみましたね。ああ参加させてもらって良かったなあと。自分の仕事として満足してるかっていうこととは別ですが、面白い作品に名前を連ねさせてもらったっていう喜びはありましたね。

──お話はわかってるにしてもですか。

安藤 もちろん絵コンテでわかってはいるんですが、編集が上手い映画だなあっていう感覚を、今さんの作品って、よく持たされるんですよね。

──それはカット割りとか。

安藤　そうです。カットのリズムが、非常に気持ちいいんです。絵コンテだと、カット変わりでの絵のメリハリや緩急までは見ますが、時間的につながっていくと、どこかで音楽的なものになるじゃないですか。そういう部分までは予想できていないので、すごく気持ちのいい編集の映画になってるなあと思いました。完成したときの新鮮な驚きというか神聖な喜びといいますか、そういったものが味わえましたね。もちろん自分のシーンが出てくると、身体が硬直してしまいまして、それはアニメーターの習性なんですが、今回、運良く前半に担当が集中してたのも良かったんでしょうね。

——ちなみにご家族には、ご感想を聞かれたりしましたか。

安藤　あの……田舎なので、『東京ゴッド』かかってなくて。DVDができたら送ろうかなと。「何の作品やってんだ？」ってしきりに聞かれるんですよ。そういった意味では、『東京ゴッド』は家族が見ても楽しめると思うので、喜んでもらえるのかな。今さんの悪戯っ気というところまで深読みする親じゃないですけど、娯楽として楽しませてくれるので、反応を楽しみにしたいですね。

——一般のお客さんの反応が、本当にいいですよね。

安藤　友人からいきなり電話があって、「いやあ、予想外に良かったよ」ってね。基本的にアニメーター仲間なので、単純にアニメーション的な技術を見たいって気持ちで行っちゃうんで

すが、そうじゃないところでつい楽しんじゃった、そういう意味ですよね。技術面以前に、まず作品としての反応が大きかった、そういう実感がありますね。

——お仕事は、『妄想代理人』(★08)で引き続き今監督作品ですが、キャラクターの他には……。

安藤　原画を。作画監督は作品に対して責任持たなきゃいけないので断ってしまいまして。『妄想〜』の場合はいろんな人がスタッフとして参加されるということを前もって聞いてたので、自分のデザインがどう描かれるのかという楽しみもあるんですよ。自分が作監やっちゃうと、こう描かなきゃいけないものを提示していく……そういう部分を持っちゃうんですよ。

——ある程度、解釈できるキャラをつくられて。

安藤　そうですね。動物を連想させるようなキャラというお話を今さんからいただいたので、個性の強い方が描いても、逆に面白みになるなと。テレビの厳しいスケジュールの中で、数をこなしつつ原画を描いていくのは、経験としても面白いなと。劇場は失敗しちゃいけない部分があるんですよ。テレビシリーズは、たとえうまく行かなくても次につながればいいという部分を持っていますから。

——お忙しい中、ありがとうございました。

【2004年2月2日　東京・南阿佐ヶ谷マッドハウス分室にて】

★08──『妄想代理人』　615ページ参照

C-235　イレギュラーさの支配する酔漢演技

★偶然見つけた墓場で、ギンちゃんは酒ビンを発見して身体を温めようと呑んでしまう。酔いによって、微妙に身体のバランスを崩しながら、ろれつの回らなくなった舌で、長いセリフを身振り手振りでわめき散らす。酔っぱらうということは、身体のコントロールが効かなくなるということで、時間を制御することで表現するアニメーションではそのイレギュラーさを出すことが逆に難しいものである。しかもその中に本音まじりの毒舌が混じって行くともなると、表情の変化も積み重なっていく。そういったものを見事にまとめた演技を楽しんで欲しい（レイアウト・安藤雅司／原画・安藤雅司）。

C-371、374、378　とぼけた味の飲酒昇天

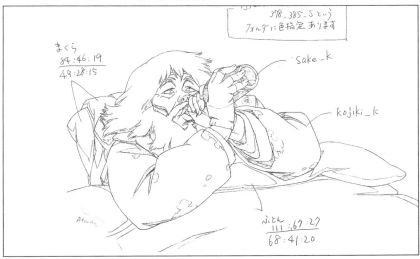

★ギンちゃんは道ばたで瀕死の老人を発見。それは自分の未来の姿なのか……。最後の頼みとして、酒を所望した老人は満足して、あの世へと旅だっていく。いくつかのカットに分かれてギンちゃんと会話が行われ、大事なものを託すシークエンスだ。酒の力で機嫌が良くなったりしつつ、視線がどこを見ているか不明にしていることで、非常にとぼけた味をかもし出している。一方で、シミのついた服や固まったような頭髪、ヒゲなどホームレス的リアリティも充分にこもっている。単に面白いだけではなく、哀愁も同時にこめられた演技なのである（原画・安藤雅司）。

C-339、342　感情の激昂と落ちるショール

★ミユキは連れ去られ、ギンちゃんは頼りにならず……という最悪の状況下で、ついにハナちゃんはキレて罵倒の言葉を連発、カバンを投げつけて去っていく。途中でキャラのサイズが変化しているのは、カット割りの間に数歩手前に出る演技があるため。怒りの中で肩にかけたショールが落っこちかけ直したり、途中で露悪的な表情を見せたりする演技の推移が、キャラクターに実在感を与えて、印象に残るカットに仕上げている。カット終わり際のカバンの振りまわし方も、中身の重さを感じさせ、シークエンス全体に存在感を与えて見事である（原画・安藤雅司）。

美術監督

池 信孝
糸川敬子
市倉 敬

池 信孝　Nobutaka Ike
1965年生まれ。1986年にスタジオコスモスへ入社。1995年よりフリーランスとして活動。主な作品歴は、『みどりの守り神』(90)、『せんぼんまつばら　川と生きる少年たち』(91)、『蒼い記憶　満蒙開拓と少年たち』(93)、『パーフェクトブルー』(97)、『千年女優』(01)(以上、美術監督)など。

デジタルハーモニー

糸川敬子　Keiko Itokawa
1975年生まれ。1997年スタジオジブリ入社。主な作品歴は「スプリガン」(98)、「ホーホケキョ　となりの山田くん」(99)、「パルムの樹」(01)(以上、特効)、「千と千尋の神隠し」(01)(背景)、「猫の恩返し」(02)(デジタル美術効果)。

市倉 敬　Takashi Ichikura
1973年生まれ。1998年マッドハウス入社。主な作品歴はTVシリーズ「はじめの一歩」(00)、「劇場版カードキャプターさくら　失われたカード」(00)、「千年女優」(02)(以上、背景)。OVA「SPACE PIRATE CAPTAIN HERLOCK OUTSIDE LEGEND ～ The endless odyssey」(02～03)(デジタル背景)。2003年スタジオイースター入社。現在に至る。

Tokyo Godfathers Storyboard Book——Interview

画面を落ち着かせる効果が一番の狙い
デジタルハーモニーとわからなければ正解です

（デジタルハーモニー、作中での位置づけ……）

——最初に美術監督の池さんから、分担をご紹介いただけますか。

池　糸川さんにメインでお願いしたのは、ゴミ袋関係ですね。最初に冒頭の清子を発見するシーンのゴミ袋をやっていただき、その仕事が素晴らしいものだったので、糸川さんは幸か不幸かずっとゴミ袋をやり続けることになってしまいました。ハナちゃんの段ボールハウスにある細かい小物類の描き込みも、すべて彼女の手によるものです。

　市倉さんは、ギンの段ボールハウスの中が最初で、デジタルハーモニーに限らずデジタル背景、つまり3Dの素材を作っていただきました。タクシーを追っかけて行くときの街並みやミユキが

★01──『パーフェクトブルー』　今 敏の監督デビュー作。アイドル歌手を卒業したことでファンの恨みを買った未麻は、何者かに狙われるようになる……というサイコサスペンス映画。ビデオアニメとして企画されたが、劇場にかかり話題を呼んだ。物語の舞台は現実の東京で、ひとり暮らしをしているミマの生活感は部屋にびっしりと置かれた数々の小物で描かれていた。インターネットやファクスといった現代的なメディアで恫喝が加えられるなど、非常に現実に即した描写が多いが、ポイントは劇中劇との虚実混淆が始まる不気味な感覚と、意外な真犯人の正体である。いずれも今 敏監督な

殺し屋に拉致されて連れ込まれる不気味な感じの街並みは、市倉さんの手によるものです。3D班の出してくる原図に対して、背景のパーツを作りこむんです。普通の背景は見た目通りに描きますが、3D-CGの場合はカメラワークがあるので、面ごとに別々に描きます。描いてる最中には完成形がわからなかったりするので、けっこう面倒くさかったと思うんですけど。

——市倉さんは、デジタルのお仕事は前からずっと担当されていたんですか?

市倉 いや、この作品までは普通の背景でした。最初のころはツールを使いこなすことができないこともあって、勉強しながらですね。

——糸川さんも背景を担当されてたんですか?

糸川 私はもともと「特効」(特殊効果)なんです。背景は手描きをちょっとかじってたくらいで、デジタルの方は別作品で特効にちょっと使ってたぐらいです。

池 2年前の段階では、背景の素養やセンスを備え、かつデジタルも使える人が少なかった。育てるにしても苦労する時期だったので、お二人ともうまいことハマってくれましたね。

——背景出身と、特効出身と、違うバックグラウンドが適していたというのが面白いです。結局、ハーモニーの位置づけがそういうところにあるということですか?

池 そうです。ハーモニー自体はもともと背景の分野で、セルに近づけていく作業ですからね。主線(実線)で区切られているわけですから。

——基本的な差は、主線のあるなしですか。

池 はい。アニメーションの世界では、メインで動くセルのキャラクターは主線で区切られてる分、実在感があるわけです。ハーモニーとは、セルに寄っていきながらも背景としての存在感があるものですから、中間に位置するものになります。

(ゴミ袋が代表するデジタル処理の特質……)

——今 敏監督なりのデジタルハーモニーへのこだわりは、感じられましたか。

池 『パーフェクトブルー』(★01)の頃から、人の周囲に濃密に物がある空間は、今さんの作品世界の中でかなり重要な役割を果たしていました。部屋の中に置いてある小物が背景で描かれて模様みたいになってしまうのは気持ち悪いですから、その存在感を表現するためにも、デジタルハーモニーは非常に有効な手段だったと思います。

——ハーモニーという手法自体は古くからある(★02)ので、「デジタル」と冠している理由をうかがえますか?

池 単純に作業が全部デジタルということだと思います。それと、ゴミ袋の処理(★03)はデジタルでないとできない作業なんです。

——では、そのゴミ袋の処理の仕方から教えていただけますか?

糸川 こちらがいただく素材は、主線とハイライトになる仕上げの色分けされた線です。影がもう一つ別にあることもあります。あとは中のゴミの素材ですね。それを全部Photoshop(★04)上でレイヤー分け(★05)して組み合わせていきます。

らではのクレバーなアニメの使い方によるもので、続く2作品ともその点では通底したものが存在する。

★02——ハーモニーという手法は古くからある アナログ時代のハーモニー技法は、背景で描かれた質感の上にセル画のトレス線(主線)のみをかぶせたものが基本となる。70年代ぐらいから、平板なセル画と対照的な劇画的表現をすることに多用され始めた。特に出崎統監督の『宝島』や『あしたのジョー2』といった作品で感情の頂点において時間を劇的に止める手段としてのハーモニーが有名である。また、宮崎駿監督作品においては、『未来少年コナン』のギガントのような

超巨大メカニズム、あるいは『ルパン三世 カリオストロの城』の地下墓地にある白骨死体の群といったもので多用されている。動いてはいるが巨大でとか、死んでいるのに動き出すかもしれない、といったアニメ的世界観の中では矛盾を含んだ存在に使われていることに注目。

★03——ゴミ袋の処理 条例によって都会のゴミ袋は、それまでの黒から炭酸カルシウムの半透明のものを使うようになった。ゴミ運送時に中身が一瞥で判明するようにという配慮だったが、見えるようでいて見えないというのは、抽象化を得意とするアニメーションアニメの表現にとって過酷なも

ゴミも手描きで仕上げとして塗られている場合もあれば、実際にゴミを写真で撮ってコラージュして入れることもあります。アップになると、絵で描いたものはどうしてもごまかしがきかなくなります。なので、ある程度は写真を背景っぽく絵のように加工したりしました。

池　一番重要なことは、ビニール部分の透明度を変えて透過できること(★06)なんですよ。アナログ時代に同じことをやろうとしたら、全部撮影でダブラシ(★07)になりますので、膨大な作業量になってしまいます。

糸川　単純にやると均一な半透明になってしまうので、マスク処理をして、光が当たってるからここを濃く残してとか、かなり手作業で調整しました。

池　そういう勘を持ってる人が、なかなかいなかったということなんです。パソコンを扱えたり背景を描ける人はいても、統合して作業できる人がなかなかね……。

糸川　背景には鉄則みたいなものがあるので、画面全体の処理を考えて奥の方を暗く落としたりしています。それも均一にではなく、ゴミ袋の１個１個に対して「ここは光が当たってるから残しておこう」とか「最終的には奥の方を落とそう」とか考えるんです。

――その明るさ暗さは、どうやってつかむのでしょうか。

糸川　地になる背景もいただいてますので、そこから「このぐらいだろう」と想像するんです。最初はちょっと困っちゃう感じなんですよね。線のレイアウトと具のない背景をもらって、どのくらいで収めていくのかわからないので

のなのであった。

★04――Photoshop　米・アドビ社の開発した画像処理アプリケーションで、「写真屋」というその名前から分かる通り、本来はフォトレタッチツールという写真を加工することが主目的のソフトウェア。Painterなど絵を描くためのツールとは異なる。しかし、絵を描くということは結局は線と面と光をつくりこむということなので、2Dの絵を描くために標準的に使われるようになった。

★05――レイヤー分け　アニメ制作におけるPhotoshopの利点は、階層(レイヤー)構造を取れること。あたかもアニメのセルを重ねるように、さまざまなエレメントを何枚も上に乗せることができる。しかも、セルは完全な透明ではないため重ねられる枚数に制限が存在するが、Photoshopのレイヤーは無制限に重ねることができる(処理速度等のことを考えなければ)。

★06――ビニール部分の透明度を変えて透過できること　半透明のビニールから中のもの透けている表現をするとき、レイヤー上で重ねたものの「透明度」を設定することで表現できる。

★07――ダブラシ　アナログ時代のアニメーション制作で

……。あとは打ち合わせで、「ここは一個派手な色があった方がいい」とか「ここは全体的に地味にしてくれ」とか、口頭で指示のある程度です。

——密度をどのくらいの描き込みでやるかは、どうやって決められましたか？

池　それは指示するまでもなく、糸川さんの方で相当に作り込んでくれたんですよ。ありがたい、ありがたい。

糸川　デジタルってどこまでも拡大可能じゃないですか、そうすると手抜きができないなと思って……。

池　しかも、ハーモニーの元になるレイアウトの方で異常に描き込んでますからね。「描け」と言わんばかりに（笑）。

——線の世界で描き込んであると、塗る数も増える方向にあるんですよね。

池　曖昧にゴチャゴチャしてるならごまかしも効きますが、スプーンの形をしていたらスプーンの色にしなくてはいけないんです。

糸川　ゴミ袋の中身をそんなに細かく見る人もいませんので、ただ何か入ってるぐらいの印象でいいときは、透過部分が多い手前の方のところだけだったり、中のゴミは全部つながってたりとか、そういうこともあります。ゴミの写真もロケハンのものが多いのですが、アップで何度も使い回しちゃうとまずいと思って、自分の仕事場のゴミをデジカメで撮影して取り込んだりもしました。

（ハーモニーの実在感……………………　）

——市倉さん側のアプローチは、少し違うんですか？

池　市倉さんは背景が描けるので、場合によってはハーモニーというよりはデジタルで作り上げた背景みたいな感じになりましたね。手前にある小物類にハーモニー指示がなくても、他のシーンからの流れからしてハーモニーにしないと実在感がないときには、レイアウトから切り取ってハーモニーの実線にして処理してくれ、と指示することもありました。

市倉　基本的にはチビチビ作業するのが好きなので、すごく性に合ってましたね。今回は背景も、デジタルでも筆描きで取り込んでも、どっちでもいいという話だったんです。デジタルだけでＢＧ（背景）もやってみようかなと、テクスチャになる素材を手で描いて貼って、また描いて貼ってみたいな感じで。

池　そうそう、「最終的な上がりはデジタルだから、過程はどうでもいいよ」って話はしましたね。描いただけで実感が足りないときには、上から汚しのテクスチャを貼ったりしてます。

——ゴミ袋とか破片とか、デジタルだと使い回しがきいたりするんですか？

池　ゴミ袋ですか？　ゴミ袋は使い回しましたよ。特に今やってるテレビ作品でも（笑）。さすがに最初から2次使用まで考えてたわけじゃないですが、『東京ゴッドファーザーズ』（以下『東京ゴッド』）では街中にどうしてもディテールが足りないと思ったとき、前に作ったゴミ袋を持っ

用いられた多重露光（ダブル・エクスポージャ）による撮影技法。ガラスが透けるなどの表現時に使われる。1回目の撮影は、ベタ塗りにしたガラス部のセルを乗せて50%の露出で行い、2回目はそのセルを外して50%の露出で行う。そうすると、ガラス部分以外は100%の露出で存在感のあるものとなるが、ガラス部は50%の露出で半透明となる。

てきて埋めたりしましたね。最初のゴミ捨て場に冷蔵庫などが見えていたと思いますが、後に出てくる廃屋の画面を埋めるのに、ちょっと組み合わせを変えて使ったこともありますよ。

——ちょっとセット感覚が入っていて、面白いですね。

市倉 僕のやった中では泰男の部屋が印象的ですね。あの雰囲気って、実はもろに僕の部屋なんです（笑）。

池 そういう理由かはどうかともかく、この部屋の市倉さんの仕事は素晴らしかったですね。デジタル作業に慣れてきたときなので、いい感じであげてもらいましたね。あとは市倉さんの仕事で派手に目立つのは、バーのボトルですね（★08）。あそこで一気にブレイクって感じでした。

——それも、ご自分の飲まれたボトルを撮って取り込んだんですか？

市倉 いや、僕はあんまり飲まないですけど。

池 あのラベルって、みんなで飲んだヤツがけっこうあったんじゃないかな（笑）。いろんな種類があるので、単調な色にはならないようにとお願いしましたね。ボトルだけじゃなくて、手前のグラスとかタバコとかも、全部デジタルハーモニーですね。

——グラスにはちゃんと氷入ってますね。

市倉 一応、タバコはマルボロで。細かい所ですけど、自分なりの楽しみで。

糸川 私も取り込むために買ったこともないパチンコ雑誌を買いましたよ。でも、何誌もあるじゃないですか。最近の創刊の物じゃダメだろうから、昔からあるヤツとか。派手な絵がある

と目についちゃうので、絵が細々あるのを選んだり、裏表紙を使ってみたり。どれがいいんだろうって考えるのが楽しいんですよ。

市倉 郵便受けのハガキ（★09）には、田舎から自分の家に来たハガキの宛名書きを入れたりしましたね。誰にもわからないお遊びで。

池 そういうところまでちゃんと自分で考えてくれる人は、なかなか探してもいないんです。画面に映えるパチンコ雑誌はどれだって、そんなところまでは指示できないですから。自分で工夫できるスタッフに行き当たるのは、全くの幸運以外のなにものでもないです。自分にとっても幸運だったし、この作品にとっても幸運だったと思いますね。

（うまくハマった二人の個性 ………………………… ）

——やっていく中では、さまざまな試行錯誤があったんでしょうか。

糸川 普通、取材では「苦労した点はありますか？」とか聞かれるじゃないですか。それは困ったなと思って。苦労したって言われても……意外と楽しんでたというか。

池 糸川さんの場合、最初からスプーンとハマってくれたという印象がありまして、これはいい人を見つけたって感じでしたよ。

糸川 最初呼ばれたときには特効の話だと思ってたんですよ。そしたらいきなりハーモニーで、もうお願いしますっていう状態だったから、「やるしかないかー」みたいな感じで。

池 市倉さんは背景側からの参加で、一応はデ

★08——バーのボトル　ハナちゃんの旧勤務先、エンジェル・タワーのカウンターに置かれた洋酒のボトルのこと。実際にカウンターにはお客の好みに応えるためにさまざまな種類の酒が置かれているわけで、その雰囲気を出すためにボトルの色やラベルなどを細かくつくりわけている。

★09——郵便受けのハガキ　泰男の住むアパート入り口で、あふれかえっていた郵便物によって主の性格を表現したカット。中に人がいるにも関わらず、届いた郵便物を受け取りもしないというところに、社会との拒絶感含めたダメ男ぶりが端的に表現されている。

ジタル作業は手がけてたので、まったくのド素人ではなかったんです。ただ作品の密度などについて慣れるまでは少しかかりましたね。
市倉 最初は何をしたらこうなるっていうのもわかんなくて、ハーモニーの実線が黒を黒くする術すら知らなかったんです。明度を黒にするだけのことだったんですが。
池 でも、その後は大体すいすいと。特に後半に入ってからは 大変助けてもらいました。どうしても普通に背景描くのとは違った勘が要求されるんですが、お二人とも非常にいい感じにやってくれました。
——デジタルになると、描けるようになればなるだけ密度あげて描いていってしまうと思うんですが、スケジュール内に影響するようなことはないですか？

糸川 慣れてくると、どうやって描きこんでるように見せられるか考えられるので、大丈夫でしたね。
——フィルム上でご覧になってどうでしたか？
池 「全然見えてないじゃん」とか思ったりしなかった？
糸川 そんなことはないです。でも、自分の担当したカットは、「ここはハーモニーだな」ってわかるんですけど、関わってない所はどこがハーモニーか背景かわからなくって。
市倉 やっぱりドキドキしますよね。1回目に通して観たとき、「次は自分だ」って、そういう見方をしちゃいますよね。で、すぐ終わっちゃう。で、また次がある。続けて出てくると、ちょっと嬉しいです(笑)。
——3Dのテクスチャを提供するお仕事だと、最終画面は初めてご覧になったわけですよね？

市倉　最終形は全然わからないまま作業だけ進めてて、実際に本編で観ると不思議な感じですよね……。平面に描いてあるのに、なんであんなに動くんだろうなあと。

——3Dにする前は平面だと思いますが、光源はどんな具合に考えてましたか？

市倉　3D空間になったとしても、その空間の中での光源は、あらかじめ決まってるんで、決め込んで描いていましたね。

池　3Dにするといってもグルグル回ったりせずに、少しだけカメラが入り込んで行くぐらいで、パースがちょっと歪まないとおかしいという程度の変化しかさせてません。基本的には普通の背景がちょっと動くだけなんです。そういう意味では、光源的なズレはそんなになかったのかもしれませんね。

（自然に見せるためのハーモニー ……………… ）

——冷静に見られない部分もあると思うんですが、映画としてのご感想はいかがでしたか。

市倉　僕は今さんの作品は『千年女優』からしか知らなかったので、面白かったですね。ギャグが入ったりするイメージを持っていなかったので、ほんとに見てて笑いました。

糸川　ここまでリアルに背景描いてしまうとキャラクターと合わないんじゃないかと思っていたんですが、全然違和感がなかった。こういうのもありなんだって思いましたね。

池　それは橋渡しとしてのハーモニーの力が大きいんですよ。今回はかなり重要だったと思い

ますね。

——ちなみにセル画のキャラクターがハーモニーのものを取ったりするシーンはないんですか。

池　えーと……それはないはずです。ただし冒頭のゴミ捨て場で、ギンがゴミを漁ってたりはします。ああいうシーンを作るとき、ゴミの方を単純に背景で描くとまったく違和感が出てしまうわけですよ。そういう部分で違和感を無く効果もありますよね。ハーモニーのまま動かしたのは無かったけれど、ハナが持ってる封筒とかは、おそらく今さん自身が自分でそれっぽい汚しを入れたんじゃないかと思います。

——普通のセルに対する特殊効果は、どれくらい入っていますか？

池　かなり入ってますよ。車関係とか。ただ目立たないように入れてあるので、ちょっとわかりにくい微妙な部分に入ってるんですよね。ハーモニーにしても特殊効果にしても、画面を落ち着かせる効果が一番の狙いですから、それ自体が手前に浮き上がってくることはないんです。言われなければ、これがデジタルハーモニーだとは、おそらくわからないだろうと思うんですね。

——縁の下の力持ちということですね。

池　はい。止めてみたとき、ちょっと普通の背景と存在感が違うと思う程度で、フィルムとして流して観たときには普通に存在していると思いますね。糸川さんがいみじくもおっしゃったように、「自分のやったところ以外はどこがハーモニーだかわからない」って見えていれば、それで正解かなと。たとえば意外なものでは電話

ボックスもデジタルハーモニーなんですよね。これは糸川さんですね。

糸川　そうです。でも、奥の動いてる車は特効なんですよ。

池　面に対してこっち側を明るくするとか、そういうのは特殊効果の谷口（久美子）さんという方ががんばってやってくださったんです。

——デジタルや3Dが入ってきて選択肢が広がる分、どの方向性を美術が目指すのか、目標は何かありますか。

池　それはあまりないです。今までやりたくてもできなかったことが可能になるという部分が大きいですね。ただし、やれることが増えた分、確実に仕事量は増えていますが。

（表現上のセルと背景の棲み分け ……………）

——今監督は、『パーフェクトブルー』の時から電車の吊り広告にもMacで作った物を貼り付けたりしてましたね（★10）。

池　あの頃からできることはやってるんですよ。アニメって表現の棲み分けが意外と難しいんです。机の上に動かないコップがあったとき、それを背景描きにするかセル描きにするのかは、演出さんのセンスにもよりますし、正解はないんです。僕の感覚では今にも動きそうなものはセルというイメージですが。

糸川　完全にセルにすると、「動き出すんじゃないか」ってそこに目が行ったりするんですよ。本当は動いてるキャラを見て欲しいのに、その意図がくまれないことがあるので、特効を入れ

たりハーモニーにしてなじませるんです。

——美術全体の描き込みに関して言えば、現実の東京だからこそできることも多いですか？

池　多いです。素材がそこら中に転がってますからね。室外機の細かい同心円が並んでいる中にファンのあるディテールも、手描きでは絶対無理です。正面から写真撮ってそれを貼って、劣化させたりしてモノにする。そうすると、やっぱりキッチリとしたものがつくれますね。

——逆にＳＦもの、宇宙ものでこういう手法でやることになったら？

池　今監督ならあり得ますね。なんとしても宇宙とか異世界には行かないで欲しい（笑）。ただ、そうなっても今さんの場合、誰も見たこともないものを描くわけじゃなく、みんなが見てきたものをパターン化して異世界を見せるやり方でしょうから、そんなに困ることはないんです。ちょっと興味はありますけどね。

——現在のお仕事や今後の予定があれば教えてください。

池　私は『妄想代理人』の美術です。お二人はそれぞれ全く別の仕事を……。

市倉　僕はこれを機に、デジタルで背景を描く会社に移ったんです。『東京ゴッド』でものすごい勉強させてもらったんで、その延長で今仕事ができています。

糸川　デジタル上で背景を加工する作業もしてますが、手描きの方も同時進行で勉強中です。

——ありがとうございました。

【2004年2月6日　東京・南阿佐ヶ谷マッドハウス分室にて】

★10——Macで作ったものを貼り付ける　電車の中の吊り広告のような本来はかっちりしたものをセル画で描くと、広告らしいレタリングにならずそっぽくなることがアニメでは多々あった。この作品ではMacintoshによって、架空の広告をそれらしくデザインし、しかも見た目のパースに合わせて変形させることで、現実からの遊離感覚を押さえこんだ。当時はまだセル画をカメラで撮影していた。「貼り付ける」とはコピー＆ペーストのことではなく、出力したものを本当に貼っている。

階層構造を橋渡しするデジタルハーモニー

本作の緻密に描かれた背景美術は、実は何層にも分かれて描かれている。その中で、キャラクターと背景の橋渡しをする役目がデジタルハーモニーである。C-857、860、ゴミで充満した泰男の部屋を例に、その構造を解き明かしてみよう。

❶部屋全体

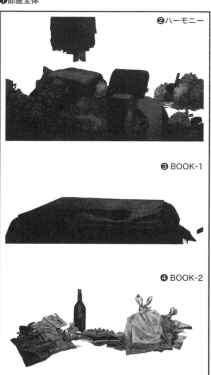

❷ハーモニー

❸ BOOK-1

❹ BOOK-2

物が溢れかえった部屋。その中でハーモニーの手法で描かれている物自体も、②〜④のように3階層に分かれている。②は背景の真上に乗るもの、③と④はキャラクターのさらに上に乗るもので、BOOKと呼ばれる階層位置に描かれている。

❺主線あり

❻主線なし

BOOK-2に描かれた、ゴミ、タバコ、ビンなど、ハーモニーで描かれたものを、主線あり、なしで比較してみた。⑤の主線のあるものは、セル画のキャラクターに少し近い質感があるが、主線のない⑥だと背景に近いものに見える。

❼主線のみ

❽塗りのみ

主線のみの絵と、塗りのみの絵を比較してみた。主線の多くは今監督自ら描き直した味のある線のもの。それに対して⑧のように質感を伴った部分が厚く塗られていく。

❿レイアウトのみ

ハーモニーを取り去った純粋な背景は⑨のように空き家を連想させるシンプルなもの。⑩のレイアウトに沿って描かれており、平行線を微妙に歪ませていることがレイアウトでわかる。

❾背景のみ

⑪は実際にこの空間の中で演技するキャラクターを半透明にして重ねたもの。作業中は、こういう状態で何度も確認が行われる。⑫は線画だけでどれくらいの密度があるか、重ねてみたもの。⑬は、原画のみとしたもの。実際、隠れて見えない部分も含めて、原画マンが演技をつけていることがわかる。このように何でもない画面でも、多層構造が取られている。その中で、デジタルハーモニーは背景と原動画の間をとって調和のある密度感をかもし出す役割を担っているのである。

⓫キャラ合成

⓬線画合成

⓭原画(キャラのみ)

デジタルハーモニー実例集

■路地裏のゴミ袋(C-116)
多くのシーンに登場するゴミ袋。炭酸カルシウムの半透明で積み上げられた都会の垢はハーモニーの代表例だ。

■酒場のビンとタバコ
(C-499 ほか)
バー"エンジェル・タワー"のカウンターに用意された酒ビンの数々とタバコ。ラベルの文字やガラスの光沢など、実感にあふれている。レイヤーの数(右図)も圧倒的に多い。

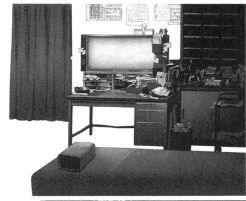

■清冽なる医療機器（C-640）
ハナちゃんが入院した先の細々とした医療機器もまたハーモニーによるもの。汚れた質感とはまた別の整った実感が描き込まれている。

■手紙と傘（C-725）
ボロいアパートの入り口に引っかけた雨傘、そして受け取られていない手紙の束。どこにでもありそうな光景が臨場感に厚みを加える。

■地面に落ちた汚れ（C-368）
ミユキが連れ込まれた路地裏では、汚い生活道具に加えて、地面に落ちたさまざまなものまでハーモニーで描かれている。落ちているということは、永遠にそこに固まっているわけではないということか。

今 敏 監督

今 敏　satoshi Kon
1963年10月12日北海道生まれ。北海道釧路湖稜高等学校卒業後、武蔵野美術大学・視覚伝達デザイン科に入学。在学中に『ヤングマガジン』（講談社）誌上で漫画家としてデビュー。漫画作品は緻密な描き込みと構成力が高く評価され、『海帰線』（90）、『ワールド・アパートメント・ホラー』（91）を発表。
その一方で、北久保弘之監督『老人Z』（90）の美術設定としてアニメーション作品に参加。以後、おおすみ正秋監督『走れメロス』（91）（レイアウト）、押井守監督『機動警察パトレイバー2』（93）（美術設定・レイアウト）、森本晃司監督『MEMORIES 彼女の想いで』（95）（脚本・美術設定・レイアウト）とアニメーション作品の制作に参加。1998年には初監督となる長編アニメーション作品『パーフェクトブルー』を発表。当初ビデオ作品として進められたが劇場公開され、内外で高い評価を得た。2002年には『千年女優』が公開、ドリームワークスによって全米配給された。2003年、ソニー・ピクチャーズ エンタテインメントが贈る『東京ゴッドファーザーズ』は、三作目の長編映画となる。

Tokyo Godfathers Storyboards Book ── Long Interview

絵コンテはあくまで土台となる基準点
ここから膨らまないと、やってても面白くないですよ

(Photoshopで制作した絵コンテ ……………)

――今回は絵コンテに演出意図もかなり細かく書き込まれていますので、個別のカット内容よりは、全般的なこのコンテの読み方、あるいはこのコンテを描かれたときの制作手法という話に絞りたいと思います。まず、今回の絵コンテはPhotoshop（★01）で制作されたそうですが、デジタル制作を見込んでのことでしょうか。

今　いや、直接関係はありません。そもそも手書きで文字を書く苦痛を、コンピュータ上でなんとかしたいと。キーボードでテキストを打つのは全く苦じゃないんですが、字を書くという行為自体が苦痛なんです。例えば勢いで書き始めても、手書きだと「ここにこういうコメントを書き加えたい」場合、消したり書き直したりしなければならない。効率が悪い上に右手がものすごく疲れちゃうんです。単純にそれが一番の理由ですね。

――語句を入れ替えて推敲するためというのは、意外な理由ですね。

今　ただ、コンテ撮（★02）をしてしまおうというつもりも最初からあったので、それも理由の一つです。キャラと背景の絡みがあったりすると、動く部分と背景をあらかじめレイヤー分け（★03）をしておけば楽だなと。あとは白黒だとしても、簡単に照明のイメージとか画面のイメージを作れますから、そういう意味でもPhotoshopを使うのは便利なんです。

――照明とは、要するにコンテだと網カケみ

たいになっている影の部分ですね（★04）。グラデーションも使われてますね。

今　ええ。その辺は、マンガでスクリーントーン（★05）を貼る処理と同じなので、こういう風にしておけば、出来上がりのイメージが伝わるだろうと思いましたね。

――今回、活字になったことで演技も細かく指定されてますし、裏設定みたいなもの（★06）まで書かれていますね。

今　デジタルとか、Photoshopを使うことで細かくなったということは一切関係なくて、その辺はあくまでスタッフを面白がらせようと（笑）。演出意図については、書ける物は書いておこうということです。なぜそういう絵であるとか、なぜそういう表情であるかは、別に作打ち（作画打ち合わせ）で話してもいいんです。でも誰でも見られるようにしておいた方がいい。世界観を共有できますからね。

――参考資料やデジカメのファイル名も記載され、資料性が上がっている感じがしました。

今　最初からフォーマットがキチンと決まっていたわけではありません。やりながら効率を良くしようと考えていった結果ですね。

――文字の大小もマンガの描き文字表現っぽい感じがしますが。

今　それはむしろ手書きの方が良かった部分ですね。描き文字の効果音って、マンガでいうと文字ではなくて絵ですから。

――描かれるときは、枠ごと全部スキャンされてるのでしょうか。

★01──Photoshop　622ページ参照
★02──コンテ撮　アニメーション制作においては、完成フィルムのための絵づくりに時間を要するため、ダミーで編集を行うという手法が取られる。原画を撮影したものは「原撮」、動画を撮影したものは「動撮」と呼ばれる。絵コンテを撮影したものが「コンテ撮」であるが、『東京ゴッド』の場合は全尺を出してコンテ上ではわからない部分の検討を行うという趣旨であったようだ。ちなみに絵コンテのPhotoshop画像を撮影スタッフがそのままアフターエフェクツに取り込んで制作されたため、スキャンする手間が一工程省略された。

★03──レイヤー分け　632ページ参照
★04──網カケみたいになっている影の部分　印刷の都合で網となって出ているが、元ファイルではグレーのベタ、もしくはグラデーションとなっている。
★05──スクリーントーン　網や斜線など、透明なシートにパターンがプリントされ、線画に陰影や模様をつけるための画材。裏についた糊によって原稿用紙に貼りつけて使うが、重ね貼りしたりホワイトをかけたりカッターで削ったりすることで、より複雑な効果を狙うことができる。
★06──裏設定みたいなもの　通りすがりのホームレスが

今　そうです。ページごとです。元のコンテにはメモ程度の文字が書いてあったりしますが、基本的には絵が描いてあるだけです。例えば、人物が歩いていくカットの場合、最初に背景を描いて、後は順に人物だけの絵を描いて、背景をコピーしてどんどん貼っていくだけです。合成するとき、きれいにキャラが抜けないと面倒くさいので、絵を描くときには全部アウトライン（★07）がつながるようにして……。

——ああ、マジックワンド（★08）で選択範囲を指定できるように。

今　ええ、一発で抜けるように。そういう小粋な努力はしていますよ（笑）。

——背景の濃さが変化するのは、透明度を変えているわけですか。

今　そうです。全部同じ濃さにするとコントラストがつきすぎて、動いてる部分が見えなくなるんです。コンテ撮したときに動いた部分がわかりやすいよう、濃度を変えました。

（レイアウトを兼ねる絵コンテにした理由……）

——そのように背景と人物を分離するところで絵コンテで作りこもうとされた理由や動機は？

今　Ａパートを描き始めたとき、Photoshop上で背景原図（★09）とキャラクターを分けて描いておけば、レイアウト（★10）になるという感じがしてきたんですね。後半に行くにしたがって、ほとんどレイアウトにしてしまうつもりで描いてました。

——最初はそこまでやるつもりではなかった？

今　うーん……作業量的に最後までもつかという懸念もあったので。ただ、これまでの作品の経験から考えても、レイアウトを取れる人間はごく少数でしかない。自分が７割の力でやったとしても、全部それで通されていればその方がベターであろうという判断はありましたね。

——レイアウトを描いて縮小して貼りつけているのではなく、もともとコンテ用紙のコマのサイズで描かれているのでしょうか？

今　そうです。紙のサイズはB4（★11）ですけどね。縮めて貼ったりすると時間かかりますから、そんなことはしないです。

——では、雛形としてのレイアウトみたいな感じでしょうか？

今　いえ、雛形じゃないですよ。そのまま拡大コピーして原画マンに渡し、レイアウトとして使っています。もちろん、おかしい所があれば原画マンに修正してもらったり、自分で修正もしますが。結局、出してもらったレイアウトを自分が修正する形を取るよりも、その方がはるかに効率もクオリティもいいであろうという判断です。ただ、そのまま拡大すると画面が狭くなる印象があるので、レイアウト用紙に対して95％くらいまでにして、ちょっと描き足してもらいました。

——狭くなるというのは、小さく描いてるという印象の問題ですか。

今　それもありますし、スクリーン上映やＤＶＤ化されたときにケレれちゃう（★12）ことか

ミユキを怖れるようになった事件とか、コンビニの女性店員の出自とか、赤ん坊の泣き声がチェーンリアクションを起こす理由とか、例示は枚挙にいとまがない。ぜひ隅々まで実物の絵コンテを読みこんで欲しい。

★07——アウトライン　主線の中でも、キャラクターの外形を決める外枠線のこと。

★08——マジックワンド　Photoshopのツール。ワンクリックで閉領域を自動的に検出して選択範囲を決めてくれる優れもの。魔法の杖という名前はダテではない。ただし、アウトラインに切れ目があると、たちまちその隙間からせっかく選択された範囲が漏れ出てしまうこともしばしば。

★09——背景原図　セルアニメの場合、動くキャラクターはセルにベタ塗りで、背景は画用紙にポスターカラー等で絵画的に、それぞれ分離して描かれる。この背景は画面全体のすべてが入った仮想的な空間を示すものとなるが、レイアウト上ではその原図となるものが線画で描かれる。その際、パース線や消失点など空間上のキーとなるガイドや、セルと背景が重なって前後関係の生まれる部分（組み線という）など、指

ら、その分を少し足す感じです。

──フィックス(★13)の場合は、背景を切り貼るにしても同サイズですが、大判(★14)の場合はどう処理されていますか?

今　そもそも大判はほとんどありません。一部、コンテのコマに収まっていないものはコンテ用紙の裏に大きく描いて、それを切り分けて貼ったものもあります。単純なフォロー(★15)ぐらいなら、いちいち描いたりしません。画面内で走る距離とラストの位置を出して正確に計算しないと尺を打てない(★16)ときなどは、きちんと描きましたが。

コンテを描いているときに「誰がこのシーンの原画をやるか」が確定していれば、ここまで描く必要はないんでしょうね。誰であってもある程度なんとかなるよう、自分で全部描かなければ仕方ないということです。

特にレイアウトに関して要求しているレベルは、業界標準に比べて飛び抜けて高いと思います。カートレースとF1くらいの差があるでしょうね。ついてこられる人も数人いるかいないかというくらいのレベルですよ。

それに私が原画マンに期待する能力はレイアウトじゃないですからね。レイアウトは得意な人間がやればいい。これは原画マンをあてにしないという意味ではありませんよ。職分が違うものであるという考え方に近いですね。レイアウトはこちらでフォローしますから、原画マンの労力は芝居の方にさいて欲しいというのが、元々の発想です。

示が細かく描かれるほど完成画面に破綻が少なくなるので、大事な作業である。

★10──レイアウト　621ページ参照

★11──サイズはB4　ちなみにコピーで配布された絵コンテは、A4に縮小コピーされていた。70年代中盤くらいまでは絵コンテもB4サイズで配布されていたが、オフィス規格に合わせてA4が主流になっていった。

★12──ケラれちゃう　「蹴られ」とも。作画、撮影時に決めたフレームは、実際には映画館での上映時にはフィルムに

マスクをかけて上下左右を少し切って上映し、テレビ放送やDVDも記録されたフレームより切っている。その本来のフレームが映写フレームの外に出ること、またはその部分を「ケラレ」と呼ぶ。作画時には、その分を見込んでフレームを大きめに取る必要がある。ちなみに民生用テレビの場合はだいたい93〜95%が普通だが、パソコンで観る場合はソフトにもよるが100%となることが多いようだ。

★13──フィックス　カメラワークを示す用語。「固定」の意味で、三脚等に乗せたカメラを動かさず、ズーム等も行わ

（今 敏監督がレイアウトに求めるもの ……… ）

——それぐらい今さんの求めるレイアウト能力のレベルは高いわけですか。

今 「求めるもの」と言ってしまえば、自分でも描けないかもと思えるレベルですから。美術の池さんとはもう3作目でしたし、任せてすむ部分は当然流して行きました。逆に美術でこういうのは苦手だろうという部分は、こちらで描いておきます。「どれくらいのレベル」と言っても、そもそも「正しいレイアウト」なんて存在しないんです。

——それはそうですね。

今 がっちりして間違っていない空間が正しい、などと言いたいわけではありません。ましてや私が自分自身に求めているものとは、「秩序だっていながら、曖昧な部分を必ず残す」観念的ですが、「混沌を含んだ秩序」という考え方です。ですからキチンとしてればいいというものではない。そういうものは自分でやればいいと思ってますし、全カットがそうである必要はありません。また、小物とか設定に絡んでくる部分も出てくると、そういう作業を面白がってやってくれる人も少ないので、それも自分でやった方がいいんです。

アニメーション制作は共同作業である以上、それぞれ得意な能力を持ち寄って作れば良いのですから、全員、同じことができる必要性は感じていません。興味ある人が手を出せばいいことです。原画を描かしたら大変上手いという人

に、レイアウトを描く労力を割かせ、得意技を目減りさせるのは損ですからね。

——それで、今回はコンテでレイアウトを全部カバーしきろうという意識でやられていた？

今 それは途中から思いましたね。『千年女優』ではそこまで思いませんでしたし、コンテを描く時間もありませんでしたから。今回も最初は「これぐらいかな」と思ってましたが、実際に上がってきたものを見て、全部自分でレイアウトの責任をとらなければダメだと。Bパートに入った時にはそういうモードに入っていたと思います。

——コンテと原画、レイアウトチェックもある程度、平行されてたんですね。

今 そうですね。それと、必ずしも自分で直すとは限りませんし。コンテでここまで上げておけば他人も直しやすかろうと。結局、コンテの情報量については減る方向性しかないんですよ。コンテを拡大したとき、同じような印象にするためには資料にあたってディテールアップする必要があるんですが、それをする人はごく希ですね。

ですから足りないディテールは美術の方に頼むことにして、レイアウトとして必要な8〜9割は自分でカバーしようと思いました。もちろん、中にはキチンとコンテを踏まえて、もっといいレイアウトにしてくれた人もいますが。

ず、そのままのフレームでとり続けることを意味する。活動写真としてスタートしたときの映画のカメラワークはすべてフィックスだったため、映画の基本とも言える。
★14——大判 トラックアップ（被写体にカメラが近づく）、トラックバック（被写体からカメラが遠ざかる）などのカメラワークを行うために、あらかじめ作画を大きな紙で行うこと。専用の大きな紙を使ったり、何枚も紙を継ぎ足したりするので、作業は大変になる。
★15——フォロー 被写体をカメラがつけて追うことだが、

アニメの場合は大半がフォローＰＡＮと呼ばれる横移動のことを指す。
★16——尺を打てない アニメーションの絵コンテの役割のひとつに、無駄な制作をしないために編集済みの状態をあらかじめ作り出すことがあるので、カット単位に最終フィルムに極めて近い秒数を出す必要がある。尺とはフィルムの長さのことなので、この秒数を決めることを意味する。

（イメージボードを描かない理由 …………… ）

――ちなみに、コンテ以前の段階として、イメージボード（★17）のようなものは描かれていないのでしょうか。

今　そういうの嫌いなんですよ。はっきり無駄だと思っています。もちろん、そういう作り方に慣れてる方がご自身の方法論としてやるのは別に構わないし、何か言うべきことではありません。でも私の作品には邪魔だと思っています。先に絵を考えると、絵に振り回されてしまうんですよ。そこにたどりつこうとしますからね。私は物語から出てくる絵を、一番いい形でコンテで作り込んでいきたいという考え方ですから。

　実際、イメージボードを描いてうまくいったケースって見たことがないんです。これは極めて私見ですが……作ってる気になっちゃうからダメだと思うんです。なにかしらクリエイティブなことをしている気はするのに、"本編の役に立たない意味のないもの"というのが、私がイメージボードを毛嫌いする理由ですね。その時間があるんだったら、コンテを描けばいいんですよ。

――それは、挿絵風なものが逆に物語を束縛するというものなのでしょうか？

今　きっとみんな「絵を描きたい」という欲求があるからでしょうね。放っておいても絵の出てくる人間が、そんなことをしたら絵の比重が大きくなりすぎてしまう。絵に振り回されて話の方が壊れて来るというのが、だいたい今まで見

てきたパターンです。もちろん、いい面もあると思いますよ。イメージが膨らむとかね。私は膨らませる必要はないので。

　特に一回描いたものをまた描くのが嫌なので、できれば絵はコンテ一回にしたいと思っているくらいです。『パーフェクトブルー』の時は、コンテで描いて、レイアウトで同じ絵を描いて、使えない原画にまた同じ絵を乗せなければいけない……。あの3回同じことという苦痛は繰り返したくないので、なるべく一回にしたいと。

――イメージボード描くと4回になっちゃう？

今　そうそうそう（笑）。絵を描くのは好きですが、同じ絵を何回も描くのは決して好きではないんです。ですから、シナリオを読みこんでガッチリ絵づくりするなんてことも、私はしません。どこでどう都合が変わるかわからないのに、「この絵はいいぞ、絶対使うぞ」なんて考えていると、その絵に縛られて自由がきかなくなるんです。だったら、絵づくりなんて考えない方がマシということです。

――コンテを順撮り（★18）風に描かれるのも、頭から順にシナリオを消化していくみたいな感じで同じ理由ですか。前にうかがったとき「連載マンガ風」ともおっしゃってましたが……。

今　ええ、そうです。「さてどうしようかな」っていう。それで絵が出てこなくて困ったということなんてないですよ。その時に思いついた絵、一番いい冗談を、そこで絵にすればいいって感じです。話の状況に沿って作っていった場合、自分の好みのパターンもあって、カメラの置け

★17──イメージボード　具体的制作、特にシナリオや絵コンテ作業に入る前に、主要な場面をラフスケッチで画用紙上に描き出し、水彩などで軽く着色して描くもの。スタッフ間で世界観を共有したり、基本的な設定を検討するために作成されることが多い。プロットが決まってそれに基づいて描かれるものはストーリーボードとも呼ばれる。ディズニーや東映動画（現：東映アニメ）の初期長編アニメーション映画では、中核スタッフがこれをスタッフルームに貼りだし、作業者間の意識統一に使うことも多かった。

★18──順撮り　実写映画全般の制作方法としては、役者のスケジュールやセットの組みバラシの問題があるので、香盤表に基づいて別々のシーンをまとめて撮影し、あとで編集するバラ撮りが基本である。これに対して、最初のシーンから順番に撮影していく手法を順撮りという。国内のアニメーション長編映画では、絵コンテの大半は順撮りで描かれるが、中には一番大変なクライマックスの戦闘シーンから作画に入るという例や、シークエンス毎にコンテマンを別に立てるなどなど、例外も多々ある。

（こだわりではなく、必要だから行う作業……）

——イメージボードがないとすると、むしろロケハンなどを重視されたんですか？

今　重視というほどでもないですが、必要だと。そういうのを「作品のこだわり」だと思われるのは心外なんです。必要だからやっているだけで、街の描写にしても同じです。

——情報を取り入れてるという感じですか？

今　ええ。でも、それは「こだわり」ではありません。レイアウトも同じで、普通に見えるようにしているだけです。レイアウトとは、極端な話、凝れば凝るほど目立ってはいけないものなんです。あくまで「語るための手法」として絵があるわけですから、語られるものが引き立つべき位置だっていくつもありませんからね。

きで、原画や背景やレイアウトが浮き上がってはいけない。そんなものは見えなくなって欲しい、というのが本音です。

こういうコンテの描き方は効率を上げるためには必要だと思っていただけなんです。自分はレイアウトで能力を発揮できますから、他の方は違うところで能力を発揮してくださいということなんですね。

ただ片方では、そこまでコンテで決め込んでしまう疑問も感じている。だから決して健全なことだとは思っていません。ほとんどの人がレイアウトをきちんととれない以上、現状では必要だということです。レイアウトに興味を持ってる人もいないし、今後も出てこないと思います。ただ落ちていく一方だな、というのが私の実感ですね。

——それは、他の作品をご覧になってそう感じられたと。

今 それはアニメ業界だけの問題じゃなくて、「ものを見る目」がどんどん下がっているからだと思います。「日本はどんどんダメになっていく」というのが私の口癖なんですが、最近は「もういい、ダメになってしまえ」と思ってるくらいですから（笑）。

リアルな空間を作って、まるで見たことのあるような風景を作りたいというのが私の欲求です。そういうことを思わなければ、どんないい加減な空間であろうと記号として成立していればいいんですよ。それを私たちの作っている作品の文脈に置けばダメであっても、違う文脈に置けばみんなそれで満足してるわけだから、それでいいと思います。感覚的なズレですね。私がやることに賛同してくれとは強要できません。自分たちのできる範囲で維持していくことを考えるしかないと思っていますから。

（原画に求めた芝居の膨らませ方 ⋯⋯⋯⋯⋯）

——『東京ゴッドファーザーズ（以下、『東京ゴッド』）の場合、先ほど原画は原画で得意な分野をというお話もありましたが、それはキャラクターの芝居の膨らませ方という方につながってくるのでしょうか？

今 ええ、そういう部分こそ、やって欲しいと期待していました。ただ、芝居をどういう空間で行うかは、こちらの考えることです。作画上、煩雑になるようなカメラワークはなるべく避け

たので、ほとんどの画面がフィックスです。今回、非常にハイレベルな原画のメンバーが揃っていたので、かなり期待通り、いや期待以上でしたね。

ただ、もっともっとやっても良かったのにという思いもあります。業界の傾向として、キャラクターは統一、統一されたレイアウト感覚でハイクオリティなフィルムの品質を、針の穴を通すような袋小路に突入してしまいました。私はそういうのからイチ抜けたいと思ってやったんですが、もっと過剰にすれば良かったという気持ちはありますね。

——過剰というのは、表現ですか？

今 すべてにおいての情報量ですよ。背景がそこまで描くのであれば、キャラクターがここまで密度のある芝居をしてくれるのであれば、もっといろんな意味で過剰にしたかったと。だから、抜いて間を作るんじゃなく、過剰なところを更に過剰にして、過剰じゃない部分が間になるような作り方が出来たはずなのに。

——それはある程度できたからこその手応えみたいなものでもないでしょうか。

今 でも、演出なんてそんなものです。上がってきたものを見て考えるのが仕事の大半であって、まず先にイメージがあって、それをかたくなに実践するためという考え方ではありませんからね、私は。大塚さん（★19）の絵にしても、そういうものが出てきたから、じゃあどうしようかということでした。かなり最初の方で大塚さんがすごくいい仕事をしてくれたので、みんな

★19——大塚さん　597ページ参照

がそれで共通認識としてこういうことをやればいいんだと思えたのは、非常に幸いだったと思いますね。そういう風にやればいいんだというよりも、そこまでやっていいんだっていう風に思えたんじゃないでしょうか。

――顔の崩しとかも、コンテ指定されているものより、さらに……。

今　そうです。こっちとしても、どういうものが出てくるか期待するわけです。別にコンテ通りにやってもらおうなんて思ってませんから。コンテでこれぐらいやってあるんだから、原画マンとしてはもっとやっていいだろうと考えて欲しかった。そういう意味でも、大塚さんにはまさに間違いなく私が期待していた以上のものを出してもらいました。

――今さんもコンテを描かれるときにフィードバックしたことがあるのでしょうか？

今　ありますよ。Bパートの公衆電話のところ（★20）で、ハナとギンがののしり合うのではなく、一方的にハナがギンをののしる、そこで話しながらショールが落ちて、またかけ直してという芝居の部分です。これは、大塚さんの原画を見て、同じ芝居をくり返した方がいいだろうという判断で入れました。他にもたくさんありましたが、一番わかりやすいのがその部分です。

（育っていくキャラクターとその特徴 ………… ）

――原画の方がつかまれたキャラクターがフィードバックしながら回っていくという感じは、先ほどの順撮りっぽくやってる時の効能みたいなものでしょうか？

今　それもあると思います。話の進展に従ってキャラクターも育って行くし、馴染んでくる、こなれてくるということはありますね。後半に行くほど堅かったりしたら、やっぱり嫌ですからね。

芝居に関しては、そうそう解釈の違うものは生まれないだろうと思ってましたね。ベタな芝居をリアルな空間、画面、等身のキャラクターにさせる面白さだと思ってましたから。これが3頭身のキャラクターだったら、ただのドタバタにしか見えません。顔が崩れたり似てないことが気になるような世界観ではダメなので、キャラデザインも、極端というか、記号的と言えるくらいの特徴づけにしようと。

――その特徴は、シルエットとか身長とか、そういうものを含めてのことですか？

今　要するにおっさんの顔を描いて、このヒゲを描けばギンに見えるということです。微妙な描き分けをしなきゃいけないキャラクターは不可であると。その辺は記号化して考える方です。丸、三角、四角で当てはめろ、色も赤と青と黄だ……みたいなね。微妙な描き分けをしないとそのキャラクターにならないようなデザインは、作監が潰れるだけですから。私はそういう針の穴を通すような所には行きたくない……といいつつ、よそからすれば同じに見えるんでしょうけどね。ただ、できあがったものと、かけた時間と予算で考えれば、恐ろしくコストパフォーマンスの高い作品だと思っています。枚数も、劇

★20――Bパートの公衆電話のところ　C-339、C-342のこと。628ページに原画を掲載した。
★21――撮出し　「撮影出し」の略。アニメーション制作では、原画、動画、セル画と背景、特殊効果などバラバラの制作担当者が完成させた成果物であるエレメント（素材）を組み合わせて最終画面がつくり出される。アナログ時代では、この素材すべてを点検して撮影可能な状態かどうか判断する工程があった。欠品がないか、また最終的にどういう速度感やフィルタ処理になるか撮影に対する指示が明確かをチェックし、

セルと背景を組んでフレームを決める作業で、これを「撮出し」と呼ぶ。「演出」または「演出助手」とクレジットされているスタッフが「撮出し」を行い、監督の指示に基づいてアウトプットのクオリティに責任を持つ。ここにおける問題点の解決が、かなり最終画面での仕上がりに反映する。意外に知られていないが、クオリティ・コントロールの要諦として重要な作業である。

場作品としてはべらぼうに枚数が少ない方なんですが。

（今 敏監督自らが行った撮出し ……………）

——今回、撮出し（★21）は、全部今さんの指示でやられてると聞きましたが。

今　そうです。非常に特殊なことは撮影の方にお任せしましたが、基本的には一枚絵でもいいから「最終的にこういう画面が欲しい」というのを渡して、撮影の方ではそれをどう実現するかを考えてもらいました。手法もずいぶん具体的に考えましたよ。

——指示は、どういう手段でされたんですか？

今　素材をPhotoshop上でフレーム内に組み、静止画をつくりました。その段階で、自分で止めのものに質感を加えたりもしましたね。

——映像にフィルタをかけるとか？

今　それどころじゃないです。かなり複雑な事をやりましたよ。たとえば煙の動画に影がついてハイライトがあったとしますね。それを色指定や仕上げの方で選択範囲ごとに切り分けます。煙がCセル（★22）だとしたら、C、CC、CCC……そういう風に分けて、それぞれ全部ボケ方と乗せ方を変えて、さらにボケ率も変えて、別のテクスチャをO.L（★23）させながら引いてくれとか、そういう指示を出したりしました。一回それが伝わったら、次からは「同じようにお願いします」と。

　とにかく、ありとあらゆることをしましたね。このキャラにだけこういう風にパラ（★24）

かけてと指示したり。背景だけのチェックとしてはオッケーだったのに、セルと組んだら顔の前に余計なものがあったということもありました。だったらこれはボカそうとか、こっちの背景を切り貼りして変えてとか、望遠になっていないものを無理矢理望遠にするとかね。もう、Photoshopってなんて便利なんだろうと思いましたよ（笑）。

　これは自分がそんな作業をするとは思ってなかった部分なので、どうしても作業が溢れちゃうんですよね。しかも自分じゃなければわからない部分をドンドン増やしていくことにもつながる。これでは監督として失格だと。じゃあ、他にどういうやり方があったのかと言われると、ないんです。やらないという選択肢もあったんでしょうけど、一回やると、そういう手の入っていないカットは許せなくなるんですよ。

——ひょっとして、面白いという理由もあったんじゃないんですか？

今　面白いですよ、それはもう（笑）。ほとんど自分の思い通りの画面に近づけられるので。それは必ずしもコンテで思っていた画面とは限らなくて、「ああ、こういう画面になって上がってきたんだ、じゃあこうしましょう」ということも沢山ありました。私は絵のことはよく知っているつもりですから、上がってきた素材から得られるであろう一番いい状態、あるいは修正方法は、アイデアとしてすぐ思い浮かぶ方なんです。それも正しいとかではなく、結局は私の好みであるということなんですが。

★22──Cセル　アニメーションのセル画は顔や目や手など複数のエレメントがバラバラに描かれ重ねられるが、下から順番にAセル、Bセルと英字の記号がつけられている。Cセルは下から3層目だが、「C、CC、CCC……」とは、その層の中をさらに細かく分解していく、という意味である。

★23──O.L　オーバーラップの略。日本語訳は「溶融」。あるエレメントをフェードアウトさせながら、別のエレメントをフェードインさせると、じわっと溶けたように2つの画面やものが入れ替わる。ここでは煙の質感を持ったものをじ

わっと重ねて出し入れしたという意味。

★24──パラ　パラフィンの略。セル画で構成された画面は、基本的に光がフラットだが、画面の一部を青や赤の半透明のものをアウトフォーカスで覆うと、視線を誘導することができる。これを「青パラをかける」などという言い方をする。全部にパラをかけて、アメリカン・ナイト的な疑似夜景や海底のムードを出す使い方もある。

それにしても、どうしようもないということはさすがに今回はなかったですね。やはりコンテでキチンと設計して、色指定や背景の方で、アベレージの高い仕事をしてくれていたので、やったことは最終調整に過ぎないんです。ただし、その調整をやるやらないでは、仕上がりが全然違うということです。

──『千年女優』の時はフィルムでしたから、それもデジタルになって変わったことですか。

今　アナログのときって、撮影台（★25）のことを知らないと撮出しできなかったんですよ。タップ位置（★26）をどうするか、スライドをクロスさせると台に当たる（★27）からダメだとか、いろんな制限が無数にありました。でもデジタルだと基本的に素材が揃ってサイズがあっていれば、まず問題なく撮れますからね。こういう画面を作りたいということさえ提示すれば、あとは撮影の方でやってくれるんです。それに使っているツールが同じですから、Photoshopの静止画がつくれるということは、そこでかなりの問題点がクリアになっているんです。

──撮出しでの統一感があるせいか、画面がみやすくも感じましたね。

今　何のために加工するかというと、加工を見せるために加工してるわけじゃないんですよね。それは先ほどから言っているように、レイアウト、原画、美術、背景、音響、音楽、すべてが凝れば凝るほど気にならなくなるのと同じなんです。撮出しもやったことが見えなくなるよう

でなければならない。そこで人を驚かそうとか、そういうことではありません。

　もし見やすいという評価をいただけるのであれば、自分がこう見て欲しいと思って作ったカットをより見やすくしたから……そういうことだと思うんです。画面を見ただけでは、どんな処理がされているか、絶対にわからないと思いますよ。ただ組んだ状態と、撮出しを加えたものを見比べたら、違いはハッキリするんですが。まるで処理なんてしてないように見えてこそ正しいと思います。

（エラー対策の知恵が良いものを上げる ……）

──デジタルになって、デメリットもありましたか？

今　作画や美術背景など、よく親しんでいる部分に関しては、どういうエラーが起きてもフォローの仕方が培われてきています。でもデジタルの場合はまだノウハウが少ないですね。ただし、予定していたものと全然違ってしまったとき、どうするかは知恵なんですよ。実はけっこうそれで良いものになる場合も多いんです。コンテではこういう風にしようと思ってたのに、瓢箪から駒で「あ、そういう風にしちゃえば」という処理があったりね。ですから、いつまでもコンテから離れないのは嫌なんです。

──素材が上がってきたら、ある種ライブ感覚みたいになるわけでしょうか。

今　そうです。じゃないと、やっていても面白くないですよ。コンテはもちろん設計図なんで

★25──撮影台　アナログ時代のアニメーションは、セル画と背景をフィルムに転写するため、さまざまな仕掛けのある撮影台が必要だった。16mmまたは35mmのカメラを上下させ、セルの置かれた台の方はハンドルを回すと移動するようになっている。この移動はその方向性にそれぞれ軸があるわけで、その移動方向の組み合わせで複雑な動きを生み出すのには、かなり熟練した職人芸が必要であったし、そこに指示を出す側に立てばなおのこと熟練が必要であった。

★26──タップ位置　セルの位置決めをする道具を「タッ

プ」といい、原画、動画、セルにはすべて「タップ穴」と呼ばれるものが空けられている。撮影台上でも、このタップをもとに位置を固定し、さらに移動撮影の場合はそのタップを動かす必要が生じる。

★27──スライドをクロスさせると台に当たる　撮影台のスライドによる移動は、通常の上タップの他に、下タップや、場合によってはナナメにタップをつけないと、移動方向によってはぶつかってしまう。

すが、上がった後はコンテを再現するための作業だとしたら、私、いなくてもいいですからね（笑）。それじゃつまらないし、私も一回やったことはそんなに何回もやりたくない方ですから、コンテを土台にして何をしようかと考える方が楽しいですよね。

結局、さじ加減なんですよ。どこまでコンテで決め込むかは、やろうと思えば音楽の入るところだって全部指定できますし、次のカットに２コマこぼしとか、完璧にイメージすれば編集の必要がないくらいのコンテになり得ます。後はもうその通りに作業すれば終わってしまうコンテもあり得るとは思います。じゃあそれが面白いかというと、少なくとも私はちっとも面白くないですね。

——あくまでも底上げする最低ラインの指針としてのコンテなんですね。

今　そうですね。だから基準点だと思っています。それと、世界観なり内容を共有するための指標ですかね。ここにこのくらいの指標ができました。じゃあ美術は是非こういう風にしたい……そんな提案も、新鮮な気持ちでここから始まると思えば出てきますよね。元がグチャグチャに描いてあったらイメージしにくいだろうから、できるだけキチッと描いておくということです。

——触媒的な効果を狙っている？

今　そうです。あくまでもここを基準にどういう風にイメージを広げてもらえるか。私も楽しみにしているし、私自身もいざ作業になったときには、コンテを土台にこうしようという欲は、やっぱり出てきますからね。

——この絵コンテを掲載すると、「この通り作れ」という厳密な指示書、仕様書だという誤解も出ると思いますので、その辺は強調しておいた方が良いですね。

今　私は、コンテを遵守することが良いなんてそれほど思ってないですよ。描けないんだったら、このコンテくらいにしといてくださいということです。描ける人は、もっとやっていただいて全然構わないです。まあ率直に言ってしまうと、そこまでできない人が来たときに、メインスタッフの直す側にとっての、とても便利な土台であり、味方なんです。元の腰が弱いともたないということなんですね。

（完成しての感慨と今後の展開⋯⋯⋯⋯⋯⋯⋯⋯）

——リアリティを突き詰めた作品群とは今回は目指すところが違うというお話があったんですが、完成した実感をまとめとして、ぜひお聞きしたいです。トータルに、どこへたどりついたかということでも良いのですが。

今　結局、大きい目で見ればリアル路線に変わりはないですし、違う意味で針の穴を通すようになってきている。この方向性で続けてさらに洗練してエスカレートさせるのは、難しいだろうと思っています。ですが、間を空ければ、面白い方向性だと思いましたね。

——手応えはありましたか？

今　ええ。何より良かったのは、ある種の大仰さがあったり、ベタな芝居を許容することは、基本的に楽しい世界なんですよ。そういう楽しい世界観のものをやってる間というのは作り手の方も明るい気持ちになれるといった、精神的に健全なことが多いと思いましたね。あと、私自身の課題としては、いかにコントロールを手放しながら、一番欲しいものが手に入るかという距離の取り方でした。それは今回、わりと上手くいったかなと。確たる出来上がりのイメージがあって、それに向かって作っていくのは、基本的に好きじゃないんです。確かにそれが必要なときもありますが、同時にそれだけでは絶対にダメだと思っているんです。

その場その場で常に最善なものを求めるという考え方を同時にしていくという点では、今回は非常にうまくいったと思っています。指針をコンテで出したとしても、違っていたら違ったなりに面白ければいいという、実作業の中で展開した部分ですね。

——それはディレクションの一環であるということでしょうか。

今　ディレクションって、監督が操作することではないんです。各スタッフそれぞれを全部コントロールすることは、まず基本的に不可能です。監督の仕事は、あくまで方向づけ。私自身、「ああしろ、こうしろ」と言われたら、「やかましい！」って思う方ですから。だから、あくまでも提案に留めたいというのが本心ですね。結局、どれほどイメージを持っているかということより、いかにオンデマンドにアイデアを出せるか、対応能力の方が必要だと思いますね。

——今後の話ということでは、放映中の『妄想

★29——『妄想代理人』　615ページ参照

代理人』(★29)についてもうかがえますか?

今 『妄想代理人』も、どれだけバラバラなものが作れるかという実験の部分があるんです。いかにバリエーションをつけて、なおかつどれを取っても『妄想代理人』以外の何物でもないと言われるものを作りたいんです。テレビの場合、そのためにはシナリオが形作る世界観がまず絶対であると考えました。はなからプチ劇場のテレビを作る気はありません。テレビをやるからには、テレビらしさが欲しい。それで、続き物である魅力を一所懸命考えました。そのテレビをやることで、劇場にフィードバックできるかもしれないと考えていますね。

アニメーションって、動くことこそが基本的な魅力ですよね。でも「アニメ作品」ならば、別に動かなくても魅力は出し得るわけです。だからこそ、テレビの延長で考えられる劇場もあると思います。逆は難しいでしょうが……。とにかく面白いものを数多く作りたいというのが私の欲求で、クオリティが高いものを作りたいというのでは、決してないということです。

――そういうお話をうかがうと、次の劇場作品がますます楽しみになりますね。

今 実は『東京ゴッド』については、パート2を作っても面白かろうと思っているんです。ネタはすでに決まっています。また清子がさらわれる、しかも場所はニューヨーク。で、英語の全然わからない3人が、身振り手振りで動き回る。英語に対しては、日本語の字幕もいっさい出ません。それで、なぜかツアーで来ているタクシー運

転手がまたひどい目にあう(笑)。

――(笑)。それはぜひ観てみたいです。

今 さぞや面白かろうとは思いますけどね。そういうキャラクターの強さがあるので、また違うシチュエーションに置けば、彼らの別の面白い部分が見られるでしょうね。よほど体力がいるでしょうが。

今後は『パーフェクトブルー』から始まって『妄想代理人』につながっていく路線と、『東京ゴッド』の方へ継承していく路線と、二筋ぐらいを考えています。特に演出主導型で、なおかつ作画的魅力も兼ね備えた作品は、今後もあり得ると思っていますね。

――新作を楽しみにしています。どうもありがとうございました。

【2004年2月20日　東京・南阿佐ヶ谷マッドハウス分室にて】

MAIN STAFF PROFILE

脚本··········
信本敬子　Keiko Nobumoto

1964年生まれ。旭川医科大学付属病院で看護婦として勤務したのち上京し、東京ムービー新社、グロービジョンなどでアルバイトする傍らシナリオを執筆。フジテレビヤングシナリオ大賞を受賞し、以後シナリオライターとして映画、ドラマ、アニメと幅広い分野で活躍する。映画では『ワールド・アパートメント・ホラー』(91)『ナースコール』(93)、ドラマでは『白線流し』(96～)、アニメでは『カウボーイビバップ』(98)などがそれぞれ代表作。最新作は原作と脚本を担当した『WOLF'S RAIN』(03)。

撮影監督··········
須貝克俊　Katsutoshi Sugai

1971年生まれ。1995年にサンライズへ入社。1998年に同社退社後、フリーランスを経て2000年にスタジオ・イブセを設立。同社代表取締役に就任。主な作品は、テレビアニメ『ガサラキ』(98)では特技演出、『無限のリヴァイアス』(99)ではCG監督。映画は、渡辺信一郎監督『カウボーイビバップ 天国の扉』(01)ではデジタル撮影監督を担当。

音響監督··········
三間雅文　Masafumi Mima

1962年生まれ。1989年にマジックカプセルへ入社。1999年に同社を退社し3年間のフリーを経てテクノサウンドに入社。映画の主な作品歴は、今 敏監督『パーフェクトブルー』(98)、湯山邦彦監督『劇場版ポケットモンスター ミュウツーの逆襲』(98)、りんたろう監督『メトロポリス』(01)、本郷みつる監督『サクラ大戦 活動写真』(01)、今 敏監督『千年女優』(02)など。いずれも音響監督を担当。

演出··········
古屋勝悟　Shogo Furuya

1970年生まれ。主な作品歴は、テレビでは『YAWARA!』(92)(原画)、『マスターキートン』(99)(原画・作画監督)を担当。映画では沖浦啓之監督『人狼』(98)(原画・作画監督補)、今 敏監督『千年女優』(01)(原画・作画監督)、宮崎駿監督『千と千尋の神隠し』(02)(原画)など。

音楽··········
鈴木慶一　Keiichi Suzuki

1951年生まれ。あがた森魚らと出会い、本格的に音楽活動をスタート。「はちみつぱい」を結成し、'73年にはアルバム「センチメンタル通り」を発表。その後、実弟・鈴木博文、かしぶち哲郎、岡田徹らと「ムーンライダーズ」を'75年に結成、ファーストアルバム(鈴木慶一とムーンライダーズ名義)の「火の玉ボーイ」から最新アルバム「Dire Morons TRIBUNE」まで、先鋭的な音楽活動を展開している。CMの作曲多数、さらに俳優として映画出演など多彩な活動を行っている。ゲーム音楽の代表は「MOTHER」。映画音楽では、Higuchinsky監督『うずまき』('00年 かしぶち哲郎と共同)などを手がけ、北野武監督『座頭市』('03年)に参加している。

作画監督・キャラクターデザイン··········
小西賢一　594ページを参照

美術監督··········
池 信孝　630ページを参照

監督··········
今 敏　642ページを参照

アニメーション制作··········
マッドハウス　MAD HOUSE

『パーフェクトブルー』『千年女優』『東京ゴッドファーザーズ』と立て続けに今 敏監督作品をプロデュースしたマッドハウス。それは、高い作家性を活かしたハイクオリティ映像製作を得意とする、日本有数のアニメプロデュースカンパニーだ。

代表作は、りんたろう監督の『幻魔大戦』(83)、『X』(96)、『メトロポリス』(01)、川尻善昭監督の『妖獣都市』(87)、『獣兵衛忍風帖』(93)、『バンパイアハンターD』(01)など。今年2003年夏には、カンヌ映画祭の監督週間に出品され話題を呼んだ、高坂希太郎監督の『茄子 アンダルシアの夏』が全国一斉公開された。スタイリッシュな演出と豪華絢爛たる味わいに満ちたマッドハウスの映像は、国内ではもちろん高く評価されているが、最近では川尻善昭監督と小池健監督が『アニマトリックス』(03)に参加し、海外でもそのダイナミックな映像美が高く評価された。

『東京ゴッドファーザーズ』用語辞典

監修・藤津亮太（アニメ評論家）

本作は、現在の多くのアニメがそうであるように、トレス・仕上げ以降の作業をコンピューター上で行う環境で制作された。これは要するに、コンピューター上におけるセルアニメのシミュレーションであり、そのため絵コンテに書かれている用語の多くは、作業がデジタル化されたにもかかわらず、従来のセルアニメの技法の用語――特に撮影関係の用語――がそのまま流用されている。ここでは基本的にセルアニメの技法として、その用語を説明しているので。その点に留意して読んでいただきたい。

■絵コンテ
アニメーション制作の基本となる映像の設計図、英語のContinuity（連続性）が語源。絵コンテではカメラポジション、画面構成、そこに登場する人物のセリフや演技、カットの秒数などが指定される。カットによっては、撮影処理、音響効果などの指示も描きこまれる場合もある。各スタッフはこのように描かれた絵コンテを通じて作品内容の連続性＝流れを把握し、作業を進めていく。制作作業の根本に位置するという意味では、実写映画の撮影台本に相当すると言うこともできる。なお絵コンテを描くことを俗に、コンテを切る、という。

■絵コンテ用紙
絵コンテ用紙はいくつかの項目にわかれており、制作会社によってデザインは多少異なっているものの、内容はほとんど共通している。左側からシーンナンバー、カットナンバーを書く欄、画面の絵を描く欄、ト書きやセリフを書く欄という順番に並び、右はじにそのカットの所要時間を書くようになっている。所要時間は「10＋8」などと書かれているが、これは10秒8コマという意味である。

■パート
通常、長編アニメーションの絵コンテは、30分前後を一区切りとしていくつかのかたまりにまとめられる。このまとまりをストーリー順に頭からAパート、Bパートと呼んでいく。

■FIX
カメラの方向を動かさず撮影すること。

■同ポ（同ポジション）
別のカットと同じカメラアングルを使うという指示。同ポジションの略。

■PAN
固定されたカメラが左右（あるいは上下）に首を振るように動くカメラワーク。被写体と並行移動するFollowと違い、PANする場合はカット頭とカット尻では消失点の方向が変化している。アニメーションの場合は、カメラワークに合わせて消失点を変化させた背景を描き、それをスライドさせることでPANを表現する。

■付けてPAN（付けPAN）
キャラクターのアクションを追いながらPANするカメラワーク。

■T.U（T.B）
トラック・アップ（トラック・バック）。被写体に対してカメラが前進、あるいは後退するカメラワーク。Q.T.Bとあれば Quick（素早い）T.B という意味。ズーム・アップはレンズ操作により被写体をアップにするカメラワークで、本来カメラ自体が移動するT.Uとは画面効果は異なるが、アニメーションの場合は厳密に区別されていない場合が多い。

■Follow
被写体の横移動に、カメラも従って動いていくカメラワーク。アニメの場合、Followは背景をFollowする方向とは逆方向にスライドすることで表現する。

■密着（密着マルチ）
マルチとは、撮影台に段を組んで素材間の奥行きを出すための装置「マルチプレーン」の略。密着マルチは、段を組まずに、素材を密着させた状態で、それぞれをスライドなどさせること。

■F.I（F.O）
フェード・イン（フェード・アウト）。暗い画面が次第に明るくなり映像が浮かび上がるのがフェード・インで、フェード・アウトはその逆になる。ホワイト・アウトは逆に画面が明るく白くなってしまうこと。

■O.L
オーバーラップ。多重露出により二つの素材を一つの画面の中に重ね合わせる手法。カットをつなぐ場合に主

に使われるが、カット頭やカット尻ではなくカット中に
O.Lする場合は、特に中O.Lと呼ばれる。アニメーション
の場合、たとえば明かりがついていない街灯を描いた背
景の上に明かりのついた背景をO.Lさせることで「街灯
に明かりがつく」という状況を表現する場合もある。

■ダブラシ
二重露出のこと。まず全ての素材を適正露出の一定の割
合(たとえば50%)の明るさで撮影する。続いて、ダブら
せたい素材を1回目の素材の上に置き、1回目の撮影と
合計して適正露出になるように2度目の撮影を行う。
こうすると2度目に置いた部分だけが露光が足りず(この
場合50%)、素材が透き通るような効果が得られる。こ
の時の比率は自由に変更できる。

■ピン
ピントのこと。

■A.C
アクションカット。一つのアクションが二つのカット
にまたがっていること。一連のアクションのどのタイミ
ングで編集するかは、演出家と編集者の狙いによって変
わってくる。

■SE
サウンド・エフェクト。効果音のこと。アニメーションの
場合、あらゆる効果音はフィルムを見ながら画面にあわ
せてつけられる。音の付け方一つで、ものの重さ、固さな
どが違って感じられるため重要な役割を持つ。

■こぼし
セリフが次のカット頭にわずかに残ること。

■スポッティング
音楽やセリフのタイミングを書き出すこと。これにした
がって作画することで、音楽やセリフとタイミングを合
わせることができる。

■IN(OUT)
フレームの中に被写体が入ってくる(出ていく)こと。フ
レーム・イン(フレーム・アウト)。

■カット頭(カット尻)
ひとつながりの映像であるカットの始まりの部分をカッ
ト頭、終わりの部分をカット尻という。なお、複数のカッ
トが集まって一つのシーンを構成し、シーンが集まって
一つの映画となっている。なお、カットはアニメ用語、映
画全般ではショットと言う。

■OFF
被写体がフレームの中に入っていない状態。キャラク
ターがフレーム内におらず、セリフだけが聞こえてくる
場合を「OFFゼリフ」という。

■BG
セル画の後ろに置かれる背景のこと。BackGroundの略。

■Book
セルで描かれたキャラクターの手前に置かれる背景素
材。セルに直接背景を描いたり、あるいは紙に描いて必
要な部分だけを切り抜くなどして、キャラクターの上に
重ねて撮影される。

■スライド
撮影用素材を少しずつずらしながら撮影すること。自動
車が横方向に移動する場合などに使われる。

■拡大
画面上の素材を順次拡大することで、カメラに接近して
いることなどを表現する。デジタル環境ならではの技法。

CAST & STAFF LIST

キャスト	スタッフ	デジタルハーモニー
		糸川 敬子
		市倉 敬

キャスト

		スタッフ
ギン	江守 徹	**企画** 丸山 正雄
ハナ	梅垣 義明	**原作** 今 敏
ミユキ	岡本 綾	**脚本** 信本 敬子 / 今 敏
太田	飯塚 昭三	**キャラクターデザイン** 小西 賢一 / 今 敏
母さん	加藤 精三	
泰男	石丸 博也	
老人	槐 柳二	
ミユキの父	屋良 有作	

動画検査
大島 明子

今井 一暁	小島 昌之
坂詰 かよ	渡辺 佐紀子

動画 マッドハウス

吉村 誠	山下 佳子	澤田 英彦
池田 佳代	金子 好宏	長野 路子
久保川絵梨子	李 佳珍	三好 加奈江
宮崎 佳織	福本 郁未	奥本 奈津見
手塚 雅人	洪 美英	刀根川 恵
藤原 よしえ	今村 大樹	増井 直子
齋藤 麻樹		

幸子	寺瀬 今日子
ギンの娘	能登 麻美子
医者	大塚 明夫
新部	小山 力也
清子	こおろぎさとみ

演出
古屋 勝悟

作画監督
小西 賢一
安藤 雅司
井上 俊之

DR MOVIE

An, Eun-hee	Ryu, Chae-ryong	Byun, Eun-soon
Byun, Hye-soon	Park, Suk-hwa	Kim, Jung-hee
Lee, So-young	Kim, Seon-ea	Lee, Hyo-sun
Park, Kyong-sook	Joung, Hyeon-soo	Go, Jin-ju
Heo, Young-mi	Shin, Seok-sun	Jeong, Hee-jin
Jang, Chel-ho	Kim, Ji-eun	Lee, Mi-ok
Choi, Hee-eun	Soung, Jee-young	Pyun, Eun-me
Park, Hyun, ju		

宇垣 秀成	小形 満
川崎 恵理子	芝原 チヤコ
竹口 安芸子	伊藤 和晃
古田 信幸	湯屋 敦子
清水 敏孝	堀川 仁
風間 勇刀	原田 正夫
最上 嗣生	園部 好徳
桜澤 凜	市川 まゆ美
古賀 光	杉田 光
西村 文希	高橋 亮
三木 秀甫	川瀬 晶子
Luis Sartor	
Myrta Dangelo	
宮崎晋永	

原画

大塚 伸治
井上 俊之
濱洲 英喜
安藤 雅司
本間 嘉一
鈴木 美千代
川名 久美子
数井 浩子

賀川 愛	尾崎 和孝
橋本 晋治	松本 憲生
熊谷 哲矢	朝来 昭子
山下 高明	佐々木 美和
中村 裕之	星 和伸
森 久司	藤田 しげる
本田 雄	
小西 賢一	
古屋 勝悟	

東坂 ゆりか

色彩設計
橋本 賢

色彩設計補佐
鳥形 昌子

仕上検査

林 文江	西田 祐也	菊井 紀子
茂木 孝治	堀川 里美	佐々木 梓
藤原 里恵	高岡 賢児	

胡桃沢	犬山 犬子
山之内	矢原 加奈子
猫ババ	柴田 理恵

美術監督
池 信孝

仕上 DR MOVIE (BUSAN)

Lee, Hyun-woo	Baek, Dong-wook	Choi, Ji-sung
Choi, Su-ra	Choi, Bo-ra	Yim, Jeong-ah
Seo, Saeung-hoe	Shin, Hye-mi	Seo, Sung-hee
Choi, Ki-jeong	Choi, Young-soon	Choi, Hee-kyoung
Oh, Su-im	Lee, Mi-hwa	Kim, Min-ju
Hong, Eun-jin	Jung, Hee-jung	

| タクシー運転手 | 山寺 宏一 |

| 協力 | テアトルアカデミー |

美術監督補佐
猪田 薫
伊奈 淳子

スペシャルサンクス

石原 凡	藤原 啓治	柚木 涼香
金田 朋子	進藤 尚美	麻生 智久
川原 慶久	鈴森 勘司	大島 将哉
鈴木 貫宏	大黒 優美子	青木 邦枝
井上 奈苗	竹田 佳央里	川畑 讀子

背景

矢野 きくよ	水谷 利春
桐山 成代	芳野 満雄
渡邉 洋一	大森 崇
池田 尚	上原 伸一
岡田 昌子	笠井 美枝

(SEOUL)

Lee, Young-shim	Choi, Soon-lee	Park, Yun-hee
Park, Young-kyung	Lee, Jeong-eun	An, Hyun-ji
Park, Jung-a	Na, Yeon-suk	Kim, Jung-en
Park, Hye-kyoung	Jeong, Eun-sook	Kwon, Jin-young
Lee, Mi-yeun	Jung, Eu-jene	Song, Seung-hee

特殊効果
谷口 久美子

榑原 豊彦	入佐 千英美
安部 貴俊	鈴木 さちこ

撮影監督
須貝 克俊

撮影
スタジオ・イブセ
宝田 真弓　　水原 輝久
松田 範雄　　保坂 友春
田島 浩志　　木部 さおり
今村 幸也　　半沢 剛
小橋川 智古　石栗 修

マッドハウス
奈良井 昌幸
増元 由紀大　大泉 鉱
山口 仁　　　長尾 正司
入佐 千英美

村上 浩

石川 智丈
BEANJAM CO.,LTD

編集
瀬山 武司
木村 佳史子

タイトル・ロゴ
山下 京子

エンディングテーマ
「No.9」
作曲 Ludwig Van Beethoven
作詞 鈴木 慶一
演奏 ムーンライダーズ

音楽
鈴木 慶一
ムーンライダーズ

音楽制作
エガリテ ムーンライダーズ ディビジョン
野田 美佐子

サウンドエンジニア
松田 正博
笹原 与志一

コンピューター・プログラミング
山岡 広司

劇中歌
Climb Ev'ry Mountain
作詞 Oscar Hammerstein II
作曲 Richard Rodgers
©1959 Williamson Music Co.
Licensed by EMI Music Publishing Japan Ltd.

Mauvais Garcon
作詞・作曲 Salvatore Adamo
編曲 Oscar Saintal ,Joseph Elie De Boeck
日本語訳詞 岩谷時子
©1964 EMI Music Publishing Belgium S.A.
Licensed by EMI Music Publishing Japan Ltd.

Silent Night
作詞 Joseph Mohr
作曲 Franz Xaver Gruber
日本語訳詞 由木 康

Symphony No.9 'Choral'
作詞 Friedrich Von Schiller
作曲 Ludwig Van Beethoven

音響監督
三間 雅文

音響効果
倉橋 静男 (サウンドボックス)

録音
安藤 邦男 (アオイスタジオ)
山田 富二男 (テクノサウンド)

キャスティングマネージャー
柏倉 ツトム

録音助手
田上 祐二 (アオイスタジオ)

音響効果助手
倉橋 裕宗 (サウンドボックス)

録音スタジオ
アオイスタジオ

音響制作
テクノサウンド
中島 朋子

DOLBY DIGITAL

デジタル光学録音
西尾 昇

光学リレコ
利澤 彰 (アオイスタジオ)

エンディングタイトル
熊谷 幸雄
日本エフェクトセンター

現像
IMAGICA

フィルムレコーディング
柴田 祐男
本間 政弘

タイミング
平林 弘明

ラボデスク
鈴木 優子

ラボマネジメント
川又 武久

協力
田中 千秋
カリタス学園

制作プロデューサー
豊田 智紀

制作進行
吉野 智美
渡邉 和夫
高橋 亮平

アニメーション制作
マッドハウス

プロデューサー
小林 信一
滝山 雅夫
真木 太郎

アソシエイトプロデューサー
増田 弘道
森島 太朗
千野 毅彦
横山 真二郎
神部 宗之

配給・宣伝
ソニー・ピクチャーズ エンタテインメント

宣伝協力
植田 繁 (リベロ)
B-Wing

キャスティング協力
狩野 直人
田島 潤子

製作
「東京ゴッドファーザーズ」製作委員会

マッドハウス
岩瀬 安輝

ソニー・ピクチャーズ エンタテインメント
町田 治之
宗方 謙

電通
遠谷 信幸

ジェンコ
佐藤 尚樹

監督
今 敏

今 敏

絵コンテ集
東京ゴッドファーザーズ

2018 年 8 月 24 日　初版発行
2024 年 2 月 20 日　6 刷発行

著者：**今 敏**

氷川竜介・藤津亮太・小西賢一・井上俊之・安藤雅司・池 信孝・糸川敬子・市倉 敬

©2003 今 敏・マッドハウス／東京ゴッドファーザーズ製作委員会

発行者：岩本利明

発行：株式会社復刊ドットコム

〒141-8204　東京都品川区上大崎 3-1-1 目黒セントラルスクエア

電話：03-6776-7890（代）

https://www.fukkan.com/

印刷所：大日本印刷株式会社

装幀：岩郷重力＋S.O

ISBN978-4-8354-5606-5 C0076

Printed in Japan

○乱丁・落丁はお取り替えいたします。大変お手数ですが、購入された書店名と不具合箇所を明記して小社までお送りください。
○本書の無断複製 (コピー、スキャン、デジタル化含む) は著作権法上での例外を除き、禁じられています。
○定価はカバーに表示してあります。
■本書は、2004 年に発売された DVD『東京ゴッドファーザーズ デラックス BOX』に特典として封入された絵コンテ集「Tokyo Godfathers Storyboard Book」を原本とし、一部増補・改訂を加えた初の書籍刊行物です。

SATOSHI KON: A List of Published Books

STORYBOARD BOOK — 絵コンテ集

今敏 絵コンテ集 PERFECT BLUE《軽装版》
ISBN 978-4-8354-5693-5

今敏 絵コンテ集 千年女優
ISBN 978-4-8354-5576-1

今敏 絵コンテ集 東京ゴッドファーザーズ
ISBN 978-4-8354-5606-5

今敏 絵コンテ集 パプリカ
ISBN 978-4-8354-5519-8

今敏 絵コンテ集 妄想代理人／オハヨウ
ISBN 978-4-8354-5897-7

ESSAY — エッセイ

今敏 エッセイ集 KON'S TONE 「千年女優」への道
ISBN 978-4-8354-4973-9

今敏 エッセイ集 KON'S TONE 「妄想」の産物
ISBN 978-4-8354-5746-8

COMIC — 漫画

OPUS【完全版】
ISBN 978-4-8354-5683-6

押井守／今敏 セラフィム《増補復刻版》2億6661万3336の翼
ISBN 978-4-8354-5698-0

今敏 MANGA選集1 カーヴ［ワイド版・生原稿ver.］
ISBN 978-4-8354-5881-6

今敏 MANGA選集2 わいら［ワイド版・生原稿ver.］
ISBN 978-4-8354-5882-3

今敏 MANGA選集3 海帰線［ワイド版・生原稿ver.］
ISBN 978-4-8354-5883-0